高校英语课程改革与发展

王丽红 ◎ 著

吉林出版集团股份有限公司

图书在版编目（CIP）数据

高校英语课程改革与发展 / 王丽红著． — 长春：吉林出版集团股份有限公司，2022.4

ISBN 978-7-5731-1411-2

Ⅰ．①高… Ⅱ．①王… Ⅲ．①英语－教学研究－高等学校 Ⅳ．①H319.3

中国版本图书馆 CIP 数据核字 (2022) 第 062188 号

高校英语课程改革与发展

著　　者	王丽红
责任编辑	滕　林
封面设计	林　吉
开　　本	787mm×1092mm　　1/16
字　　数	330 千
印　　张	14.75
版　　次	2022 年 4 月第 1 版
印　　次	2022 年 4 月第 1 次印刷
出版发行	吉林出版集团股份有限公司
电　　话	总编办：010-63109269
	发行部：010-63109269
印　　刷	北京宝莲鸿图科技有限公司

ISBN 978-7-5731-1411-2　　　　　　　　　定价：68.00 元

版权所有　　侵权必究

前言

　　英语作为在世界范围内最通用的语言，是我们在对外交流时重要的工具。随着我国综合国力不断增强，与其他国家的交往也越来越频繁，我们需要更多具有较强英语能力的综合型人才。大学是人才培养最重要的摇篮，大学阶段英语教育是培养国际化人才的重要战略。

　　随着社会经济的发展和科学技术的进步，人类进入了信息社会的发展阶段。信息社会的来临，对教育教学提出了新的人才培养目标和挑战，也为教育的发展提供了新的机遇和有利条件。我国高校英语课程教学模式改革也在如火如荼地进行，并取得了显著成效。英语作为一门工具性和人文性的语言学科，不仅用来培养学生具备一定的语言交际与沟通能力，还要培养学生具有人文思想情怀和跨文化素养。在实际教学过程中教师要有效培养大学生英语学习能力和实践应用能力，应用多维互动教学模式进行师生之间的高效交流与互动，以有效改善英语教学现状和实现教学目标。

　　本书主要讲述了高校英语课程改革与发展，首先介绍了英语教学基本理念，然后对高校英语教学中存在的问题、高校英语课程改革中的问题、ESP课程设计分析以及双语教学进行详细的分析，最后在英语基础知识教学改革与实践、英语课外活动教学改革与实践、英语文化教学改革与实践等方面进一步探讨和研究。

　　由于作者水平和经验的限制，不当之处在所难免，恳切希望广大读者和各位专家予以批评指正，以便今后进一步修改和完善。本书参考了一些同领域专家学者的研究成果，在此衷心地向他们的辛勤劳动表示感谢。

目 录

第一章　英语教学基本概述
第一节　现代英语教学的内涵和构成 ·· 1
第二节　现代英语教学的理论基础 ·· 8
第三节　现代英语教学的基本原则 ··· 17

第二章　高校英语教学中存在的问题
第一节　大学英语教学问题的症结剖析 ··· 28
第二节　英语基础知识教学中的问题 ··· 36
第三节　英语听、说教学中的问题 ··· 41
第四节　英语读、写、译教学中的问题 ··· 45

第三章　高校英语课程改革中的问题
第一节　大学英语课程改革现状及原因分析 ····································· 53
第二节　大学英语课程改革对策分析 ··· 58

第四章　ESP课程设计分析
第一节　ESP课程设计要素 ·· 80
第二节　ESP课程设计方法 ·· 90
第三节　ESP教学大纲制定 ·· 93
第四节　ESP教材编写 ·· 99

第五章　双语教学
第一节　双语教学的含义 ·· 107

第二节　双语教学的发展历程 …………………………………………… 108

　　第三节　国外双语教学的主要模式与启示 ……………………………… 113

　　第四节　全面推广双语教学的必要性 …………………………………… 116

　　第五节　双语教学存在的主要问题 ……………………………………… 117

　　第六节　双语教学的改进策略 …………………………………………… 118

第六章　英语基础知识教学改革与实践

　　第一节　英语语音教学新法与实践 ……………………………………… 121

　　第二节　英语词汇教学新法与实践 ……………………………………… 127

　　第三节　英语语法教学新法与实践 ……………………………………… 137

第七章　英语技能教学策略

　　第一节　英语听力教学策略 ……………………………………………… 146

　　第二节　英语口语教学策略 ……………………………………………… 155

　　第三节　英语阅读教学策略 ……………………………………………… 162

　　第四节　英语写作教学策略 ……………………………………………… 169

　　第五节　英语翻译教学策略 ……………………………………………… 178

第八章　英语课外活动教学改革与实践

　　第一节　英语课外活动与课堂教学的关系 ……………………………… 188

　　第二节　英语课外活动的意义与作用 …………………………………… 190

　　第三节　英语课外活动教学的原则 ……………………………………… 193

　　第四节　英语课外活动教学新法与实践 ………………………………… 196

第九章　英语教学的未来发展

　　第一节　个性化教学 ……………………………………………………… 210

　　第二节　慕　课 …………………………………………………………… 218

　　第三节　微　课 …………………………………………………………… 224

第一章　英语教学基本概述

第一节　现代英语教学的内涵和构成

在研究现代英语教学的本质与定义之前，我们有必要先来了解一下什么是教育和教学。

一、教育与教学

（一）教育的内涵

教育对人类的存在与发展起着重要作用，这是因为教育既传承了人类的既有经验，又把单个的个人培养作为社会的组成部分。

在中国古代典籍中，对"教"的论述在不同的语境下有不同的含义，概括起来主要指教育，教导、指点、告诉、训练、政教、教化、效仿等意义。"育"字的含义有生育、抚养、培养、教育、生长、成长等，如果把"教"和"育"两个字合起来解释，则为：在上者以良好的言行供在下者模仿，使在下者形成善良的品质，这就是教育。教育是一个模仿的过程，模仿的结果是成善，故被模仿者要先行成善，以身作则，率先垂范。荀子认为"以善先人者谓之教"，意思是以善来影响别人，这就是教育。"随着时代发展，"教育"一词取代传统的"教"与"学"成为我国教育学的一个基本概念，这是我国教育现代化和传统教育学范式现代转换的一个语言学标志。然而，英语中的 education（教育）则是指"导出"。教育的学术性定义是基于这一语义而形成的。美国教育哲学家谢弗勒（I.scheffler）认为，教育是"纲领性的定义、规定性的定义和描述性的定义，并认为不同定义都在各说各话。法国学者米亚拉雷（G.Mialaret）则对教育进行了分类，即"教育分为作为机构的教育、作为内容的教育、作为活动的教育和作为结果的教育"。

综上所述，教育是一种可以引导人类发展的活动。所以教育的内涵必然涉及两个要素：引导与发展。引导说明教育是有目的的活动，"使之向善"是最根本的目的。

引导还说明教育不是强制性的活动，也不可能强制。我们不可能强制学生掌握知识、技能、价值观；发展是指学生的发展。教育能否最终实现其目的，主要在于学生是否得到与所设定目标一致的发展。

（二）教学的内涵

教学是教育中的一个重要因素，它既是一种基本因素，又是一种复杂因素。

教学与教育既相互联系又相互区别，两者是部分与整体的关系。学校教育是教育者根据一定社会（阶级）的要求，对受教育者所进行的一种有目的、有计划、有组织地传授知识技能，培养道德品质，发展智力体力，把受教育者培养成为一定社会（阶级）服务的人的社会活动。教育包括教学，教学是教育的下位概念。教学是完成教育各项任务的基本途径之一。除了教学活动以外，教育活动还包括课外活动、生产劳动、党团组织活动、文艺体育活动及社会活动等，它们都是学校向学生进行教育的基本途径。

教学是一种教育活动。对于教师来说，教学是引导学生学习的教育活动；而对于学生来说，教学则是在教师的引导下进行的学习活动。这些活动都是教师有目的、有计划、有组织地引导学生学习的活动。学生是否得到发展是教学是否实现其目标的关键。教学也是一个师生互动的过程，是教师教的过程，也是学生学习并在学习过程中全面发展的过程，是学生在教师引导下掌握知识和技能、发展能力、发展身心和形成相关的情感态度及价值观的过程。教学需要师生共同参与，是师生双方教和学的共同活动，没有教师有计划地教，就不可能有教学活动。但更为关键的是，如果没有学生积极主动地学，教学活动也就无从谈起，教学是教与学相统一的活动。所以从师生互动来说，教学应该是教师引导和学生主导的互动活动。

教学需要具体的内容。教学是一定知识、技能的传递，更是人类生存经验的传递。教学中的知识、技能、经验体现在具体的课程内容和教学内容上。教学内容也具有不同的层次。

教学最显著的特征是系统性和计划性。这是因为，教学是学校教育中有计划的系统的活动，其主要表现在课程计划、教学计划上。当然，这种系统的计划主要是由教育行政机构、学校和教师等通过长期的思考制定而成的。

实施教学必须采用一定的教学方法和借助一些教育技术。教学具有非常深厚的历史沉淀，其在不断变化与发展中形成了大量有效的方法。现代科学技术，特别是信息技术的发展，为教学提供了可以借助的多种多样的教育技术。

由此可见，教学就是在有计划的系统性的过程中，依据一定的内容，按照一定的目的，借助一定的方法与技术，教师引导学生认识世界、学习和掌握知识与技能，同时得到全面发展的活动。

二、现代英语教学的构成

构成现代英语教学的要素主要包括五个内容：教师、学生、教学内容、教学方法和教学环境。这里就分别对这五种要素加以阐述。

（一）教师

教师是教学活动的组织者，也是影响教学效果的最重要的因素之一。作为英语学科的教师，在充分发挥教师主导作用的同时，也要清醒地意识到教师这一角色需要在教学过程中发挥着怎样的作用。我们这里所说的教师的角色，就是教师在教学过程中的职责以及教师的职业特征。在传统的教学中，教师角色主要是知识的传授者、教学的主宰者。但是随着教学理念的改变，教师角色已经发生了改变。现代的英语教学中的教师主要扮演着以下角色。

（1）学习者和学者。教师被认为是智者的化身。作为教师，首先必须是一个学者，要学习教材、了解与教材有关的信息，要以严肃的态度来研究教材、处理教材，把知识客体内化为自身的主体结构。此外，教师还要不断地学习，更新自己的知识结构，以便使教知识建立在更宽广的知识背景之上，适应学生的整体发展需要。

（2）知识的传授者。教师作为知识的传授者，主要是指教师扮演着知识的传递者和信息源的角色。在大学英语教学中，教师不但要传授知识、传授学习策略和方法，还要传授做人的道理。

（3）资源的提供者。教师是活动的资源中心，可以向学生提供教学活动所需要的背景知识、答案、范例、机会等，时时刻刻准备着帮助学生，帮助学生取得更大进步，促进学生身心健康和全面发展。

（4）教学活动的设计者、组织者、管理者和参与者。教学活动是一种集体活动，要全面实现教学的整体功能，就必须精心设计、周密组织和科学管理。首先，教师是教学活动的设计者。好的教学设计可以使教学有序进行，给教学提供良好的环境，使学生养成循序渐进的习惯，全面地完成教学任务。其次，教师是教学活动的组织者，即教师在教学资源分配（包括时间分配、内容安排、学生分组）和教学活动展开等方面是具体的实施者。通过科学地分配活动时间，采取合理的活动方式，可以启发学生的思维，协调学生的关系，激发集体学习的动力。再次，教师是教学活动的管理者。教学管理是对教学要素及其关系进行系统调控。教学行政人员通过调整教员、教学计划、教学评价等，来实现其管理职能。作为教师则主要是通过对教学活动的调控来实现其管理功能，如对教学环节的调控，对学习态度、学习活动、学习习惯、学习质量的调节，对教学偶发事件的处理等。传统的教学将管理这一概念理解为管制约束，常通过纪律的维持来实现，教师扮演的是"警察""保姆"的角色，而好的教师在教学管理活动中的角色行为应是：建立各种教学常规，特别是课堂教学常规；倡导学生参与管理，树立集体观念，充分发挥集体的凝聚力；通过建立自己的威信，充分发挥情感在管理中的作用，教师扮演的是"向导""建议者"等角色。另外，教师也是活动的参与者。教师在组织学生执行课堂活动时，要把自己当成学生中的一员，参与到他们的活动中，这样既可以增进课堂气氛，增进师生感情，又可以帮助学生解决难题，还可以从学生那里学到很多自己意想不到的好点子，从而促进英语教学质量的提高。

（5）行为的评价者。这主要是指教师要纠正学生所犯的错误，并组织反馈。教师纠正错误的方式应该是温和的，切忌小题大做；而组织反馈是评价学生行为的有效方式，可以以此判断出学生是否掌握了英语学习的方法。

（6）激励者。激励者是教师在以学生为中心的教学中扮演的角色。在以学生为中心的教学中，教师把课堂的控制权基本上移交给学生，自己则引导、鼓励和促进学生学习。激励者这一角色要求教师必须具备广博的知识，以及说服、激励学生的能力。

（7）研究者。每一位教师要真正扮演教师与研究者的双重角色。除了必须具备一定的教育科研能力，还要明确自己的研究方向、研究责任，不断发现问题并解决问题，将教学与科学研究结合起来，从而完成自己的教育教学，并促进教学研究和教学实践的发展。

（二）学生

学生是课堂学习的主体。《现代汉语词典》中给出的"主体"定义就是"有认识和实践能力的人"。由此可知，学生能够作为学习的主体，是因为他们具有一定的认识和实践能力。在英语教学中，教师要教会学生通过感官获取来自教材的各种信息，并学会对这些信息进行比较、分析、综合、概括，进行去粗取精、去伪存真、由此及彼、由表及里的思考，抓住事物的本质，发现事物内在的联系，从而归纳出事物的规律，确立科学的知识系统。经过这一过程之后，学生不仅学到了英语知识，培养了英语交际能力，而且在学习过程中培养出独立自主的学习能力，学会独立解决新问题。可见，学生学习的过程，就是不断主动丰富自己的主观世界、不断完善自己的内化过程。教师在教学的过程中需要注意学生这一角色的特殊性以及不同学生身上所具有的个体差异性。

1. 学生在英语学习中的角色

学生的角色，是指学生在教育过程中与其地位、身份等相一致的权利、义务的规范与行为模式。简单地说，也就是"学生是谁"和"怎样做才算是一个合格学生"等问题的集合。在英语课堂上，学生是主体和中心。具体来说，学生的角色包括如下四个。

（1）主人。学生既是教学活动的主体，也是学习的主体。学生对知识的探索、发现、吸收以及内化等实践会使学生逐步构建自己的知识体系，从而形成科学的世界观、人生观和价值观。

（2）参与者。学生应当积极主动地参与到各项教学活动当中，并充分思考，积极表达自己的观点，展示个人才能。

（3）合作者。英语学习是在师生之间及学生之间共同进行的，学习过程自然也是团队合作的过程。在合作中，他们可以互相学习与帮助，共同提高。

（4）反馈者。在英语教学中，学生会根据自身的学习经历和教学法的实用性向教师提出建议和意见，并协助教师就相关问题改进和完善教学内容和教学方法，最终提高教学效果。

2.学生的个体差异

教育的根本目的在于培养人，这要求教育者必须掌握学生生理、心理发展的规律和个体差异。学生之间的差异，特别在学习动机、学习态度以及自身性格等方面的差异，使他们理解和掌握新知识的速度和程度不同。

（1）语言潜能。语言潜能是一种同定的天资，是学生学习外语所需要具备的认知素质，或者是学生学习外语的能力倾向。努力提高学生外语素质就是要培养学生的综合语言运用能力，而语言潜能正是就学生的认知素质来预测其学习外语的潜在能力。卡洛尔（Carroll，1973）指出外语学习能力应包括：①语音编码解码能力，即关于输入处理的能力。②归纳性语言学习能力，它是有关语言材料的组织和操作。③语法敏感性，它是从语言材料中推断语言规则的能力。④联想记忆能力，它是关于新材料的吸收和同化。

（2）认知风格。认知风格也被称作认知方式，是一个心理学的术语，用来描述一个人观察、感知、组织、分析、回忆经验或信息时所表现出来的特殊方式。我们学习知识和处理问题的一般方法似乎与人格和认知紧密地联系在一起，人格和认知间的联系常被称为"认知风格"。不同的认知风格均有着不同的优势和劣势，但这并不能决定学生学习成绩的差别。学生之间可以有各自偏爱的信息加工方式，在学习不同材料时也会各有所长。当学生的认知风格与教师的教学风格、学习环境中的其他因素相吻合时，其学习成绩会更好。因此，教师应该对学生的不同认知风格有所了解，针对不同的学习任务和学习环境因材施教，妥善引导，使自己的教学特点与学生的需要有机联系，从而获得良好的教学效果。

（3）情感因素。学生在学习英语的过程中还会受情感因素的影响，如性格、态度、学习动机等。其中，性格指一个人对现实的态度和行为方式表现得比较稳定但又可变的心理特征。性格不仅是学生的重要情感因素，而且是决定学生外语学习成功与否的关键因素之一。态度是个体对待他人或事物的稳定的心理倾向或为达到某种目的而做出的一定努力。态度一般包括认知成分、情感成分和意动成分三个方面。其中，认知成分是指对某一目标的信念；情感成分是指对某一目标的好恶程度；而意动成分则是指对某一目标的行动意向及实际行动。学习动机是指激发个体进行学习活动、维持已引起的学习活动，并使行为朝向一定的学习目标的一种内在过程或内部心理状态。学习动机是直接推动学生进行外语学习的内部动力，对外语学习成绩有着关键的影响。

（三）教学内容

教学内容是指在教学活动中为实现教学目标，师生共同作用的知识、技能、技巧、思想、观点、概念、原理、事实、问题、行为习惯等的总和。教学内容是一种特殊的知识系统，既不同于语言知识本身，也不同于日常经历；既要考虑英语学科本身的知识体系，又要考虑学生的年龄特点和实际需求等。具体地说，英语教学内容主要涉及下面五个方面。

1. 语言知识

基础英语语言知识是综合英语运用能力的有机组成部分。在教学过程中，让学生学习和掌握英语中那些约定俗成的、稳定的符号运作体系。如语音规则、拼写规则、语法规则、语义规则、语用规则等基础语言知识，有利于提高英语学习的效率，促进英语实际运用能力的培养。使学生掌握一定的英语基础知识是基础教育阶段英语课程的基本目标之一。

2. 语言技能

学生在学习和运用语言时必备的四项基本语言技能是听、说、读、写，这四项基本语言技能是学生形成综合语言运用能力的重要基础和重要手段。大学英语教学内容必须包括听、说、读、写四个方面的语言技能及其综合运用能力，为学生提供体验语言的机会和感知语言的机会，促进学生更加熟练地掌握语言知识。在这四项基本技能中，听是分辨、理解话语的能力；说是运用口语表达思想的能力，也是运用口语输出信息的能力；读是辨认、理解书面语言的能力；写则是运用书面语表达思想的能力，同时也是运用书面语输出信息的能力。通过大量听、说、读、写的专项和综合性语言实践活动，学生可以形成这四种技能的综合运用能力，为真实的语言交际奠定基础。

3. 文化意识

在外语教学中，文化指所学语言国家的历史地理、风土人情、传统习俗、生活方式、文学艺术、行为规范、价值观念等。对学生来说，接触和了解英语国家文化有益于学生对英语的理解和使用，加深对本国文化的理解与认识，有利于提高人文素养，培养世界意识。因此，教师在教学中要注意向学生渗透文化意识，根据学生的年龄特点和认知能力，传授文化知识，培养文化意识和世界意识。

4. 情感态度

情感态度既包括影响学生学习过程和学习效果的相关因素，如兴趣、动机、自信、意志和合作精神等，又包括学生在学习过程中逐渐形成的祖国意识和国际视野。学生在学习过程中往往受到价值观、意志、理智、动机及教师的人格、态度、情感投入、教学风格等各种情感因素的影响。因此，教师在英语教学中有责任和义务关注学生的情感，帮助学生培养和发展积极向上的情感态度。在英语教学中，教师应该不断激发学生的学习兴趣，强化学生的学习兴趣，并引导学生逐渐将兴趣转化为稳定的学习动机，树立自信心，锻炼克服困难的意志，正确认识学习中的优势与不足，培养乐于与他人合作的品质，养成和谐、健康向上的品格，增强祖国意识。

（四）教学方法

教学方法是教师和学生为了实现共同的教学目标，完成共同的教学任务，在教学过程中运用的方式与手段的总称。从古至今，英语教学界出现了大量教学方法，并且它们在英语教学中发挥着重要作用。但经过一系列的实践得出，没有最好的、只有最有效的教学方法。也就是说，如果在教学过程中采用同定的、一成不变的教学法，必然会引起学生的反感，进而降低教学的效率。即便是在一堂课中使用一种教学方法，学生也会感到乏味，从而影响课堂教学效果。因此，在整个教学过程中和某一具体课堂教学中，应采用不同的教学方法，这些教学方法对语言技能各有侧重，利于学生的全面发展。

（五）教学环境

每一种教学活动都是在一定的教学环境中进行的，教学环境是开展教学活动的重要因素之一。同样，英语教学也只有在教学环境中才能进行，英语教育受制于环境这一因素。

1. 英语教学环境构成

英语教学环境是指英语教学赖以进行的实际条件，即能稳定教学结构、制约教学运作、促进个体发展的教育条件和环境因素。英语教学环境制约和影响着英语教学活动的效果。英语教学环境的因素主要有下面三个。

（1）社会环境。社会环境是影响和制约外语教学过程的重要因素，它主要指社会制度、国家的教育方针、外语教育政策、经济发展状况、科学技术水平、人文精神、社会群体对英语学习的态度以及社会对英语的需求程度等。社会环境因素是英语教学向前发展的动力，对英语教学具有重要的导向作用。

（2）学校环境。学校是为学生提供学习场所和学习手段的最佳环境，它对英语教学的影响更为重要和直接，决定着绝大多数学生英语学习的成败。学校环境主要包括课堂教学、接触英语时间的频率、班级的大小、教学设施、教学资料、英语课外活动、英语教师及其他教职工对英语的态度及其英语水平、校风班风和师生人际关系等。

（3）个人环境。个人环境也会对学生的英语学习产生一定程度的影响。个人环境主要包括学生的家庭成员、同学、朋友的社会地位，物质生活条件，文化水平。职业特点和对英语学习的态度、经验、水平及学习方式，成员之间的关系及感情，学生的经济状况，拥有的英语学习设备和用具等。

2. 教学环境对英语教学的影响

教学环境对英语教学的影响有以下四方面：

（1）教学环境可以促进教师在教学中更加努力地营造良好的英语课堂教学环境，充分利用现代化教学手段与教学资源，优化教学环境，提高学生对英语的运用能力。

（2）教学环境可以帮助教师正确认识环境对学生英语学习的客观影响，结合中国的英语教学实际，理性地分析、判断和选择外围的英语教学理论和教学方法。

（3）教学环境可以帮助教师有效地加工语言输入材料.科学地设计语言练习，创设良好的课堂英语使用环境。

（4）教学环境有利于教师在不断学习和实践优化课堂教学环境的策略，创设良好的英语教学环境的过程中，提高其自身的教学素质。

第二节　现代英语教学的理论基础

英语教学这一学科的自身性质决定了它与相关学科之间的联系。它不仅与语言学科（linguistics disciplines）有着密切的联系。而且还与语言学相关学科（linguistics—related disciplines）和教育相关学科（educational—related disciplines）有联系（桂诗春，1988）。因此，相关学科的理论也就成为英语教学的理论基础。英语教学课程开展的理论基础包括语言学科理论、语言学的相关学科理论以及教育相关学科理论。

一、语言本质理论

英语教学的内容是语言，如何去教授和学习英语（外语），涉及我们如何认识语言的本质和语言活动。因此，语言学可以说是外语教学法一门关键的相关学科。人们在对语言的研究中不断地认识语言的属性，作过对语言结构详尽的描述、分析和解释，对语言功能也作过多方面的研究。应该说不论是对语言从其本身结构的研究，还是从其社会属性方面的探讨，都有助于我们更好地理解语言。对语言本质的研究为语言教学（英语教学）在教学内容、教学材料安排、教学大纲的设计等方面都能提供启示。

（一）结构主义语言观

结构主义语言学是指 20 世纪以索绪尔（Ferdiand de Sausure）的语言学理论为代表以及受这种理论影响而进行的语言理论研究。结构主义语言学在 20 世纪上半期成为语言学的主流，尽管它的各个学派在一些具体问题上有不同的看法，但是他们的基本观点是一致的，认为语言是一个完整的符号系统，具有分层次的形式结构；在描写语言结构的各个层次时，特别注重分析各种对立成分。这种观点强烈地影响了人文科学的其他部门，如经济学、人类学、社会学等。

"结构主义"有三个主要学派：捷克的布拉格学派（The Prague school，又称"功能学派"（functionalism）——以 Trubetzkoy，Mathesius，Martinet，Jakohson 为代表）；丹麦的哥本哈根学派（copenhagen Linguistic circle，又称"语符学派"，以 Hjelmslev 的语符学为代表）；美国结构主义（American structuralism，又称"描写学派"，以 Bloomfield，Hockett 为代表）。他们共同的观点是把语言看成是一个符号系统，强调共时语言的重要性，强调分析、研究语言的内在结构。

结构主义的基础就是假定语法范畴应该通过分布来定义，而不是用意义来定义，并且描写任何一种语言的结构都不应该参考诸如时态、语气等所谓的普遍性。首先，结构语法只描写语言中所发现的一切，而不是制定规则。这样，它的目标就被限制在仅对语言进行描写，而没有解释为什么语言按照自己的方式运作；其次，结构语法是经验主义的，它非常注重客观性，认为所有的定义和表述都应该要么是可证实的，要么是可驳倒的。然而，结构主义语法几乎没有产生与任何传统语法相比拟的易于理解的完整的语法系统；再次，结构主义语法考察（几乎）所有的语言，试图找出并且公正地对待它们的特性，但却没有充分考虑意义；最后，结构主义语法不仅描写了在语言中发现的那些特殊用法，甚至还描写了构成一种语言的结构和用法的最小差别。

"结构主义语言学"虽然在很长的时间内是语言学界的研究主流，但是由于只重视结构和结构关系，忽略甚至否定实体和实体的意义，导致了不可克服的缺陷和矛盾，也就受到了很多人包括投身于和来源于"结构语言学"研究的认知语言学家（如 Lakoff、Langacker、jakendoff）的批评。

（二）功能派的语言观

很多学者一致认为语言是一种社会现象，交际和交流思想是语言的基本功能。因此，不少学者就语言交际中的语言功能、言语行为和交际能力等方面进行过论述。

1. 韩礼德的语言功能理论

为什么要从"功能"角度来研究语言？韩礼德认为原因之一就是要揭示语言是如何使用的，原因之二是要建立语言使用的基本原理。更重要的原因是探讨语言功能与语言本身的关系。即既然语言是在完成其功能中不断演变的，其社会功能一定会影响到语言本身的特性。例如，不同的社会阶层使用不同的语言形式（社会方言）。这就说明，语言的功能与语言系统有直接关系。系统功能语法既重视系统概念，又重视功能概念。系统功能语法的核心思想包括：

（1）语言的纯理功能思想。系统功能语法认为语言是社会活动的产物。作为人类交际的工具，语言承担着各种各样的功能。语言的纯理功能（或元功能）是指所有的文化都会在语言中反映出来的普遍的功能,是高度抽象的、高度概括的。语言的纯理功能构成语义层的三大部分,可以归纳为三个方面:"概念功能""人际功能"和"语篇功能"。

(2)语言的社会性思想。系统功能语法认为语言是社会系统的一部分,语言具有符号性和社会性。为了揭示语言的社会属性,主张从社会的角度而不是心理的角度研究语言,从"生物体之间"的角度而不是"生物体内部"的角度研究语言,致力于研究语言操用者是如何通过语言建立或维系其社会关系的,也就是语言在构建人类社会的结构以及参与确定个人的社会角色或社会地位时所起的作用。系统功能语法研究社会环境对语言的影响。对系统功能学派来说,语言和社会是密切联系的。

(3)语境的思想。系统功能语法认为,如果把语言系统当作整体考虑,就必须从外部来确定对语义系统进行区别的标准。语义是语言和语言之外的某种东西的交叉。即语境。

(4)盖然的思想。系统功能语法认为,语言固有的特征之一是盖然的。源于信息理论的盖然原则可以类推到对语法系统的描写上。盖然率可以解释语言的标记性和未标记性。

(5)语法隐喻的思想。韩礼德提出了语法隐喻的概念,并说明了词汇隐喻与语法隐喻的差别:词汇隐喻是将某一词语用来指称另一与之相似的事物,而语法隐喻指的是用不同的表达形式表述客观世界中的同一现象或事物。

2. 海姆斯的交际能力理论

海姆斯(Hymes)认为,语言受到诸多因素的影响,其中文化是非常重要的一个方面。海姆斯的交际能力理论指出,语言能力只是交际能力的组成部分之一,社会文化知识的掌握也是交际能力的重要因素。在乔姆斯基"语言能力"(linguistic competence)和"语言运用"(linguistic performance)两个概念的基础上,海姆斯提出了"交际能力"(communicative competence)的概念。具有"交际能力"意味着人们不仅可以获得语言规则的知识,而且还可以获得语言在社交中使用的规则。按照海姆斯的观点,如果一个人能获得交际能力,那他就应该知道在什么场合、什么时间、对什么人、用什么方式讲些什么话和不讲什么话。海姆斯认为,乔姆斯基的"能力"不涉及语言的使用,不系统考虑人们在社交中对语言的恰当运用。在他看来,使用本族语者对语言的使用远远超过了乔姆斯基的"语言能力"。海姆斯的"交际能力"包括四个方面。

(1)能识辨、组织合乎语法的句子,即懂得形式上的可能性。比如说,知道"I want going home"是错误的,并能讲或写出"I want to go home"。

(2)能判断语言形式的可行性。比方说,知道"the mouse the cat the dog the mall the woman married beat chased ate had a white tail"是合乎语法的,但几乎没有人会这样讲,即不可行。

(3)能在交际中得体地使用语言。有些话在语法上是可能的,在实施上也是可行的，但在语境上不得体。下面的对话中的问话①就是一例：

① How much can you earn a year?

② It's a secret.

（4）有些话语形式上是可能的，也是可行的和得体的，但在现实生活里，却没有人那样说。

除海姆斯外还有一些学者对交际能力作过论述，美国学者卡南尔和斯温纳（Canale and Swain）也作过较详细的分析。

3. 卡南尔和斯温的交际能力理论

卡南尔和斯温在《第二语言教学和测试交际法的理论基础》一文中论述了交际能力的组成。他们认为，交际能力包括四个方面。

（1）语法能力（grammatical competence）。语法能力就是乔姆斯基所说的"语言能力"或海姆斯所指的"形式上的可能性"，即语音、语法和词汇方面的知识。

（2）策略能力（strategic competence）。策略能力指的是在交际中懂得怎样开始谈话，进行谈话、承接、转换话题和结束谈话的能力。

（3）社会语言能力（sociolinguistic competence）。社会语言能力指的是在不同的社会环境中，使用不同语体和不同的言语来达到不同目的的能力。例如，一个英语教师在上课时对学生使用的语言肯定与他和同事谈话时使用的语言不一样；回家后，与孩子谈话使用的语言也会与和父母谈话时使用的语言不同。这些不同的语言形式是由这位教师在不同场合以不同身份出现时的具体情况来决定的。这便是属于在不同的社会环境中使用不同语体的问题。

（4）篇章能力（discourse competence）。篇章能力指的是能在一定的上下文或篇章里，理解句子之间的关系和句子意义的能力。例如，"他答应来吃饭"出现在不同的语境或上下文中就有不同的意义。

按照卡南尔和斯温的观点，由于交际能力是由上述四种能力组成，语言教学应当着重培养这四种基本能力。

二、语言学习理论

语言学习理论主要研究语言学习的本质、要素、过程、方法等方面的问题。关于学习理论的研究有很多，其中影响较大的有四大学习理论：行为主义学习理论，认知学习理论、社会学习理论和克拉申的第二语言习得理论。

（一）行为主义学习理论

行为主义学习理论认为，一切学习都是通过条件作用，在刺激 S 和反应 R 之间建立直接联结的过程。强化在刺激—反应联结的过程中起着重要作用。在刺激—反应联结之。个体学到的是习惯，而习惯是反复练习与强化的结果。习惯一旦形成，只要原来的或类似的刺激情景出现，习得的习惯性反应就会自动出现。行为主义学习理论的代表人物主要有桑代克（E.L.Thomdike），华升（Watson）和斯金纳（Skinna）等。

行为主义学习理论的基本观点包括以下三个方面：

（1）学习是刺激与反应的联结，其基本公式为：S—R（Stimulate—Response）。有怎样的刺激，就有怎样的反应。

（2）学习过程是一种渐进的"尝试与错误"直至最后成功的过程。学习进程的步子要小，认识事物要由部分到整体。

（3）强化是学习成功的关键。行为主义学习理论将学习行为分为反射学习和操作学习两类。将行为主义理论应用到多媒体外语教学上，就是把学习的内容作为一种刺激源，利用多媒体的文本、图像、声音、动画等等，对学习者产生刺激，达到记忆的效果。

（二）认知学习理论

认知学习理论认为，学习不是在外部环境的支配下被动地形成S—R联结，而是主动地在头脑内部构造认知结构；学习不是通过练习与强化形成反应习惯，而是通过顿悟与理解获得期待；有机体当前的学习依赖于他原有的认知结构和当前的刺激情境，学习受主体的预期所引导，而不是受习惯所支配。学习是突然领悟和理解的过程，即顿悟，而不是依靠试误实现的。认知学习理论重视智能的培养，注重内部心理机制的研究，认为学习不是盲目地不断尝试错误的渐进过程，而是个体对"问题情境"中的所有事物的逻辑关系的豁然理解过程，是个体对"目的"与"手段"的关系的突然觉察的过程。因此，学习即顿悟。认知学习理论认为学习过程是学习者根据自己的需要和兴趣，利用过去所掌握的知识、经验，对外界的学习刺激做出主动的、有选择的信息加工的过程。学习者头脑中原有的知识结构对将要获得的知识起着决定作用，新知识的获得以旧知识为基础，原有知识结构不断同化新知识。

对于学习者来说，头脑中的"原有知识结构"不断变化，知识水平不断上升，这样学习本身就具有了层次性，学习者的认知水平也具有了阶段性。在不同的认知发展阶段，学习者所能完成的学习任务具有显著的差异性。为此，学习任务的选样要依据学习者的认知发展水平。

另外，认知学习理论重视学习主体——学习者的主观能动性。认为只有发挥学习主体的主观能动性，使其积极主动地投入学习，充分调动自己的内在动机——好奇的内驱力、胜任的内驱力，互惠的内驱力，才能实现学习目标。

认知学习理论对外语学习的启示主要表现在以下几方面：

（1）以学生为中心。强调以学生为中心的教学模式，注重在教学过程中发挥学生的能动性。学生是知识信息加工的主体、知识意义的主动构建者，而教师则由知识灌输者转变为学生建构知识的帮助者、指导者。在教学过程中，用直观的形式向学习者显示学科内容结构，让学习者了解各类知识之间的相互关系。

（2）为学生提供充分的资源，让学生自主探索。学习材料的呈示应适合学习者的认知发展水平，按照由简到繁的原则来组织教学内容。

（3）学习以求理解，才能有助于知识的持久掌握和可迁移。在实际情景中教学，在实际情景中学习，能够使学习者利用原有认知结构中的有关经验去同化和顺应新知识，从而赋予新知识以某种意义，促进学生主动积极地构建自己的知识。

（4）学习者自定目标是学习的重要促进因素。学生的学习是在教学群体之间的协作下完成的。在教师的组织和引导下，教师和学生形成一个教学群体，共同批判性地探究各种理论、观点和假说。

（三）建构主义学习理论

建构主义（constructivism）形成于20世纪60年代，是认知心理学理论的一个分支。建构主义提倡在教师指导下的、以学习者为中心的学习，也就是说，既强调学习者的认知主体作用，又不忽视教师的指导作用。教师是意义建构的帮助者、促进者，而不是知识的传授者与灌输者。学生是信息加工的主体、是意义的主动建构者，而不是外部刺激的被动接受者和被灌输的对象。20世纪后半叶，随着心理学发展及对人类学习过程的深入研究，特别是计算机和网络技术的飞速发展，学习者获取知识的环境发生了巨大的变化，更多的、适合于学习者自主学习的交互环境不断产生，这就为建构主义学习理论的流行创造了物质基础。

建构主义学习理论还认为，学习者获得知识不完全取决于学习者记忆和背诵教师讲授内容和书本的能力，而是由学习者自身的经验以及与他人协作的结果决定的。建构主义学习理论的提出使人们认识到语言学习在一定的情境下是一种合作和互动的过程。因此，语言学习中需要为学习者提供进行合作和互动的条件。

建构主义对外语教学的启示主要体现在以下几方面：

（1）计算机辅助教学的特性与功能为建构主义学习提供了理想的环境。信息技术是创设真实情境最有效的工具；基于互联网的网络技术，为协作与会话，特别是超越时空、地域的协作学习创造了良好的条件；多媒体交互式学习环境、多重感官的综合刺激、大量相互连接的信息对推动学生认知结构的形成与发展（即意义建构）具有重要意义。情境、协作、会话、意义建构四大要求在这种环境中得到充分体现。

（2）在信息技术环境下，应该倡导以学生为主体的教学结构和合作、探究式的教学模式。

（3）学生应在老师的引导下，发现法建构知识的意义和使用探索法，发挥主动兴趣搜集信息资料。然后进行分析，并提出假设进行验证，将新旧知识联系起来，深化思考。

（4）教师要激发学生的学习兴趣，帮助学生形成学习动机；创设符合教学内容要求的语境和提供联系新旧知识的线索；为学生自主学习和研究提供多项资源，组织协作学习，通过讨论与交流引导学生自己发现规律，加深对所学内容的理解。

（四）克拉申的第二语言习得理论

虽然第二语言习得研究（Second Language Acquisition）在20世纪60年代已有开展，但作为一个独立的学科是在20世纪70年代形成的。人们对母语习得的研究给第二语言习得的研究很多思考与启发，事实上，母语习得研究中的不少方法和手段也运用于第二语言习得研究之中。第二语言（或外语）习得主要研究第二语言（或外语）习得的过程及在这过程中各个因素（如母语、语言输入等）的作用、学习者在学习中的差异和表现等问题。下面介绍的是美国学者克拉申（S.Krashen）的"监察模式"。虽然这个模式还有较多可争议之处，但毕竟它还是个较有影响的外语教学理论。该理论由五大假设构成，即习得/学习假设（The Acquisition/Learning Hypothesis）、自然顺序假设（The Natural Order Hypothesis）、监控假设（The Monitor Hypothesis）、输入假设（The Input Hypothesis）和情感过滤假设（The Affective Filter Hypothesis）。这些假设对重视语法结构学习的传统外语教学提出了强有力的挑战。

1. 习得—学习假设

克拉申（1985）认为，成人二语习得者通过两种方式获得语言能力：习得和学习。这两种途径在本质上有所区别，区分二者的标准是学习者对语言规则运用的有意识程度，而不是语言环境。即前者是无意识的、潜移默化的过程；后者则是有意识的，通常依靠系统的课堂教学来完成对语言的知识的掌握。此外，习得的知识存储于大脑左半球的语言区，它用于语言的自动加工，而关于学习的知识的存储则观点不一，有的认为在右脑，有的认为在左脑语言中枢以外的地方，不一定在语言区。从语言应用角度来看。习得的知识是语言理解与语言表达产生的基础，而学习的知识只能起到监控的作用，即它只具有判断语言输入是否正确进行监控的价值。也就是说，通过习得，学习者可以获得语言知识和语言能力；通过学习，学习者只能获得有关语言规则的知识。

2. 监控假设

在第二语言应用时习得的知识系统和学得的知识系统发挥着不同的作用。前者起着发话的作用，负责话语的流利性，并直觉判断话语的正确性；后者起着监控作用，对说出的话语进行编辑和修正。不过，监控需要同时满足三个条件方能发挥作用，即语言使用者若想监控自己的语言输出就必须关注语言形式的正确性、有足够的时间并同时具有监控所需的语言知识。三个条件缺一不可。监控假设是用来解释第二语言学习者在习得顺序上的差异，这是因为监控会因人而异。有些学习者会过度使用监控，结果是语言输出的准确性虽然得以提高但流利程度会因此而下降。另外，一些学习者则会因更关注自然流畅的有意义交际而过少使用甚至不用监控，致使输出中语言错误增多。此外，监控也会因任务而异，如学习者写作时要比说话时更可能会监控自己的语言输出，因为前者对时间的要求要比后者松。

3. 自然顺序假设

该假说认为第二语言规则是按照可预测的顺序习得的，而且这一顺序不受规则的复杂程度或教学大纲安排的顺序影响。自然顺序假设基本上得到了词素研究结果的支持。

4. 输入假设

该假设认为，只有通过理解信息或者接受"可理解的输入"的方式才能习得语言。这种可理解性的语言输入应该略高于学习者目前的水平。如果以 i 代表我们现有的语言水平，i+1 代表新输入的内容，这些内容应该在高于学习者现有的语言水平的同时，又使得学习者可以理解，只有这样学习者的习得才能够有所促进，我们的习得才能够达到更高一级水平。也就是说，语言输入既要超出学习者现有的语言水平，具有一定的挑战性，又不至于太难，让学习者不知所措。因此，学习目标的设定就十分关键。

5. 情感过滤假设

感情过滤假设这一假设力图说明其他感情因素对第二语言获得的影响。克拉申认为习得能够获得足够的语言摄入，情感因素起着对输入进行过滤的作用。情感因素因人而异。学习的情感因素会阻碍或加速语言的习得，影响这一系统的因素有动机、自我信心和紧张程度。只有在最佳情感条件下，才会产生真正的习得。他还认为这一系统可以影响学习者的速度，但不影响获得方向与路线。

克拉申的理论是第二语言习得理论中最为全面的理论，在第二语言教学界受到极大的重视与研讨，同时，也带来很多批评意见。这些意见主要有三个方面：第一，"习得（获得）"与"学习"这两个概念的区分是按照"下意识"和"有意识"，这两者均不能在实验中得到检验。而且他认为"习得"的知识不能跟"学习"的知识互相转换，更是受到广泛的质疑；第二，所谓"监控过程"有很多难以解释的问题；第三，"变量因素"对于解释语言应用的多变性方面还不能令人信服。

三、其他相关理论

（一）心理学理论基础

心理学是研究人类认识世界心理过程中一系列心理活动规律的科学。它的分支学科有：普通心理学、教育心理学、语言心理学、社会心理学、学习心理学、发展心理学、外语教学心理学等。它们与外语教学都有联系。但作为外语教学理论基础的是普通心理学和外语教学心理学。

1. 普通心理学

普通心理学是研究人的一般心理活动过程及其规律的科学，它的研究对象是心理现象，主要包括人的心理过程和个性心理两大部分。一个人乃至一群人的行为是与他或他们的心理活动分不开的。心理过程指感觉、知觉、注意、想象、思维、理解、推理、记忆、遗忘、情感、意志等。心理过程是认识和学习中的必然过程。个性心理特征指个人稳定的特征，也称个性。它主要指性格、兴趣、能力和气质等。外语教学是一项极其复杂的活动。要想取得外语教学的高效率，就必须潜心研究在这一活动整个过程中的每一阶段或每一环节种种情况下学生的心理过程和个性特征。据此才可能制定出合乎外语教学规律的政策及选择恰当的教学模式、方法。由此可见，普通心理学是英语教学的重要理论基础。

2. 外语教学心理学

外语教学心理学就是在现代科学发展的这一大趋势下产生和发展的，它是教学心理学分化的结果，又是教育学、心理学、语言学及其分支学科交叉、整合的结果。外语教学心理学是研究外语教学过程中的心理活动规律、揭示外语学习过程实质和开发有效外语教学方法的科学。也就是说，它从语言的心理特征出发，研究掌握外语的过程。其整个内容都值得每一个外语教学工作者认真学习和研究。

（二）神经语言学

神经语言学是综合脑科学、行为科学、临床学各学科的成果，是研究人的言语行为和大脑神经关系的学科。专门研究语言同人的大脑神经之间的相互关系，研究言语活动时的人脑神经功能。

（三）教育学经济学

教育经济学是一个相对较新的教育研究领域，它从经济的角度研究教育，关注的是教育的经济效益。对外语教育而言，我们要研究的是：在我们的教育课程中开设外语课程会从哪些方面受益。

就目前而言，我们按英语课程改革的要求来开设英语课是从培养人才的角度来考虑的，因为"21世纪人的生存与发展的基本技能为母语、一门外语和计算机的操作运用能力"。此外，英语课的开设也是从经济发展和获取信息的需要去考虑的，因为"国际上85%以上的学术论文是用英语发表或宣读的"，"英语也是国际互联网的主要应用语言"。当然英语课程开设还有其他方面的益处，如"学习外语或能够讲外语的人其思维能力和思维敏捷性要超过只讲一种语言的人"，"学习外语有利于个人良好的性格、品格、意志和交往合作精神的发展"，"外语是促进学生全面发展的重要学科之一"。

从经济角度考虑教育，除了要从"宏观上把握外语开设的效益外，还要从微观上对必要的费用和效益进行评估"。在评价时要考虑下面的一些问题：①教学时间；②班级人数；③教师培训费用；④教材及其他资源费用；⑤管理人员及非专业助手的费用，如操本族语的助手，语言实验室的技工等；⑥教学场地等的费用；⑦教师及管理人员的薪酬。这些称之为微观方面的费用的评价应与课程开展教学活动的收益评价做对比，应做到获取最大的效益。

以上所述都是从经济角度考虑外语开设的问题。教育经济学为我们的外语课程开设提供了不少启示。

（四）社会学理论基础

社会学是研究人类社会团体的性质的科学，它通过社会关系和社会行为来研究社会的结构、功能和发展规律。社会学在许多方面对英语教学有指导意义。如从社会的人际关系角度看，在教学活动中涉及各种人际关系，每个人的社会背景不同，认识问题就会有种种差异。因此，在教学过程中要特别强调和谐，师生要和谐，学生之间要和谐，教师和学生家长要和谐，学生和家长要和谐，外语教师和其他各科教师也要和谐。这就是近年来倡导的和谐教学。

（五）人类学理论基础

人类学是研究有关不同社会中人类种族群体的生活以及其他有关方面的科学。它与外语教学直接有关的就是文化问题。语言是文化的重要载体，又是文化的一个重要组成部分。学英语的学生如果对英语国家文化了解甚少，就会在学习中遇到许多困难。文化错误可导致他们与英美人士的交际中断。即使是优秀的语言学习者，其交际能力也可能因文化原因而受到限制，而熟悉各国有关文化则有助于理解和表情达意。因此，提高文化意识是英语教学的教学目的之一。无论制定大纲。编写教材还是日常教学，都要采取有效手段体现出文化因素，使学生在学习英语的同时不断加深对文化的了解。

第三节　现代英语教学的基本原则

一、教学原则的概述

什么是原则？原，是根本的意思；则，是规章条文、准则之意。因此，原则是指说话或行为所依据的法则或标准，是观察问题、处理问题的准则。

教学原则是从事具体教学活动所遵循的根本依据，是为了达到教学目的所必须遵守的准则，是一切教学活动的根本出发点。教学原则是有效进行教学必须遵循的基本要求。它是人们在长期的教学实践中对教学经验的总结和概括，反映了学生身心发展的特点和教学过程的规律，体现了教学目的的要求。教学原则既指导教师的教，也指导学生的学，应贯穿于教学过程的各个方面和始终。

教学原则是在总结教学实践经验的基础上，根据教学目的和对教学过程客观规律的认识而制定出来的指导教学实际工作的基本要求。教学原则是对教学过程一般规律和特点的理性认识，是对丰富的教学实践所反映出的教学规律进行科学、客观、概括的总结后所达到的认识上的升华。

二、常用的英语教学原则

在英语教学中，为了有效地安排教学活动，高质量地完成教学任务，教师要贯彻当代英语教学的原则。这些原则体现了外语教学的共同规律，是教师在工作中处理教材、选用教学方法的依据，也是掌握教学方向、检查教学效果及提高教学质量的方针，对英语教学实践具有指导作用。下面就来具体讨论英语教学的主要原则。

（一）英语教学的一般原则

英语教学的一般原则很多，在此我们仅就其中几个有代表性的原则进行介绍。

1. 交际原则

语言是交际的工具，人们主要通过语言来交流思想、传递信息。在英语教学中首先要贯彻交际性的原则，使学生能用所学的英语与人交流，要在教学过程中努力做到以下几点。

第一，充分认识英语课程的性质，精讲多练。英语课首先是一种技能培养型的课程，要把语言作为一种交际的工具来教、来学、来使用，而不是把教会学生一套语法规则和零碎的词语用法作为语言教学的最终目标。要使学生能用所学的语言与人交流，获取信息。

第二，在教学中创设交际情景。在传统的英语教学中，很多教师只偏重语法结构的正确性，学生通过这种教学并不能具备良好的英语交际能力。要想让学生具备使用英语进行交际的能力，也就是能够在适当的地点、适当的时间、以适当的方式向适当的人讲适当的话，就应在英语教学中创设情景，开展多种形式的交际活动，以此来提高学生英语语言应用的能力。我们知道，利用语言进行的交际总是发生在特定的情景之中。情景包括时间、地点、参与者、交际方式、谈论的题目等要素。在某一特定的情景中，某些因素，如讲话者所处的时间、地点以及本人的身份等都制约他说话的内容、语气等。而且，在不同的情景中，同样的一句话也可以表达不同的意义和功能。例如：Can you tell me the time? 这句话可能表示的意思就有两种：一是向别人询问时间，是一种请求的语气；二是可能表示对他人迟到的一种责备。因此，在英语教学中，要把教学的内容置于一种有意义的情景之中，才有可能让学生充分理解每一句话所表达的意思。此外，在一定的情景之中进行的英语教学，还可以使学生身临其境，提高学习英语的兴趣。因此，英语教学活动要充分结合教材的内容，利用各种教具，来开展各种情景的交际活动，这样对学生和教学都会产生有利的影响，收到不错的教学效果。另外，还可以设计任务型活动，让学生通过完成特定的任务来获得和积累相应的学习知识与经验。需要注意的是，这些活动需要具有交际的性质，才利于交际目标的完成。

第三，注意培养学生语言使用的得体性。英语教学的首要目标在于培养学生进行有效交际的能力，传统的英语教学只偏重语法结构的正确性，而根据交际性原则，学生要具备良好的交际能力，需要能够在适当的时间、适当的地点，以适当的方式，向适当的人，讲适当的话。这里的几个"适当"就是语言的得体性。这一点与上面一点密切相关，创设情景，开展多样的交际活动，课堂游戏、讲故事、猜谜语、编对话、角色扮演、话剧表演、专题讨论或者辩论等，都有助于学生在创设的情景中充分表现自己，从而掌握地道的语言。

第四，结合学生的生活来选择教学内容与活动。在进行英语教学时，现实生活这个因素也是需要考虑的，因为语言总是与现实生活密切联系在一起。因此，在英语教学中，教师应把语言和学生所关心的话题结合起来，给学生提供足够的、内容丰富的、题材广泛的、贴近学生生活的信息材料。因为这样的材料具有一定的现实性，容易使学生产生共鸣，从而调动学生的兴趣，也能促使他们认识到学习英语的目的在于交际，而不是为了应付考试。另外，由于英语教学内容具有真实性，这就要求教材的语言和教师的语言也都是真实的，具体说来就是教材的语言和教师的语言不是为了方便教学而人为编写出来的，而应该是英语本族语人在交际过程中所使用的语言。可在我国目前的英语教学中，这种真实性的材料却不容乐观，还需要有关人员做出努力。

2. 主体性原则

在课堂教学中，教师是主导，学生是主体，二者相互协调和配合，教学质量才有保证。教师作为过来人，熟悉教学内容，了解学习的有效方法和途径，在教学的过程中，必须以学生为中心，发挥自己的指导作用，为学生创造学习条件，随时给学生提供帮助，调动学生的学习积极性。总之，教师的一切教学工作都是围绕学生的需要而进行的。因此，教师应做到以下三点。

（1）教师要做好学生的心理咨询师，及时帮助学生调整心态。当学生面对困难不知所措时，教师要及时引导，使学生找到解决的办法；看到学生的学习情绪不高时，教师要及时予以鼓励，提高学生的学习热情；看到学生愿意接受学习任务且跃跃欲试时，教师应该给予学生锻炼的机会。

（2）在备课时、在教课时、在课后批改学生的作业时，教师都要考虑学生的心理和需要，注意学生的表情和反应，分析学生掌握的情况，安排和调整自己的教学方法和步骤以适应学生的需要。

（3）教师应帮助学生加速学习进程。在学生遇到困难的时候，教师要及时给予帮助，使学生的困难得以及时解决；当学生在学习上取得成绩时，要及时提出更高的要求，使学生始终保有目标，继续努力。

教师把教建立在学生的学上，才能让学生明确学习意义、学习内容和学习目标，才能使学生看到奋斗的目标，使学生看到已经取得的成就，使学生在学习里既看到奔头，又有学习的信心，这样才能在学习的道路上勇往直前。

3. 兴趣原则

兴趣在英语学习中是最好的老师，是推动英语学习者不断前进的最强有力的动力。它在学生认识事物、获取知识、探求真理的过程中，能够使学生体验到学习的情趣，从而能够使他们在学习活动中变得积极主动，获得更好的学习效果。对于学习者来说，英语学习的兴趣在很大程度上决定着英语学习的成功与否。我们知道，学习者，尤其是少年儿童，具有天然的对于英语学习的兴趣，这是因为他们对新鲜事物和对异国语言与文化的好奇所致。但是，在实际的英语教学中，学生的学习兴趣并未得到很好的维持，教师也未能对学生学习英语的兴趣给予进一步的激发与培养，究其原因，在于考试体系的不科学、教学方法的不适当等。学习者对英语学习的兴趣来自于学习英语的目的、学习活动本身以及由此带来的自信心和成就感。那么英语教师想要激发和培养学生学习英语的兴趣，可在教学中从以下几个方面努力：

第一，善于发现学生的进步，多鼓励表扬，培养学生的自信心和成就感。对于学生来说，学习兴趣的保持在很大程度上取决于学习的效果，取决于他们能否获得成就感。

第二，改变传统的英语教学。英语学习需要一定的死记硬背和机械操练的活动，但是一定要注意此类活动不宜太多太滥，过多的机械性操练很容易导致课堂教学的死板与乏味，容易使学生失去或者降低学习英语的兴趣。为此，教师在教学中应该重视科学的设计教学过程，努力创设知识内容和学习策略的需要都很丰富的情景，帮助学生通过多种方式获得知识，使他们在语言交际中灵活运用；帮助学生通过各种渠道获取知识，加速知识的内化过程，使他们能够在听、说、读、写等语言交际实践中灵活运用语言知识，变语言知识为英语交际的工具。这样，学生在获得交际能力的同时，综合素质也会得到相应的提高，学生的学习兴趣才会得到巩固与加强。

第三，改变传统的英语教学评价方式。应试教育中传统的英语评价方式对学生英语学习的兴趣在很大程度上有着消极的扼杀作用。要想避免这种消极影响，应逐渐改变此评价方式。那么，基础英语课程的评价应以形成性评价为主，采用的操作方式也应该是学生在平时教学活动中常见的，重视学生的态度、参与的积极性、努力的程度、交流的能力以及合作的精神等。除形成性评价外，针对学习者不同阶段的考试可以一改往常笔试的形式，采用笔试与口试相结合的方式。这两种方式所考查的知识点不同，但把两者综合运用可以比较全面地对学生的英语学习有所了解。具体来说，笔试主要考查学生听和读的技能以及初步的写作能力，口试主要考查学生实际的语言应用能力。

第四，通过教材的挖掘激发学生英语学习的兴趣。教师在备课过程中，应认真地研究教材，挖掘教材中学生感兴趣的内容与话题，使每节课都有让学生感兴趣的内容和活动，以最大限度地调动学生的积极性。

4.灵活性原则

在英语教学中遵循灵活性的原则可以提高且保证学生，尤其是少年儿童在教学中的兴趣。

（1）英语教学中采用的教学方法应具有灵活性。在英语教学中，教师应采用灵活性的教学方法。究其原因，我们可以从以下三个方面来分析：第一，在英语教学史上出现过许多种不同的教学方法和流派。如语法翻译教学法、交际教学法、视听教学法等，但每种方法对于教学并不具有普遍性，它们都有其自身的优势与不足，教师应该兼收并蓄、集各家所长，切忌拘泥于某一种所谓流行的教学方法。第二，英语教学内容具有多样性。如以英语的内容为标准，可以把英语教学划分为两种：一种是语言知识的教学，包括语音、语法、词汇等内容，不同的语音、不同的语法项目、不同的词汇所具有的特点也是不同的；另一种是语言技能的教学，主要包括听、说、读、写四个方面。第三，从学习者自身来看，他们在个体方面都存在着很大的差异。因此，在英语教学中要综合学生、教学内容以及教师自身的特点，创造性地开展多种多样的教学活动，灵活运用教学方法和教学内容，保持英语课堂的新鲜度与趣味性，从而使学生学习英语的热情得到激发，学习的兴趣也得到培养，逐渐帮助学生探索与掌握英语语言学习的规律。

（2）学习的灵活性。教学方法和教学内容的灵活性可以有效地带动英语学习的灵活性。要努力改变以往单纯地死记硬背的机械性学习方法，帮助学生探索合乎英语语言学习规律和符合学生生理、心理特点的自主性学习模式，使学生能够自我导向、自我激励、自我监控，使眼、耳、鼻、舌、身、意全员参与，交替互动；静态、动态结合；单项和综合练习结合。通过大量的实践，开发听、说、读、写综合运用语言的能力。

（3）语言使用的灵活性。英语学习的关键在于使用，教师要通过自身灵活的使用英语来带动影响学生使用英语。教师应尽可能多地用英语组织教学、用英语讲解、用英语提问、用英语布置作业等等，使学生感到他们所学的英语是活的语言。英语教学的过程不应只是学生听讲和做笔记的过程，而应是学生积极参与，运用英语来实现目标、达成愿望、体验成功、感受快乐的有意义交际活动过程。另外，教师还可以通过灵活性的作业使学生灵活地使用英语，作业的布置应侧重实践能力。如可以让学生用磁带录制口头作业，让学生轮流进行值日报告，陈述和评议时事、新闻等。

5. 循序渐进原则

英语教学中的渐进性原则包括以下三层含义。

（1）学生在学习语言时应从口语开始，逐渐过渡到书面语。英语包括口语和书面语两种形式。首先，从语言发展的历史来看，先有口语后有书面语。因此，学生学习英语应从听说（口语）开始，逐渐过渡到读写。口语里出现的词汇比较常用，句子结构简单，紧密结合日常生活，比书面语更容易学习。通过口语的学习学生可以尽快地获得日常生活所需的交际技能，有利于学用结合，使教学生动活泼。

（2）在听、说、读、写等语言技能的培养上，应该首先侧重听说能力的培养，逐渐过渡到读写技能的培养。听、说、读、写是英语的四项基本技能，应该全面发展。但是由于中国的大部分学生缺少英语的语言环境，听便成了他们获取英语知识和纯正优美的语音语调的唯一途径。另外，听说教学还能使学生学到基本的词汇和基本的句子结构，从而为读写能力的培养奠定基础。因此，在英语学习的初级阶段，教师应加强"听、说"的教学，每节课都要尽可能地为学生创造良好的语言环境，让学生在充足的"听"的语言量中学习英语，并通过师生之间和同学之间的语言交流，不断巩固、不断更正、灵活运用所学的英语知识。在培养听说能力的基础上，循序渐进地向"读、写"教学过渡。

（3）在循序渐进地培养学生的英语语言技能时，有一点需要注意，即在英语课堂教学中，要使学生掌握一个语言项目不可能通过一次课程就能完成，它需要进行多次的循环，而且这种循环每一次都是对前一次的深化。例如，关于名词的单复数问题，在刚开始时只是要求学生知道在英语中名词有单复数形式，然后随着英语的深入学习，逐渐使学生了解规则名词复数变化的规律，最后再掌握不规则名词的复数形式。通过循环往复式的学习，学生就能掌握名词的单复数形式了。而且在具体的英语课堂教学中，教师应该注意在学生已有的语言知识和已经熟悉的语言技能基础上，讲授新知识，培养新技能，在教授新知识的同时，必须对以前学过的内容进行复习。例如，教师可以利用学过的单词来对新的句型进行讲解，也可以用已经学过的句型来对新的单词进行讲解。

6. 可持续发展原则

众所周知，在完成基础英语教学阶段的学习之后，学生还要在大学继续进行英语学习。因此，在英语教学中，教师要具有很强的可持续发展意识，在实践中自觉地为学生进入更高阶段的学习奠定良好的基础。要想坚持这一原则，教师可以注意下面三个方面的内容：

（1）增加英语语言知识前后的正迁移。遗忘在英语教学中普遍存在，也是个很严重的问题，因此我们必须要对已学知识进行及时的巩固。但是，单是消极的巩固往往不能收到满意的效果，而应在教学中不断使学生的英语实践能力得到发展，也就是说在发展中达到巩固，以巩固求发展。而巩固性和发展性要在概念同化、知识和技能的迁移中具体体现出来。例如，在教形容词、副词比较级时，必须在相关项目的基础上进行教学。需要注意的是，一些知识和技能只有足够清晰才能产生迁移。心理学证明，学生先前学习的正确掌握率应达到80%—90%，才能产生良好的迁移。例如，在讲解间接引语如"Granny told you not to be late for school."这一新句型时，必须由旧句型Don't…引入，而这个旧句型在之前一定出现并讲解过。那么在讲解直接引语 Don't be late for school 时实际上也是对旧句型的一种复习，这样利于达到巩固的目的，提高Don't…这一句型的可利用性。但新旧句型毕竟是有区别的，其关键是 don't…要改成 not to…。对于两个句型之间的差别，在教学时要提醒学生注意，不可把两个句型混淆。最后，要在教学中通过充分操练，适当归纳，来进一步巩固新旧句型，强化学生认知结构的稳定性。因此，教学中应把教材内容有系统地、有组织地安排，设法做到前后照顾，新旧联系，提高复现率，反复练习，尽可能地通过各种方法来增大正迁移量，逐步帮助学生实现对知识的掌握和实践能力的养成。

（2）培养学生学习英语的正确态度。在情感态度的培养方面，英语教学的主要目标是培养学生对英语和英语学习的积极态度以及逐步增强的兴趣。除此之外，还需要培养学生的自信心和克服困难的意志。另外，教师在英语教学中还应该帮助学生克服消极的情感态度，如焦虑、抑制、过于内向、害羞、胆怯、缺乏学习动力等。陈琳、王蔷、程晓棠等学者对于如何在英语教学中培养和发展积极的情感态度提出了几条十分有用的建议，可供参考。具体内容如下所述。

①师生之间建立沟通和交流情感态度的渠道。有些情感问题可以集体讨论，有些问题则需要师生之间进行有针对性的单独探讨。在沟通和探讨情感问题时，教师一定要注意尊重学生，不能伤害学生的自尊心。教师在教学过程中，尤其要注意使一个班级建立民主、团结、融洽、相互尊重的氛围。

②建立良好的师生关系。情感因素既有外在的形式也有内在的形式，需要经过仔细的观察才能发现。所以教师想要了解学生的情感态度，帮助他们培养积极的情感并克服消极的情感，就必须与学生建立良好的人际关系。

③结合英语学习内容讨论有关情感态度的问题。教师要注意把积极情感态度的培养融入日常的教学过程之中，针对学生学习过程中出现的具体问题进行针对性的引导，帮助学生克服情感态度方面的困难。

（3）培养学生正确的学习策略。学生为了有效地学习和发展而采取的各种行动和步骤即为学习策略。英语学习的策略包括四种，即认知策略、调控策略、交际策略和资源策略等。认知策略是指学生为了完成具体学习任务而采取的步骤和方法；调控策略是指学生对学习进行计划、实施、反思、评价和调整的策略；交际策略是学生为了争取更多的交际机会、维持交际以及提高效果而采取的各种策略；资源策略是学生合理并有效利用多媒体进行学习和运用英语的策略。学生的学习成绩受多方面的影响，如学生的心理特点、健康状况、学习基础、学习动机、学习策略、教师的水平、学习的环境、社会和集体的影响,以及家长的影响等。在这些影响因素中,学习策略占据着重要的地位。学生如果在学习的过程中采用了科学、正确的学习策略,便可以有效节省时间,并能避免走弯路,使得学习的效果更佳。因此,在英语课堂教学中,教师应帮助学生形成适合自己的学习策略,培养他们不断调整自己学习策略的能力。在具体的英语课堂实施中,帮助学生有效地使用学习策略,有助于他们采用科学的途径来提高英语学习的效率,并有助于他们形成自主学习的能力,奠定终身学习的基础。

(二)英语教学的特殊原则

1. 真实性原则

所谓真实,是指教师应该依据以英语为母语的人在实际情境使用的英语设计教学内容;依据以英语为母语的人使用英语的真实情境,设计教学过程、教学方法、技巧、教育技术等。布林(Breen)关于真实性问题的论述较为全面,他认为"真实性"应涵盖以下四层意义:

(1)把握真实语言运用的目的。英语教学的最终目的是培养学生的综合语言运用能力,这种能力既不是语法能力也不是考试能力,而是一种语用能力。因此,教师首先要把握教学内容、教学材料的真实目的。

(2)采用语用真实的教学内容。英语教师在教学开始前,应从语用的角度认真分析课文,研究语句使用的真实语境,准确把握课文中所有语句的真实语用内涵。这样就可以在教学前就指向语用教学,从而保证学生能够获得语用真实的英语运用能力。

(3)设计组织语用真实的课堂教学活动。教师应基于语用真实的指导思想来设计教学活动,将对学生语用能力的培养贯穿于英语教学的全过程,将语用能力的培养与呈现、讲解、例释、训练、巩固等课堂教学活动紧密结合起来。

(4)设计编排语用真实的教学检测评估方案。教学检测评估对教学,特别是对学生学习,具有很大的反拨作用。通过设计编排语用真实的教学检测评估,可以发现学生的语用能力还存在哪些不足,从而调整改进教学,特别是对关于学生语用能力培养方面的教学,能起到更直接、快捷、有效地培养学生运用英语的能力的作用。

2. 用英语教英语原则

在外语课上教外语,这是天经地义的。教外语的含义不只包括教学内容,也包括教学形式。外语课上学外语气氛不浓,一是影响学生的学习兴趣,二是影响学生外语语感的发展,三是影响教学材料的复习巩固,四是影响外语教师自身外语水平的保持和提高。因此,提高对用外语教学原则的认识,增加外语课上使用外语的比例,是外语学习质量提高的重要措施之一,是外语教学改革的重要方面之一。

使用英语教英语可以使教学统筹化、现代化。因为这样做能使教师方面的讲直接转化为学生方面的练,就是通常所说的讲练结合,大量实践的要求会自然得到体现。

在这种情况下，精讲多练的习惯也就自然地形成了。讲练一体化，即使讲多了一些，也只不过让学生多听了一些英语，不算浪费时间。可见，用英语教英语，英语教学中常见的一些普遍性问题，如缺少实践性，讲得多练得少，巩固性不够，学生边学边忘等等在一定程度上可以得到解决，英语教学时间的大量浪费现象也由此而基本消除，学生学英语的效率会相应提高。

贯彻用外语教外语的原则，要在教学方法上予以具体落实。第一，要尽量使用学生已学过的语言；第二，要把用外语教外语和复习已教过，但在课本里重复不够的材料结合起来；第三，要随着教学的进度，不断更新所使用的语言；第四，要制订用外语教外语的专门计划，包括各个年级、各个课型、各个环节所用的英语和相应的情景，上下文的设计，以及新旧更替的比例等，做到边教边用、学习和交际统一。用英语教英语是由简到繁、由易到难的螺旋上升活动，是由低级到高、由基础到专业的系统发展过程。这样，对外语教学的时间开发潜力。

3. 用英语想英语原则

用英语想英语，就是在使用英语时用英语进行思考，而不是用本族语思考。在英语教学法中，常说要用英语思维，确切地说应该是用英语思考。学英语而不学用英语思考，一定学不好。用英语思考，就是在使用英语进行表达和理解时，没有本族语思考的介入，没有"心译"的介入，或者说本族语思考的介入被压缩到了极不明显的程度，自己也感觉不到"心译"的负担。这是真正流利、熟练的境界和标志。

4. 宽严结合原则

所谓的宽与严是指如何对待学生在学习过程中所出现的语言错误，也就是如何处理准确和流利之间的关系。外语学习是一个漫长的内化过程，学生从开始只懂母语，一直到最后掌握一种新的语言系统，需要经过不同的阶段，在各个阶段。学生所使用的语言是一种过渡性语言，它既不是母语的翻译，也不是将来要学好的目标语。这种过渡语免不了会有很多的错误。

对于各种错误的分析，是第二语言习得研究的重要课题，因为通过对于这些错误的分析，可以发现学生的学习策略，其实这些策略也正是学生产生这些错误的原因。第一个原因就是迁移。需要说明的是，许多人都想当然地认为迁移是外语学习者产生错误的主要原因，但是许多研究表明，由母语干扰所造成的错误在所有错误中所占的比例并不高；第二个原因是过度概括（over generalization）。学习者根据他所学的语言结构做出概括，然后去创造出一些错误的结构，出现像 goed, breaked 这样的过度概括错误。

众所周知，在语言学习过程中，学习者在不同阶段会不可避免地犯一些语言错误。在语言教学领域，对待语言错误的态度大体分成两种：一是采取预防措施，使学习者尽量避免出现错误；另一种态度则是鼓励学习者进行尝试，让他们在犯错误的过程中进步。前者是在听说教学法的影响下形成的，认为通过对正确的句型和语法的大量操练，学习者熟能生巧，从而避免在语言产出时产生错误。持这种观念的教师认为语言错误的出现是不应该的，甚至是不可原谅的；后者则往往与交际语言教学法联系在一起，把错误当作是语言学习过程中的正常现象，鼓励学习者大胆地用目的语来表达自己，从学习者的语言错误中推测出他们当前的语言发展水平，通过恰当的交际互动和反馈提醒帮助学习者改正错误。事实表明仅仅通过操练而没有实际运用目的语的经历，学习者不可能熟练地使用目的语，因而要避免语言错误的做法是徒劳无功的。在现代外语教学中，人们渐渐把着眼点从使学习者避免产生错误转移到让学习者从错误中学习语言。

也就是说，在英语教学中，教师应该采取宽严结合的方法；当以交流为目的时，对学生的语言错误采取宽容的态度；当以语法学习为目的时，则采取严格的态度。这样宽严结合，既保证学生具有扎实的语言基础，又有利于鼓励学生大胆使用英语。对于学生，要特别注意重在仿用，重在意义，重在交流，重在鼓励。宽严结合的原则实际上就是要正确处理准确和流利之间的关系。

5. 利用母语原则

英汉两种语言在结构、用法及表达方式上有许多共同之处，但也存在不少差异。在我国，英语教学属于外语教学，如何协调母语与外语的关系是必须要解决的问题。为了帮助学生更好、更快地掌握英语，教师在英语教学中，一方面，应该尽可能地使用英语；另一方面，要适当使用母语，使母语更好地为英语教学服务。具体来说，教师应做到以下两点。

（1）利用母语的优势。英语学习是在学生已经熟练掌握母语之后进行的活动。在英语学习之前，学生的时间、地点以及空间等概念已经形成，已学会了表达这些概念的语言手段。而且英、汉两种语言在结构和使用方面有其共同之处，但也有不少差异。而这些不同的地方往往会造成学习英语的障碍，成为学习英语的难点。因此，利用母语的解释可以帮助学生更快、更好地学习和掌握英语的某些概念。适当地使用母语进行教学，有助于学生理解母语和英语之间的差异，了解英语结构和规则的特点，有助于师生之间的顺利沟通。

（2）排除母语的干扰。很多学生在理解和使用英语时，总会不自觉地将汉语思维带入到英语中。这时，教师要引导学生避免把母语的使用规则迁移到英语的用法方面去，要尽量创造条件让学生在真实环境中使用英语，引导学生理解和应用英语思维，并增加使用和练习英语的频率，通过大量练习来避免母语对英语学习的干扰。

6. 尊重民族文化原则

语言是文化的载体，语言离不开文化，语言也不能脱离社会。语言又是了解社会现实生活的导向。通过语言特征分析和使用过程，可以了解一个民族的思维以及生活的特点。可以说语言是每个民族文化的风俗习惯的一面镜子，也是文化的表现形式。所以，我们在进行英语教学时要重视英语国家民族的文化和社会习俗，帮助学生了解中西文化差异，扩展视野，不能穷追，不能回避，也不能胡乱解释或更改。由于学英语是为了用英语，用英语是一种文化交际，不尊重英语民族文化，也就很难用得得体，更妨碍彼此的沟通。

第二章　高校英语教学中存在的问题

第一节　大学英语教学问题的症结剖析

　　笔者认为，我国高校的公共英语教学一直是基于一个统一的教学大纲，缺乏分类指导，学习英语通常是为了通过考试（当然不排除日常交际的功用）。自全国大学英语实行四、六级考试以来，各高等院校对英语越来越重视。很多学校要求所有专业的学生要通过一、二年级的学习最后通过"全国大学英语四级考试"，"四级"考试主要测试学生的听、读、译、写能力（现在又对部分学生增加了口语考试）；这对调动学生学习英语的积极性、提高英语教学水平起到了很大的促进作用。然而，由于没有后续教学，非英语专业学生在通过了大学英语四、六级考试后也就意味着"圆满"完成了在大学期间的英语学习。

　　大三、大四两年基本上没有系统的英语课程，ESP 并未得到应有的重视，ESP 教学尚处于初级阶段，关于 ESP 教学的具体理论研究及实践还不成体系，适合中国学生的教材十分有限。ESP 教学的匮乏与社会发展对人才的需要相矛盾。目前，高校培养出的大学生绝大多数看不懂英文的产品说明书，更不晓得某个术语用英语怎么说，他们无法用英语获取相关的专业知识。这样的教学是不完整的，更是无法顺应时代需求的。随着我国入世和进一步实行对外开放，社会对外语人才的需求呈多元化趋势，单一外语专业或单一技术技能型的人才已经不能适应市场经济的需要，人们普遍感到学校中所学英语满足不了实际交际的需要。目前，外语界最热门的话题就是"如何培养复合型人才？""如何提高学生的英语实践能力？"这意味着当前的外语教学必须顺应时代要求，转变教学模式，由单科的"经院式"人才培养转向"宽口径""应用型"复合型人才的培养模式。要做到这一点，必须大力倡导 ESP 教学。

　　与国外 ESP 的快速发展形成鲜明对照，ESP 在我国发展相对滞后。我国 ESP 研究起步较晚，国外六七十年代 ESP 研究兴起之时，我国应用语言学的研究几乎处于停顿状态。从 20 世纪 70 年代起，我国一些理工科院校相继成立了外语系或科技外语系，组织和实施大学英语教学，各个省成立了大学英语教学专业委员会，全国成立了大学英语教学指导委员会，专门组织大学英语教学、研究、考试。对于 ESP 研究始于 70 年代末，到目前为止，我国外语界对 ESP 在课程设置、教学法、教材建设、ESP 工具书编纂等方面进行了多维的探索。为了更好地传授 ESP 课程，对与之关系甚为密切的工具书进行研究，并依据这些研究成果编纂相应的辞书，如《英汉自动学及检测仪表词汇》、《英汉计算机技术词典》、《英汉美术词典》、《英汉社会科学词典》、《英汉空气动力学词典》等。但就编纂的宏观结构和微观结构而言，不少辞书存在着诸多缺憾。其间也发表了不少 ESP 的相关文章和论著，遗憾的是，大部分仍停留在介绍国外的研究成果上，只有少数结合自身 ESP 从教经历探讨大学 ESP 教学模式。与国外 ESP 的系统研究相比，国内方面的研究相当有限。

ESP 教学兴起于 20 世纪 80 年代初，标志为科技英语和经贸类英语专业的设置以及由此带动的各类专业英语课程的开设。同时，一些外语院系也开始尝试开设"科技英语"课程，并尝试与外界交流。1981 年，在联合国开发署的资助下，ESP 教学网在北外、上外、西外的出国人员培训部成立，任务是帮助 ESP 项目学员（主要是科技人员）用半年左右的时间完成语言训练，掌握英语交际能力，然后按中国与联合国有关组织和机构商定的经济技术合作项目派往国外参加学术交流、学术深造或研究。

一方面，实践领域付出了巨大的努力；另一方面，却不时传来学术界对 ESP 是否存在的种种质疑。对于是不是有"科技英语"（专门用途英语在我国的另一种叫法），我国的外语界从一开始就有一场针锋相对的争论。当时中国科技大学研究生院李佩在向中国科学院各研究所发出的征求意见书中就记载了这样的意见分歧：

近年来，我国外语界对大学公共英语教学应取向"科技英语"还是"普通英语"一直有所争议。所谓"科技英语"是七十年代海外开始流行的"专用英语"引进中国后的一种说法。赞成"科技英语"者认为随着科学技术的飞速发展，国际交往的日益频繁，英语已成为国际学术交流所必备的工具，因此认为"科技英语"或"学术英语"应是大学英语的主攻方向以满足学生的特殊需要。而主张"普通英语"者则认为无论何种专业系统，其所用英语均属于该语言的大体系之中，只有"为科技用的英语"，而不存在什么"科技英语"，只有让学生打下一个扎实的英语基础，方能真正使其起到得心应手的工具作用。

在李佩所选的中国科学院各研究所所长和研究员的回信中，基本上都反对"科技英语"说法。如："把外文的基础打好，读科技文章就不成问题"。"我偏向于以'公共英语'为基本，只有掌握这门语言的'共核'部分，才能有利于在科技方面的应用"。"我100%地支持大学公共英语应取向'普通英语'的看法"。中国科学院院士，当时复旦大学校长杨福家甚至撰文指出："不能将语言简单地划为'科学英语'，乃至'物理英语''生物英语'等等"，并断言"'科学英语'根本不存在"。张少雄撰文认真评说了科技英语词汇不存在的种种理由，并由此断言：不仅科技英语词汇不存在，按学科分类方法分割出的各种专业英语，除有一定程度的心理意义以外，并无理论上的科学性，也没有实践上的必要性。

学术上意见不同完全可以争论，但当时这场争论已超越了理论上的探索，直接影响我国的大学英语教学课程设置和发展方向。在较长的一段时间里，这种观点占主导地位：我国的大学英语教学是基础英语即普通英语的教学，不需要也根本没有必要进行专门用途英语的教学。按照一般的理解，科技英语是ESP的重要组成部分，我国的ESP教研也是首先从科技英语开始的。如果科技英语不存在，ESP存在的理由就必然苍白无力。出现这种尴尬的局面有多种原因，最主要的是长期缺乏理论研究使得我国高校的ESP教学体系多年来一直处于较为混乱的状态，突出表现在教学大纲对ESP课程定性与定位不明、ESP师资匮乏、教材滥用等。

1983年，上海交大受国家教委的委托，对全国部分院校毕业生在工作中使用英语的情况进行调查分析。这是我国大学英语教学首次对学生的交际需要进行分析，以后又对部分院校新生入校时的英语水平进行调查分析。这些分析虽然不尽完善，却为国家教委1985年颁布的《大学英语教学大纲》（理工科本科）（以下简称85《大纲》）的制定提供了重要的数据资料。85《大纲》将大学英语分为专业英语阅读阶段和基础阶段。大纲指出了专业英语阅读阶段的培养目标是：使学生能以英语为工具，获取专业所需要的信息。尽管85《大纲》中不少内容的确定都采用了ESP的路子，如"微技能表"就是以Munby的被应用语言学界誉为ESP中最深刻、最严谨的需要分析的《交际大纲设计》（Communicative Syllabus Design）一书为蓝本，但《大纲》没有明确ESP课程，只是遮遮掩掩称是"专业阅读"，（尽管最初开设的课程以科技英语为主），没能明确指出它到底是英语课还是专业课，至于到底读什么？深度、难度如何？均没有量化的指标。

85《大纲》对ESP教学没有实质性的推动，加之ESP本身的跨学科性和当时社会经济状况对英语要求不高。因此，在经历了80年代末到90年代初短暂的科技英语热之后，ESP教学发展几乎停滞，原本设立ESP专业的学校，由于毕业生没有明显的优势，不得不放弃ESP特色。例如，原华西医科大学曾在1986年开设了医学科技英语专业，学生除学习英语外，每学期还至少学习一门医学课程，学制相应延长至5年，其培养目标为医学院校英语教师，毕业生既能胜任公共英语教学，也能承担医学英语甚至医用拉丁语教学。但走上教学岗位的毕业生反馈医学院校有的没有开设医学英语，有的开设了但不是由外语教师任课，因此，该校英语专业从1994级学生开始，基本上停开了所有医学课程，学制也缩短至4年。

就教学对象来讲，ESP和EGP一样在我国有着广大的学习者。许多岗位的工作人员利用业余时间参加ESP课程培训，从每年有几十万的学习者参加由剑桥大学举办的BEC（Business English Certificate）考试就可以看出这种趋势的存在。从国家教委到外语学界的专家、学者以及一线教师都意识到开设ESP课程的重要性。

1996年出版的高等学校理工科本科用《大学英语专业阅读阶段教学基本要求》（试行）弥补了85《大纲》的缺陷。对《大纲》中关于专业阅读课教学的要求和安排作了进一步阐述，制定了课程的教学基本要求，加快了专业阅读课教学规范化的步伐。

同时，外语专业教学内容和课程体系改革也在紧锣密鼓地进行中。1994年底，国家教委制定了高等院校面向21世纪教学内容和课程体系改革计划，《面向21世纪外语专业教学内容和课程体系改革》课题项目由上海外国语大学和北京外国语大学合作承担，并邀请了北京大学、清华大学、复旦大学、南京大学、对外经贸大学、外交学院、华东师范大学和解放军外国语学院等院校的专家、教授参与工作。为了便于开展研究，分别成立了由上海外国语大学和北京外国语大学牵头的南北方两个课题组，在国家教委高教司外语处的直接指导下工作。课题组自1996年正式开展工作，到1997年6月截止，课题组分两个阶段进行了大量的调查研究、信息数据统计和分析研讨工作。两组分别设计了调查问卷，分析反馈信息，并在此基础上撰写了分析报告。1997年6月，课题组成员参加了高等学校外语专业教学指导委员会英语组年会。1997年11月，又参加了全国外语院校协作组年会。在两次年会上，课题组成员认真听取了外语界专家对外语专业教学内容和课程体系改革的意见和建议，与会专家肯定了课题组的调研工作以及关于外语专业教学改革的总体思路。

经过对全国部分外语院校（系）人才培养和教学现状的摸底调查，基于各院（系）的总体改革和发展情况，结合21世纪对外语人才的需求，课题组提交了《关于外语专业教育改革的建议》。《建议》的核心内容是：21世纪是一个国际化的，高科技经济时代、信息时代、智力和人才竞争的时代。我们培养的学生作为21世纪的社会主义建设者和接班人，应该是能立足我国以经济建设为中心的各条战线，面向改革开放前沿，适应市场经济，利用所学语言和知识，在传播沟通信息和进行科研成果的对外交往与合作、从事教育与科学研究等方面胜任工作，并发挥积极作用。这是21世纪的中国和世界对外语专业人才提出的新要求。这份建议还指出，当前外语教育专业改革的当务之急是转变教育思想，更新教育观念。由于社会对外语人才的需求呈多元化的趋势，过去单一外语专业和技术技能型人才已经不能适应市场经济的需要，市场对纯语言专业毕业生的需求量正逐渐减少。因此，外语专业必须从单科的"经院式"人才培养模式转向宽口径、应用性、复合型人才的培养模式。其实，英语专业的学生仅仅是ESP学习者的一小部分，更大一部分来自非英语专业的学生以及专业工作人员。

ESP课程的进一步明确是1999年修订的《大学英语教学大纲》（以下称99《大纲》），正式提出了"专业英语"的名称，对"专业英语"的地位与重要性给予了充分的肯定，并规定为必修课。明文规定："专业英语是大学英语教学的一个重要部分，是促进学生完成从学习过渡到实际应用的有效途径。各校均应在三、四年级开始专业英语课⋯⋯切实保证大学英语学习四年不断线。"99《大纲》的要求明确了大学英语第二阶段即提高阶段的教学方向，（第一阶段为基础阶段），为大学高年级阶段的ESP教学定了位。

但99《大纲》的问题依然存在。既然是《大学英语教学大纲》做出的规定，那么专业英语课理应属于英语课程系列，是公共基础课。但是由于《大纲》规定：专业英语课原则上由专业教师承担，外语系（部、教研室）可根据具体情况配合和协助。在实际操作中，外语教学部门的配合和协助基本上是一句空话，ESP课程完全成了专业课教师的副业。可能是《大学英语教学大纲》对ESP的定位不明导致各个学校教务部门对它的认识五花八门。以同济大学为例，在42个开设有ESP课程的专业中，有21个把它列为专业基础课，15个把它列为专业课，还有6个把它列为公共基础课。同济大学的情况在全国高校中很有代表性。作为专业课或专业基础课，ESP课程理所当然应该由专业课老师来组织教学。而作为公共基础课（大学英语课程的一个分支），则应该由英语教师来组织教学。从ESP的全称English for Specific Purposes来看，它首先是一门英语课，应该由英语教师来承担。无论是英美等英语国家还是新加坡、罗马尼亚、香港等英语水平较高的国家和地区都把ESP课程作为英语教学的一个分支，由英语教师来承担教学工作。而在我国，由于定位的不明确，ESP课程一小部分由英语教师承担，其余大部分由专业课教师包揽，使得从事ESP教学的教师主要有这样两类。

第一类教师：在服务前（pre–service）以学文学为主，后从事EGP教学。由于教学计划改变，或为满足学习者新的需要，转向一些较热门的专业英语，如法律英语、商务英语、科技英语等。由于本身不是某一话语共同体的成员，给教学带来一定的局限性，如不完全熟悉该专业的业务，无法了解学习者的各种需要，不精通该语言体裁的特点或词汇特点，容易将专业学科教学上成英语的辅助课，使语言教学易走弯路，不但费时、低效，甚至误导学习者。

第二类教师：在许多高校，专业英语都是由某一系或专业的英语水平较高的专业教师承担，这些教师的优势是熟悉本专业的词汇与交流机制，既是目标话语共同体的成员，又是该专业的行家里手。但是专业课教师讲授ESP课程有很多缺陷。首先，教师自身的英语应用水平和教学水平值得怀疑。不能否认少数专业课教师有较高的英语应用水平，就如汉语讲得好的人不一定会教中文一样，他们是否有能力组织有效的ESP教学还很难说。更何况英语应用能力强的教师不一定被安排去教ESP课程，这就不可避免地使相当一部分教学任务落到了英语应用能力本身还存在问题的教师身上。同济大学的相关调查表明，不少从事ESP教学的专业课教师对自己的英语能力信心不足，多数老师只用传统的语法翻译法教学。同济大学作为全国排名靠前的重点大学，情况尚且如此，那么众多不如它的高校情况如何，就不言而喻了。其次，专业课教师无论是教学还是科研，都把主要精力放在自己的专业上，ESP课程只不过是"副业"而已，花在上面的精力非常有限，这直接导致ESP教学方法呆板、教学效果差、科研停滞不前。而对ESP教学和科研有兴趣的英语教师则苦于没有机会从事教学实践，即使搞科研，也只能纸上谈兵，无法理论联系实际。

另据韩萍、朱万忠等调查，由于ESP对教师有专业与语言的双重要求，许多高校的专业教师自身语言底子不足又缺乏语言教学经验，选择的教学模式主要还是"翻译+阅读"，很少涉及语言综合技能的全面训练，在课堂中扮演的角色仍然是"以教师为中心"的"传道授业解惑者"，学生也只是知识的被动接受者；同样，由语言教师担任 ESP 课程教学，由于不懂相应的专业知识和 ESP 教学之于 EGP 的特殊性，也难以胜任。ESP 师资选择陷入两难的境地。陈冰冰对温州大学师生的访谈发现，许多教师对 ESP 教学没有组织设计交际任务或活动，仍使用传统的呈现式、灌输式教学法或使用精读或阅读的教学模式进行教学，整个课堂只有来自教师的输入（input），忽视了学生对所学语言的输出（output），"哑巴英语"现象仍然没有得到改观。受英语四、六级全国统考的影响，全校外语教师普遍重视基础英语，从事 ESP 教研的教师寥寥无几，这在该校 2004 年度校级 ESP 教研立项的项目数量就可以看出：总共 39 个项目中，有关大学英语的有六个，而有关 ESP 的只有一个（《英美报刊选读》教学创新之探索）。同样，其他高校也存在着厚此薄彼的现象。

99《大纲》中要求的各校"要逐步建立起一支相对稳定的专业英语课教师队伍，成立由学校领导和专业英语教师组成的专业英语教学指导小组，统筹、协调、检查专业英语教学方面的工作"，明示了 ESP 师资力量不稳定的突出问题。一般院校很难找到既通某种专业又通外语的"全科教师"。一般的英语教师缺乏必要的专业知识，讲授的深度和广度受限，加之基础教学任务重，压力大，无力担此重任；而专业教师对于大学英语教学的内容不熟悉，对学生在基础阶段所接受的训练及掌握的语言知识、技能了解不多，在讲课中出现该讲的没讲，不该讲的又重讲的现象，加之自身英语水平的限制，不利于指导学生的专业英语阅读。

尽管专业课教师和语言教师的合作一直为 ESP 研究者所提倡，可是王蓓蕾在对同济大学 ESP 教学情况调查中发现，ESP 教师都是专业课教师，其中只有两位和其他教师合作教学。他们的教学重任仍在专业课上，他们认为 ESP 课程备课量大，对教师有专业和语言的双重要求，费时费力，不如上专业课有成就感，师资队伍不稳定。甚至某些高校或推迟开课的时间，或索性根本不开设 ESP 课程。

事实上由于长期以来 ESP 在高校英语教育中的定位模糊不清，像上文提到的选择教师的尴尬仍在继续发生，围绕着这个话题的讨论也在继续进行。章振邦教授指出：现在的问题是我国的普通英语教学太长，对专业英语重视不够，从小学到中学到大学学的都是普通英语，所谓'四级''六级'测试，都是在测试普通英语的水平。高校英语教学迟迟不与专业挂钩，怎能要求学生毕业后走上需要专业英语的工作岗位能够胜任愉快？刘法公指出：中国英语教学界对基础英语和专门用途英语教学之间存在不少模糊的认识，认为英语教学的任务就是培养学生基础英语的技能。目前，我国许多高校的现状是重视基础英语，忽视 ESP 教学，极大地影响了学生综合英语能力的培养。著名学者秦秀白教授认为我国 ESP 教学尚未进入成熟阶段，一个主要原因是没有解决好 ESP 在高校英语教育中的定位问题。

各专家、学者都曾就此提出自己的解决方案，刘润清建议给大学英语教师举办师资培训班；黄建滨和邵永真认为应"选派英语功底好的优秀专业课教师担任专业英语课的教学任务，并在待遇上给予特殊政策"；蔡基刚则认为 ESP 教学应"主要由外语教师来承担，而双语课可由专业教师授课"；还提出鼓励年轻的具有硕士学位的外语教师攻读其他专业的博士学位，加强和双语课程专业课教师的业务合作等。

笔者认为最根本的原因还是因长期以来我国外语师资培养结构不合理，ESP教师教育专业空缺造成的。传统的师范外语专业知识结构单一，偏向纯语言知识的传授，学科知识与跨学科知识互不挂钩，外语师资与专业师资培养各自为政，忽视了"ESP as a multi – disciplinary activity"（Dudley – Evans &ST John）的事实，缺乏对英语作为国际性语言应与时俱进、与世界经济全球化同步发展的前瞻性考虑。当然，我国个别高等院校已经注意到这一问题，并实施一些对应措施，广东外语外贸大学就开设了法律英语的博士点；其商务英语学院每年还派送商务英语教师赴英国兰开夏大学攻读国际商务英语教学或工商管理硕士学位；上海外贸学院定期派送英语教师到英国进行ESP师资培训。这些做法当然值得极力推荐，可是就国内大部分高校目前的条件来讲，还是不太现实，即使能够做到，也是杯水车薪，解决不了整个问题。

除大纲和师资问题外，教材的问题也相当严峻，不容乐观。开展专门用途英语教学必须依靠合适的系列教材。没有一系列科目适当、难度适中、语言适宜的专门用途英语系列教材，就无法保障教学质量。国家教委没有组织各系统各专业统一编写专业英语教材。基本上每个学校以自行编写或选编为主，教材没有统一的教学目标，缺乏统一的指导思想，存在着较大的盲目性和主观性。各教材之间缺乏内在的连贯性与系统性，更少考虑到所选教材之于教学法的可操作性。有的教材是国外专业书的片段拼凑；有的只有课文，没有练习；有的只注重专业知识，完全忽略英语语言的训练。大多数是民间自发独立或联合编写的杂乱无章的教材。部分ESP教材的编写者从事通用英语教学，没有受过有关ESP知识的专门训练，对ESP的核心指导理论—"真实性"的理解不够完全，认为真实的语料仅指真实的书面语篇，忽略了听、说等真实的语篇、真实的课堂活动的运用和对语言教室交际场景文化真实的设计以及对学生真实学习策略的培养。一些教材虽然运用了真实阅读语篇，但内容陈旧，不能充分调动学习者的积极性，教学效果不理想；某些教材练习仍然以语法、词汇、翻译等传统练习为主；还有一些则全盘采用外国杂志上的原始材料，难度大大超过学生已有的语言与专业水平，阻碍了课堂交际活动的安排。更严重的问题是，教材几乎全是由教师在课前选定，学生对教材的选择没有发言权。任何ESP课程的设计都要以学习者需求为基础去进行，而在我国，ESP需求分析对绝大多数课程设计者来说还是一个陌生的概念，更不用说有人去做了。没有需求分析，课程设计者对各个领域的ESP课程是否有必要开设缺乏概念。比如，该以使学生达到什么程度为培养目标，达到这一目标需要多少学时，应该采取大班上课模式还是小班上课模式等。因此，就出现有的专业安排ESP课程，有的专业则没有，学时差异也很大，无论专业本身对听说读写要求如何，都采取大班上课模式。

目前，组织人力编写出较为完整、统一的专门用途英语教材是亟待解决的英语专业学科建设问题。近几年来，宁波大学、汕头大学、广州外语外贸大学、北京外国语大学的专门用途英语教师已陆续编写并出版了"现代国际商务英语""报刊英语""旅游英语""国际商务英语""国际金融英语""商贸法规英语"等教材并同时开设相关课程，这一尝试值得借鉴推广。

鉴于师资匮乏、教材滥用等问题，很多院校的专业阅读课迟迟不能开设。即便开课，课时也不能保证，收效甚微，形同虚设。王蓓蕾在对"同济大学ESP教学情况调查"一文中指出：调查表明，从总体来看，62%的学生能看懂原版资料，但遗憾的是，80%的学生却无法用英语交流相关信息。看来ESP教学仍停留在专业阅读阶段。各专业的差异也较大，如地质学专业70%的学生能看懂原版资料，而给水排水工程竟有50%的学生看资料有困难。

ESP课程具有边缘性，是专业内容与英语语言技能培养的结合，各个领域的内容差别很大。目前，我国多数ESP课程缺乏教学大纲，虽然85年、99年的《大学英语教学大纲》对ESP课程做出了一些指导性的规定，但过于笼统，不能算作真正意义上的教学大纲，况且每个领域（如医学、法律、计算机、金融等）的ESP内容各不相同，不可能共用一个大纲。教学大纲的缺乏使得教师对教材的选取和讲授内容的多少自由度过大，责任心欠缺的教师可能会偷工减料，使教学内容大打折扣，即使责任感强的教师，也会由于对课程的认识不一致而影响教学内容和效果。教学必须要有相应的评价机制，ESP教学不同于一般的教学，不能用一般的教学评价机制来衡量，需要建立客观、公正、符合ESP教学规律和特点的评价机制，而大多数高校还没有建立起相应的ESP教学评价措施，使得教学长期处于无人监管的状态。

教学发展的停滞不前使有关部门认识到问题的严峻性，在ESP教学举步维艰、效果不佳的情况下，转而把希望寄托到双语教学上。教育部办公厅在2001年9月下发了"关于加强高等学校本科教学工作提高教学质量的若干意见"，"意见"强调指出：积极推动使用英语等外语进行教学，按照教育面向现代化、面向世界、面向未来的要求，为适应经济全球化和科技革命的挑战，本科教育要创造条件使用英语等外语进行公共课和专业课教学。对高新技术领域的生物技术，信息技术等专业，以及为适应我国加入WTO后需要的金融、法律等专业，更要先行一步，力争3年内，外语教学课程达到所开课程的5%—10%。暂不具备直接用外语讲授条件的学校、专业，可以对部分课程先实行外语教材，中文授课，分步到位。这里所说的外语教学即双语教学。一度有关部门及高教界人士对双语教学提高学生ESP应用能力寄予厚望，但在具体的教学操作中，双语教学依然困难重重，成了很多学校教学上的一个死结。湖北大学的一位负责人在该校接受教育部评估前无奈地说："我校各项指标都能得A，惟独双语教学率不及格。"接着，2004年颁布的新的《大学英语课程教学要求》（试行），虽然强调教学要与学生未来工作需要相结合，但对ESP教学几乎没有明确的提及。大学英语教学依然沿袭通用英语一统天下的套路，ESP教学似乎已被淡忘，无人问津了。

ESP在中国已有几十年的发展历史,遗憾的是出于种种原因,它依然未能挣脱大学公共英语和专业课程的羁绊。传统的"语言中心"和"教师中心"的教学法仍然根深蒂固,ESP课程不免处于尴尬的境地,既不能满足学生提高语言能力的要求,也无法和专业课的重要性相提并论。时至今日,ESP依然在夹缝中苦苦挣扎,祈求能有一片完全属于自己的生存空间。

第二节 英语基础知识教学中的问题

一、语音教学中的问题

我国的英语语音教学主要存在五个问题:对语音教学的内容和任务把握不够、对语音教学重视不够、教师语音不标准、对语音教学的长期性认识不够、学生的语音练习机会太少。下面我们就对这五个问题分别进行说明和分析。

(一)对语音教学的内容和任务把握不够

语音教学的内容不仅包括字母、音标和拼读,还包括语流、语调、重音等。但有的英语教师只关注前面几项内容,而忽视了后面几项,这就很容易造成学生发音尚可,拼读也还熟练,但语流不畅,语调不过关,最终影响朗读、口语能力的发展。这是因为语调、重音等因素对语义的影响有时比单个音素还要大,而且也对学生语感的培养极为重要。因此,英语语音教学不能只停留在单个音素和单词读音的层面上,还应帮助学生在音长、重音、语调、停顿、节奏等方面打下坚实的基础。

除了知识性的传授以外,语音教学中教师必须使学生具备以下几种能力。

1. 能够听音、辨音和模仿语音。
2. 能够将单词的音、形、义联系起来,并能迅速做出反应。
3. 能够按照发音规则将字母及字母组合与读音联系起来。
4. 能够迅速拼读音标。
5. 能够将句子的读音和意义直接而快速地联系起来,从而达到通过有声言语进行交际的能力。
6. 能够朗读文章和诗歌。

(二)对语音教学重视不够

语音不仅是语言的基本要素,更是语言赖以存在的基础。可以说,世界上所有的语言不一定都有文字形式,但一定有各自的语音。因此,英语语音教学也应该是整个中学英语教学发展的起点。然而在实际教学中,对语音重视不够的情况并不少见。这一现象不仅表现为对学生的发音问题（如浊辅音发成清辅音、短元音发成长元音等）不认真纠正就放过；还表现为学生的语音基本技巧不纯熟，无法快速地将字母和语音联系起来，达不到直接反应的水平。总之，对语音教学的重视不够往往直接导致了学生语音基本技巧自动化程度不够。

这一问题不仅阻碍了英语的后续教学，更影响了学生的语言能力和各项语言技能的发展。有调查显示，我国英语教学存在两极分化的现象，包括班与班、校与校、地区与地区的宏观分化和班内学生之间的微观分化。这种分化无不与语音教学有着莫大的关联。如果语音基础不好，读单词就会有困难，不会读或读不准单词也会直接影响到单词的记忆和积累。而词汇量不够的话，阅读也就困难重重。另外，语音基础不好就无法将音、义快速联系起来，这也给听力学习造成了很大的困难。而英语听力能力的薄弱不仅会导致听力学习效果不佳，教师如果用英语授课，学生也难以跟得上，最后连听课都困难，就只能放弃英语学习。

（三）教师语音不标准

作为语言的基本功，语音看起来简单，但实际上要想做到发音准确是十分不易的。部分英语教师自身也存在发音不准确的问题。还有一些英语教师不分英式发音和美式发音。这在中国人看来似乎没什么，但在英语本族人听来就十分怪异了。要想解决这些问题，教师必须自觉地提高英语水平，进行一定的专门发音训练。此外，也可以使用录音机等教学工具，一方面，保证语音的准确性；另一方面，保证每位学生都能听得清楚，从而起到正音、正调，提高学习兴趣的目的。

（四）对语音教学的长期性认识不够

英语教学是从语音教学开始的，但这并不意味着语音教学只存在于英语教学的初期。事实上，语音教学应该贯穿于整个英语教学之中。这点常为一部分教师所忽视，导致学生的语音越来越差。高年级学生反而不如低年级学生敢于开口讲话。这些问题的产生都和教师对语音教学的长期性认识不够有很大的关系。因为语音是一种技巧性能力，"久熟不如常练"，语音的学习自然就需要经常练习，不仅要指导学生练习，教师自己也要不断地进行纠音和正调。当然，入门阶段以后的语音教学大多是融入到语法、词汇、句型、课文教学和听、说、读、写训练之中的，虽然并不明显，但却体现了英语学习的综合性质和科学规律。

（五）学生的语音练习机会太少

语音练习机会少是英语语音教学中的一个显著问题，也是学生英语语音学习效果不佳的一个重要原因。要想解决这一问题，首先，要坚持听音在先，听清、听准、听够，然后再模仿发音或读音。其次，教师可在纠正语音的时候画龙点睛地讲一些语音知识和练习诀窍，如设计单音成组比较练习，音调、词调、句调结合练习，或英汉语音对比练习等。此外，教师还应注意学生普遍存在的语音问题，并有针对性地对学生进行"发声"指导，帮助学生纠正这些语音问题。

二、词汇教学中的问题

我国的英语词汇教学主要存在四个问题：教学方法单一、忽视学生主体地位、缺乏实际生活体验、缺乏系统性。下面我们就对这四个问题分别进行说明和分析。

（一）教学方法单一

词汇是学生在英语学习过程中最感头疼的部分。词汇的记忆和使用往往令学生感到枯燥、乏味。而综观我国的英语词汇教学可以发现，大部分教师依然采用传统的教学方法，即"老师领读—学生跟读—老师讲解重点词汇用法—学生读写记忆"。这种教学方法单调、乏味，学生处于被动的学习地位，这无疑加剧了学生对词汇学习的抵触情绪，词汇教与学的效果都不会太好。

面对上述问题，教师必须重视教学的改革，采用多样、有趣的词汇教学方法来调动学生的积极性，提高学生学习词汇的兴趣。例如，教师可以利用实物、多媒体等教具来呈现和讲解词汇，从而达到抓住学生的注意力，提高他们词汇学习的兴趣的效果。

（二）忽视学生的主体地位

随着英语教学的不断发展，越来越多的人认识到学生在英语学习中的主体地位。然而，这种主体地位在实际的英语教学中仍未得到很好的体现，词汇教学也不例外。词汇教学本应注重对学生智力的开发，重视对学生观察力、记忆力、想象力、思维能力以及创造能力的培养。而现实状况却是"教师只顾教，忽视学生学"。教师大多采用填鸭式教学，将词汇的发音、意思、搭配等知识灌输给学生，要求学生死记硬背下来，而忽视了对学生主观能动性的激发。实际上，学生的词汇学习到达一定阶段后大多已经具备了一定的英语词汇基础，且有能力对相关的词汇规律进行归纳和总结。因此，教师不应继续"独揽霸权"，而应发挥引导作用，使学生逐渐能够独立思考和总结、发现词汇规律、掌握词汇学习的方法，这样的词汇学习才能更加长久、有效。

（三）与实际生活联系不够

词汇教学方法的单一导致词汇的呈现、讲解大多局限在黑板和教师的口头讲述上，这也意味着其与实际生活的联系也十分微弱，而不能使词汇学习与学生的实际生活联系起来就难以引起学生的词汇学习兴趣，也无法因材施教。

为解决这一问题，教师就要将词汇教学和实际生活多加联系。例如，教师可将所授词汇放在一个真实的语境中来呈现或讲解，也可以适度扩展一些学生感兴趣的词汇，还可以补充一些和所教词汇相关的课外内容，并做适当的引申。学生只有认识到所学词汇的实用性，才会产生强烈的学习动机，词汇学习的效果才会更好。

（四）缺乏系统性

英语词汇的教与学都可以按照一定的系统来开展。把握好这种系统性有助于加强词汇之间的联系，从而提高词汇教学的效率和效果。然而，目前我国大多数的英语词汇教学都严重缺乏这样的系统性。肖礼全曾指出：从小学到中学再到大学，所有的英语课本所包含的课文，其内容的主题都没有一个系统可循，几乎每一册课本都可能包含十个甚至更多的主题，如生活常识、人物事件、生态环境、旅游观光、社会道德、天文地理、历史经济等。由于这些课文没有共同的主题，其所包含的词汇也就缺乏共同的纽带和轴心，学生能够依附的知识体系繁杂，因而也就无法形成一个可以展开或聚合的体系。这就容易导致学生在应用、记忆、复述、联想这些词汇时陷入一种无章可循的散乱状态，最终导致学生的英语词汇学习效果不佳。

要解决这一问题，教师就应将词汇教学纳入知识系统学习的轨道，用专门的知识系统来引领和组织英语词汇学习。例如，定期按照一定的标准（如相同主题、反义关系、相同语境等）对所学词汇进行归纳总结，这样学生才能更加有效地理解和使用词汇，词汇教学才会取得更大成效。

三、语法教学中的问题

语法是构筑一切语言的奠基石，是语言教学和考试中必不可少的部分。语法教学效果的好坏直接关系到学生对语言的理解和应用能力的高低。就我国目前的英语语法教学现状来看，其中存在五个问题：教学环境差、教学方式单一、教学时间不足、语法地位降低、教学缺乏系统性。下面我们就对这五个问题分别进行说明和分析。

（一）教学环境差

语言环境对语法教学的影响很大。若语言环境有利，则便于学生在真实的语境中理解和使用语法；若语言环境不利，就会对语法教学造成很大的阻力。在我国，英语教学是在汉语的环境下进行的，而英汉两种语言又分属于不同的语系，这就使英语语法教学处于一个不利的语言大环境之中。另外，国内大部分英语语法课堂教学中，教师大多采用汉语授课，更加大了语言环境的不利影响。学生在缺乏语境的情况下，对语法的理解和掌握不够深刻，只能机械地记忆教师教授的语法条目，却无法真正掌握其使用方法，以致错误频出。要想解决这一问题，教师应尽量用英语授课，并注意结合真实的语境来教授语法，便于学生的理解、记忆和使用。

（二）教学方式单一

"先讲语法规则，后做练习"是我国英语语法教学中最常使用、甚至是惟一的教学方法。然而，这种教学方法使学生处于被动的接受地位，无法调动学生学习的积极性。这种教学方法往往会令学生感觉好像听懂了、会用了，可是要使用的时候又感觉很陌生，总是遇到这样那样的问题。尤其是当几个语法现象共同出现的时候，学生往往就会不知所措。因此，面对复杂而繁多的语法条目，教师务必要注意教学手段的多样性，以激发学生的学习兴趣，深化学生对语法条目的理解，实现语法教学效果的最大化。

（三）教学时间不足

在缺乏英语大环境的基础上，我国英语语法教学要想取得成绩，主要靠课堂教学效果。然而，英语课堂教学除了涉及语法教学以外，还涉及语音、词汇、听力、口语、阅读、写作、翻译方面的教学，这样一来，用于语法教学的时间就少之又少了。教学时间的不足也是制约英语语法教学效果的一个重要因素。

要想解决这一问题，我们不能硬从其他语言知识和技能的教学中挤时间，而应将语法教学与听、说、读、写、译的教学融合在一起，这样就大大增加了语法教学的时间和效果。同时，也不影响语言技能的教学，可谓一举两得。

（四）语法地位降低

近几十年间，英语语法教学经历了从"天上"到"地下"的巨大变化。早些年，语法教学是整个英语教学的重点，甚至还有教师将二者等同起来。一时间，语法教学的地位"无人能及"。然而随着由此观点指导下的英语教学弊端逐渐暴露，大量淡化英语语法教学的现象也随之逐渐显露。导致这种现象产生的原因有两方面：（1）有人认为，学生小学就开始学语法，到大学阶段语法学习已基本完毕，无需重复；（2）还有人认为，试卷中考查语法的题目较少，分值比重也很少，不值得花费太多的精力去学习。事实上，这两种观点均失之偏颇。下面我们就对这两种观点分别进行评述。

第一种观点将语法学习的时间长短和学习内容的多少、学习效果的好坏等同起来，这是不正确的。学习时间长并不代表学到的就又多又好。即使学生掌握了初、高中全部的语法内容，也并不意味着他们能够理解所学语法项目的全部用法。因为中学阶段的很多语法项目有时并不适用于大学阶段遇到的一些语法现象。例如，中学时期学习的条件状语从句的使用要求是"从句用一般现在时，主句用一般将来时"。但是当学生日后遇到类似下面的句子时，就会难以理解。

If it should fail to come, ask Marshall to work in his place.

本例中，不管主语的人称和数如何，从句动词一律采用"should+不定式"的形式，而主句动词则可根据语义意图采用不同的形式。其中，should 表示一种不太肯定的婉转口气，并不影响条件的真实性。条件状语从句的这种用法在初、高中时期并不多见，学生仅靠对条件状语从句的一般认识是无法彻底理解本句含义的。

由此可知，尽管很多语法项目看似学过，但却往往包含了多种用法和意义。这些用法和意义显然无法在英语学习的初级阶段就全部学到。如果学生不能深入、持久地学习和更新语法知识，就很难理解那些看似熟悉的语言现象。

第二种观点本身就是目光短浅、只见表面不见本质的。尽管英语考试中直接地考查语法的题目所占分值不高，但作为语言构成的基础，语法无论是对英语学习还是对英语考试而言都具有极为重大的意义。这是因为任何句子的分析和理解都离不开语法，无论是听力、口语、阅读、写作还是翻译，没有扎实的语法基础，学生就可能听不懂、说不对、看不明白、写不出来、翻译错误甚至翻译不出来。可以说，英语测试就是建立在语法基础上的，对学生语法的考查其实贯穿了英语考试的始末。

（五）缺乏系统性

语法教学系统性的缺乏体现为，学生虽然对个别语法条目非常熟悉，但却对与之相关的语法条目及其之间的差别与联系没有一个鲜明而完整的印象。例如，有一定英语基础的学生都能说出一些语法名词，如现在分词、过去分词、一般现在时、一般将来时、虚拟语气、独立主格等，但是如果让学生回答英语语法中有多少词类、几种时态、几种语态等问题，他们往往回答不上来。这种系统性的缺乏对学生全面、深刻地理解和使用语法知识而言是极为不利的。要想解决这一问题，教师应在语法教学过程中，对学过的语法项目多加总结，以帮助学生形成一个完整的语法体系概念。

第三节 英语听、说教学中的问题

一、听力教学中的问题

我国英语听力教学中存在的问题主要有：学生畏惧听力、听力基础薄弱、教学模式单一、缺乏适度引导、教材现状不佳等。下面我们就对这几个问题分别进行说明和分析。

（一）学生的问题

1. 畏惧听力

听力是一种综合的语言能力。听力技能的培养涉及理解、概括、逻辑思维、语言交际等能力的培养。但在实际英语听力教学中，很多学生因为跟不上语音材料的语速，且思维缓慢，而不能使听到的语音转化成实际的意义，因而听力效果不佳。也正因如此，学生对听力学习总是心存畏惧。

2. 听力基础薄弱

学生听力基础的薄弱体现在多个方面。

（1）英语基础功底差。很多学生即使到了大学阶段，所掌握的词汇量、语法仍然十分有限，对语音的识别能力还很欠缺。这些都直接成为了听力的重大障碍。

（2）缺乏英美文化知识。听力材料中不可避免地会包含一定的文化信息，而学生对英语国家的历史文化、自然地理、风土人情、思维方式、行为习惯等不了解，就势必会影响听的效果，甚至会产生错误的理解。

（3）不良的听力习惯。我国的英语教学具有很强的应试性，这种环境不利于学生养成良好的听力习惯。另外，学生在课外也很少练习听力，因而导致他们的听力能力欠佳。

以上这些听力基础的欠缺积累在一起也会导致学生产生怕听的情绪。

（二）教师的问题

1. 机械的教学模式

当前我国英语听力教学多采用"听录音—对答案—教师讲解"的教学模式。这种模式下的听力教学不仅缺乏对学生的有效监督，而且忽视了学生对于语篇的整体理解。只是毫无目标地、机械地播放录音，一遍不行孰放第二遍、第三遍，教师盲目地教，学生盲目地听，丝毫无法产生听的兴趣，教学效果自然不佳。

2. 缺乏适度引导

在应试教学的影响下，英语听力教学也多是围绕考试这个指挥棒而转的。教师大多将教学重点放在如何应付考试上，以考试的方式训练学生的听力能力，而不对学生做任何引导就直接播放录音。这就很容易使对生词、相关的知识背景等尚不熟悉的学生在听的过程中遇到种种障碍，不仅降低了听的质量，而且使学生产生挫败感，因而对听力学习失去信心和兴趣。

与之相反的是，有的教师总是在播放录音之前对学生进行过多的引导，不仅介绍了生词、句型，还将材料的因果关系等一并介绍给了学生。这样一来，学生即使不用仔细听，也可以选出正确答案，这就很难激起学生听的兴趣，听力教学也就失去了意义。

由此可见，如何对学生进行适度的引导是关系听力教学质量的一个重要问题，太多或太少都会影响教学效果，教师应根据实际情况进行把握。

（三）教学条件的问题

1. 听力时间不足

由于大多数学生很少在课下积极主动地练习听力，因此，听力学习的时间主要集中在课堂上。而一节课时间有限，而且也不可能全部用于听力，因此，学生能够听的时间其实很少。而听作为一种综合性技能，它的提高并非一朝一夕能够实现的，这就造成学生听力水平提高缓慢。

2. 教材现状不佳

教材是教学得以开展的重要依据，对教学大纲以及练习的设计和安排有着直接的影响，对教学活动的开展起着关键的作用。好的听力教材不仅可以丰富学生的文化素质，还可以开阔学生的视野。但我国很多学校使用的听力教材存在内容陈旧、编排不合理等问题，不能反映迅速变化的时代，也无法体现最新的教学思想和教学方法，这也是我国英语听力教学效果迟迟得不到提升的一个重要原因。

二、口语教学中的问题

随着经济、科技、政治等各方面的全球化发展，人们需要用英语进行交际的机会也日益增加。口语教学引起了越来越多的人的重视，而我国学生的英语口语交际水平与实际的需要还相差很远，"哑巴"英语现象普遍存在。造成这一现象的原因在于英语口语教学中存在诸多问题。下面我们从学生、教师、教学条件三个角度来分析英语口语教学中存在的问题。

（一）学生的问题

1. 语音不标准，词汇匮乏

受汉语语言环境的影响，语音基础不好的学生有的发音不准，影响了语义的表达；有的带有地方口音，听起来十分可笑；还有的不能正确使用语调、重音等，直接影响了英语口语语音语调的标准性。另外，由于缺乏练习，学生往往很难将学到的词汇用在口头表达中，而造成无话可说或不知如何去说的尴尬。

2. 心理压力大，缺乏自信

受应试教育的影响，初、高中的英语教学将重点放在了阅读和写作的训练上，而忽视了英语口语的教学。这就使学生即使日后意识到了口语的重要性，也总是心虚、不自信。虽然有些学生的口语能力不像他们想象的那么差，却仍然不愿意开口说英语。

即使有一小部分学生愿意做口头交流，也总是带有紧张不安的情绪，担心自己说错、被批评、被耻笑，更不要说那些发音不好的学生了。这些负面的情绪和压力对学生口语能力的提高显然十分不利。

（二）教师的问题

1. 教学方法滞后

我国的英语口语教学是作为英语整体教学的一部分而出现的，而并未被独立出来进行专门教授，因此，英语整体教学中存在的问题也直接体现在口语教学上，其中教学方法滞后就是一个重要的问题。口语教学中，教师也习惯性地采用传统的"讲解—练习—运用"的教学模式。这看似体现了教学的规律，实际上却制约了学生说的积极性。在此教学模式下，学生只能被动地接受教师所讲授的词汇和语法知识，在没有语境的情况下做大量机械的替换、造句等练习，这样根本无法有效地锻炼口头表达能力。

2. 汉语授课

提高英语口语能力的一个重要方法就是多听、多说。然而，很多英语教师考虑到学生的英语水平参差不齐，为了使所有学生都能跟得上教学进度，而不得不放弃英语授课，这无疑恶化了英语使用的环境，减少了学生用英语进行交际的机会。另外，为了追赶教学进度，应付大学英语四、六级考试，教师也多用汉语讲授知识点。

（三）教学条件的问题

1. 课时不足

口语教学的一个显著而直接的问题就是教学时间得不到保证。口语能力的提高需要花费大量的时间，进行大量的实践，而我国的口语教学被纳入英语整体教学之中，教学多重形式、轻运用，口语教学未能得到时间上的保证。

以高校使用的英语教材《新编实用英语综合教程》为例，该教材主要包括五项内容：听、说、读、写、译。每个班级若按45人计算，加上学生参差不齐的英语水平，那么即使分配给口语课2个小时，也显然不足以有太大的"作为"。可以说，教学时间的不足是英语口语教学的硬伤，直接导致了学生的口语能力低下。

2. 缺乏配套教材

有调查显示，我国众高校非英语专业的英语教材大多按精读、泛读、快速阅读、听力等单项技能分册发行，而专门的口语教材却十分少见。大多数教材都将口语训练当做听力训练的延展而附在听力训练之后，其内容也多简短、缺乏系统性。这是很难达到英语口语教学在整个英语教学比重标准的，也会使学生误以为口语不那么重要，因而从思想上轻视口语学习。而市场上为数不多的口语教材也多难以担当重任。因为这些教材要么是专门针对某一专业、领域的口语教材，难度极大；要么是有关简单的问候、介绍、谈论天气日常用语的教材，过于简单，无法满足社会各领域对相应口语能力的要求。由此可见，配套教材的欠缺是制约口语教学效果的一个重要因素。

3. 口语评估制度欠缺

评估可以检验教学的质量，是教学中不可或缺的重要环节。我国最常使用、影响最大的评估方式就是考试。例如，小学、初中、高中都有相应的期中、期末考试，大学有英语四、六级考试。然而，这些考试多是对学生听力、阅读、写作、翻译技能的检测，而无法考查学生口语学习的质量。而专门用于检验口语水平的测试少之又少。造成这一现状的原因在于，口语考试的实施与操作都有一定的难度，如口语测试材料难易程度的把握，考试形式的信度与效度等问题等。对此，大学英语四、六级考试委员会在全国部分省市实施了大学英语口语考试，并规定了统一的等级评审标准。显然要想切实提高教师和学生对口语的重视程度，提高口语教和学的质量，仅仅增加大学四、六级口试是远远不够的，但大学四、六级口试制度的出台对于完善英语口语评估制度无疑提供了良好的示范作用。在此指引下，我国将来势必会推出更多、更科学的口语评估方式。

第四节　英语读、写、译教学中的问题

一、阅读教学中的问题

阅读教学看似简单，实际上也存在很多问题，主要包括：教学观念错误、教学方法滞后、教材设计不科学、课程设置不合理。下面我们就对这几个问题分别加以说明。

（一）教学观念错误

培养学生快速从语篇当中正确获取所需信息的能力是阅读教学的目的，而在实际的英语阅读教学中，这一目的已被很多教师曲解了。他们经常将阅读教学混同于词汇教学、语法教学。阅读教学中，教师常常过分重视语言知识的传授，抓住一个单词、语法点大讲特讲，阅读教学呈现出"讲解生词—逐句逐段分析—对答案"的错误形式，而忽视了学生对语篇的理解、从语篇中获取信息能力的培养。造成这一问题的根本原因就在于对阅读教学的观念错误，对阅读教学的目标认识不清，导致了阅读教学成为语法、词汇教学，学生阅读速度慢、质量差的情况并未得到改善。对此，英语阅读教学必须更正教学观念，将阅读作为一种实用的语言技能进行教授，不仅要传授学生语言知识，更重要的是传授他们语篇和文化知识，同时，还要注意提高学生的思考能力、分析能力、判断能力，拓展学生的视野，激发学生对英语阅读、英语语言以及英语文化的兴趣，提高他们英语的综合运用能力和人文素养。

（二）教学方法落后

英语整体教学方法的单一、滞后在阅读教学中也有所体现。教师大多让学生自己阅读完后做题目，然后领着学生对答案，再对错题进行讲解。这种教学方法的应试性比较高，因而显得十分死板，学生的阅读习惯、阅读技巧等均得不到培养，主体地位得不到突出，主观能动性未得到很好的发挥，阅读的实际需求也得不到满足，学习兴趣更得不到培养，最终致使阅读教学收效甚微。尤其是在一些教学条件落后的偏远地区，英语教师对阅读教学的重视不够、研究不足、实践不多，以致难以形成科学、高效的教学方法，大大影响了阅读教学的质量。

（三）教材设计不科学

不同阶段的英语阅读教学会使用不同的教材，这些教材本身大多已经十分成熟，但不同阶段的教材之间却缺乏必要的连贯性，这也是英语阅读教材存在的最主要的问题。具体来说，小学阅读教材注重词汇，中学阅读教材注重语法，大学阅读教材则注重阅读技能的训练。虽然这三个时期的教材各有侧重和针对，符合学生认知和阅读学习的规律，但由于每个阶段结尾与下一阶段的开始缺少必要的承接和过渡，学生一下子很难跟上进度，从而造成阅读教与学的脱节。

（四）课程设置不合理

阅读课程设置不合理也是影响阅读教学质量的一个重要问题。很多学校、教师错误地认为阅读教学是英语教学的附属品，导致阅读课程教学目标、教学计划不明确，阅读教学的课时、课程设计、师资力量以及教学组织都得不到保证，直接影响了阅读教学的效果。

二、写作教学中的问题

写作教学一直以来都是英语教学的重点，因而相较于其他英语技能而言，发展得更为充分。但其中也存在不少的问题，如：教学缺乏系统性、形式重于过程和内容、教与学相互颠倒、重模仿轻创作、课程设置不合理、缺乏相关教材、批改方法不恰当。下面我们就对这些问题分别进行说明。

（一）系统性不足

写作教学的系统性不足主要表现在三个方面：教学目标不系统、教学方法不系统以及写作指导思想不系统。

1. 教学目标

任何一种技能的学习都不是一蹴而就的，其教学也不可能取得立竿见影的效果。因此，英语写作技能的培养也需要一个循序渐进的系统过程。这种循序渐进首先就要体现在教学目标的系统性上，这是实现英语写作目标的基本保证。

英语写作目标缺乏系统性是因为总体目标（即针对学生的生理、心理特征，结合写作教学的自身规律，并在英语课程要求中明确规定的总体任务）与阶段性目标（即根据总体目标制定的一系列的阶段性目标）之间互不协调，总目标与子目标之间连贯和衔接的科学性严重缺失。造成这一现状的原因可能是显性目标与隐性目标系统不平衡导致的，也可能是教师对写作的目标体系与学生实际写作之间关系的模糊认识所造成的。无论是什么原因，这种写作总体目标与阶段目标的不协调显然会影响目标的实现。因此，学校、教师都必须克服这些不利因素，把握好英语写作教学的总体目标和阶段性目标。

英语写作教学目标之所以难以实现，一个主要的原因就是教师对英语写作教学目标与学生实际之间关系的认识不清。事实上，目标是教师和学生对学习结果的期待，是一个未实现的状态。因此，教学目标与学生的实际之间必然存在一定的差距，适当的差距对学生写作能力的提高而言是有利的，而过大或过小的差距则不利于学生写作能力的提高。基于这一点，英语写作教学可被视为帮助学生向目标逼近的过程。英语教师和学生可以借助目标与实际之间的距离，设定一些教学或学习步骤，并熟悉实现每一环节目标的条件、困难和可能性。否则，一旦教师对写作教学的目标与学生实际之间的关系和意义认识不清，就会导致行动和反应上的迟缓，直接影响写作教与学的质量。

2. 教学方法

英语写作教学系统性不足还体现在教学方法上。所谓方法，就是一种对活动程序或准则的规定性，是一种能够指导人们按照一定的程式、规则展开行动的活动模式。系统性是英语写作教学方法的内在规定，是有效运用教学方法的重要基础。离开了系统，教学方法也就失去了意义和价值。这是因为，教学方法实际上是整个教学系统的一个子系统。它与教学目的、教学内容以及师生间的互动均联系密切。没有明确的教学目的，写作教学就会迷失方向；而脱离了教学内容，教学方法也就毫无意义；缺少了师生之间的互动性和双边性，教学方法也就没有了价值。因此，不同的教学目的、内容、师生关系应该对应不同的写作教学方法和运作。不同的内外条件，写作教学方法的系统运作会呈现不同的水平和层次。因此，英语写作教学方法的运作必须根据教学系统中的各项组成部分来实施，否则就会造成种种矛盾和冲突，影响写作教学的效率。而对照我国英语写作教学中所使用的教学方法可以看出，这些方法大多是无效的、失败的，因为它们大多不系统、不连贯、缺乏针对性。

3. 写作指导

写作指导思想是否系统对写作教学质量的影响极大。写作技能和写作能力的生成虽然需要通过大量的练习来获得，但多练不等于泛练。如果写作练习缺乏目的性，即使花费很多时间也是无用的。另外，从遣词造句到段落和篇章的生成，从撰写记叙文到写议论文，从构思、行文到修改，整个写作是一个由浅入深的系统操作过程。因此，教师对学生的指导也应具有系统性。然而，我国的英语写作教学大多缺乏这样一种系统性。教师教的时候以及学生写的时候都没有一个明确的目标，更没有一个长远的规划，而是跟着教材随机地教授写作方面的知识和技能，这就大大降低了写作教学的效果。

（二）重形式、轻过程和内容

长期以来，我国英语写作教学一直存在重形式、轻过程和内容的问题，导致这一问题产生的原因如下。

1. 欠缺英语思维

英语写作教学中，教师往往强调学生要用英语思维来写作，避免使用中式英语。然而，要做到这一点很难。对中国学生来说，英语是一种外语，汉语才是母语。学生的汉语思维模式已经根深蒂固，要想使英语思维成为习惯是极为不易的。

另外，很多人认为，英语写作中侧重语言形式的作用是必然的。所以在英语写作教学中，重视文句的规范性与文章结构，忽视文章的内容和思想的现象仍然大量存在。部分教师也将文章结构和语言形式看做写作教学的主要内容。而初学写作的学生更是将学会把握文章结构和形式视为写作学习的终极目标。这些最终都使写作的教与学流于形式，很难触及写作的核心。

2. 受历史传统影响

在早期的英语写作中，为了快速写出一篇符合要求的英语文章，人们常常模仿类似文章的语言形式和文章结构来写作。久而久之，教师和学生都将形式作为了英语写作教学的重点，而忽视了写作的过程和内容，写作变成了一种模仿，而非创造。

事实上，内容和过程对于写作来说也是很重要的。一篇好的文章应该具有丰富、深刻的内容，而这些内容仅仅靠对形式的模仿是无法实现的。语言的形式和文章的结构仅是作者表达思想和情感的一种手段。学生能否把握文章的结构和格式固然重要，但如果过分强调它们的作用显然并非好事。因为文章的思想和观点是写作和写作教学的根源，而文章结构和语言形式则是写作和写作教学的支流，根源上得不到保证，支流显然就失去了存在的基础。因此，英语写作教学必须处理好源与流、本与末、主与次的关系，在注重写作形式教学的同时还要重视写作内容的教学以及学生写作能力的培养。

（三）教与学相互颠倒

写作教学也并非一种知识性课程，学生的写作技能无法靠教师的讲解来获得。原因如下。

1. 写作是一种实践性活动，涉及写作的技巧和能力。因此，写作教学应该以学生的实践和操练为主，以教师的知识传授为辅。

2. 写作教学的目的在于提高学生的写作能力，因此，写作应该是一种学生个体的活动，从构思、写作到文章修改，都应该使学生参与其中。教师过多的讲解只会耽误学生的写作时间，进而影响学生写作的积极性和主动性。

然而，我国英语写作教学一直存在教与学相互颠倒的现象，主要体现在以下两个方面。

1. 写作教学中仍存在教师大量讲解理论知识的问题，使学生，尤其是初学写作的学生，很容易觉得写作枯燥、无用，产生厌倦、畏难等情绪，因而丧失写作的兴趣，最终影响英语写作教学目标的实现。

2. 教师常以自己的写作经验为基础来指导学生写作，常对学生使用一些不恰当的话语指令或规则指导学生，剥夺了学生的话语权，限制了学生的独立思考，简化了学生写作过程的心理体验，遏制了学生写作中的创造性，使他们产生盲从的心理。这显然颠倒了写作教学中的师生地位，而且也很容易使学生在写作过程中在构思、行文和情感体验上出现雷同现象，写作创造能力得不到真正的提高。

（四）重模仿、轻创作

重模仿、轻创作是我国英语写作教学的一大弊病。尽管模仿是写作教学的起始状态，也是学习写作的必经阶段，更对我国学生（尤其是初学英语写作的学生）学习写作起到了促进作用，但模仿并非写作的最终状态。它虽然能够提高学生写作学习的效率，但过度的模仿并不利于学生写作能力的持续发展。因为写作不仅是一种个体的心智行为，更是一种创造的过程。从构思、行文到修改，写作过程始终体现着作者的个性特点与独立思考能力。写作过程中的意义和价值都是由学生创造而来的，一味地模仿必然会抑制学生的写作积极性与主动性，进而影响学生写作动机和兴趣。

（五）课程设置不合理

除英语专业以外，我国部分的英语写作教学是被纳入英语整体教学之中的，而并未被独立出来进行专门教授。这就很容易因为课时有限而无法花费太多的时间来组织学生写作。久而久之，学生也会误以为写作学习不是重要的。如此一来，不仅写作教学本身得不到时间上的保障，学生也会产生轻视写作的思想。

（六）缺乏相关的教材

目前我国的英语教材大多是集语音、词汇、语法、听、说、读、写、译于一体的综合性教材，关于"写"的专门教材相对较少。即使在英语整体教学中，虽然几乎每个单元都会涉及写作的练习，但却并未形成一个科学的系统，也缺乏一定的指导。学生的写作练习也多处于被动地位，这对写作学习而言是极为不利的。

（七）批改方法缺乏有效性

作文批改的方式方法也是写作教学中存在的一个显著问题。很多教师在批改作文时，重点仍然放在纠正拼写、词汇以及语法等方面上，忽略了学生在写作过程中思维能力的培养。这会使学生过分追求写作时的语言正误，而忽视了对文章结构、逻辑层次的把握。

另外，教师对学生作文的批语也同样重要。有的教师一味指责学生写作中的错误，缺少鼓励，这会制约学生写作的主动性，导致他们消极应付、望而生畏，对自己写作中出现的错误不能很好地改正。

（八）教学改革滞后

随着英语教学改革的不断深入，英语教师对写作教学也有了一定的新认识。尽管如此，英语写作教学方面的改革仍然相对滞后。学生英语思维能力的多方位、多角度、发散性、创造性、广阔性和深刻性仍然没有得到足够的重视和训练。除此以外，作为英语教学的一部分，写作应和阅读、口语、听力、翻译等方面的教学有机地联系起来。而在实际的英语教学过程中，教师并未真正把写作教学与其他方面的教学融合在一起，而是孤立地教授写作，不利于学生对英语学习的全面认识，也不利于学生对写作学习的深入了解。

三、翻译教学中的问题

除听、说、读、写以外，翻译也是英语教学必不可少的一个重要组成部分。但在英语翻译教学中存在着很多的问题，既有教师方面的问题，又有学生方面的问题。教师方面的问题主要包括：教学形式单一，对翻译教学重视程度不够；学生方面的问题主要包括：翻译时"的的不休"，语序处理不当，不善增减词，不善处理长句。下面我们就对这些问题分别进行说明。

（一）教师的问题

1. 教学方法落后

教学方法是英语翻译教学的一个软肋。实际的英语翻译教学中，教师常采用"布置翻译任务—批改作业—讲评练习"的方法开展教学。由此步骤可以看出，后面两个步骤都是由教师完成的，学生真正参与的只有第一个步骤。这就使学生处于翻译学习的被动地位，整个学习过程不是在发挥主观能动性的积极思考和探索，而是被教师牵着鼻子走，这显然会使翻译教学的效果事倍功半。

2. 重视程度不够

对翻译教学的重视程度不够主要体现为以下几个方面。

（1）翻译教学中，教师往往不注重翻译基本理论、翻译技巧的传授，仅仅是将翻译作为理解和巩固语言知识的手段，将翻译课上成另一种形式的语法、词汇课。

（2）学生做完翻译练习后，教师大多只是对对答案，对翻译材料中出现的课文关键词和句型等进行简单的强调，缺乏对学生进行系统的翻译训练。

（3）就时间而言，教师花在翻译教学上的时间很少，通常是有时间就讲，没有时间就不讲，或只当家庭作业布置下去，由学生自己学习。

（4）英语教学大纲中对翻译能力培养的要求不具体。

（5）英语考试中虽然包含翻译试题，但其所占的比重远远不如阅读、写作等。

以上这些问题最终致使翻译教学质量迟迟得不到提高。

（二）学生的问题

1. "的的不休"

在实际的翻译操作中，中国学生每每看到英语形容词就自然而然地将其翻译成汉语的形容词形式，即"……的"，导致译文"的的不休"，读起来很别扭。例如：

The decision to attack was not taken lightly.

原译：进攻的决定不是轻易做出的。

改译：进攻的决定经过了深思熟虑。

It serves little purpose to have continued public discussion of this issue.

原译：继续公开讨论这个问题是不会有什么益处的。

改译：继续公开讨论这个问题没有益处。

2. 语序处理不当

英语句子通常开门见山地表达主题，然后再逐渐补充细节或解释说明。有时要表达的逻辑较为复杂，则会借助形态变化或丰富的连接词等手段，根据句子的意思灵活安排语序。相比较之下，汉语的逻辑性较强，语序通常按一定的逻辑顺序（如由原因到结果、由事实到结论等）逐层叙述。这种差异意味着将英语句子翻译成汉语时必须对语序做出适当的调整。而很多学生意识不到这一点，译文也大多存在语序处理不当的问题，读起来十分别扭。

例如：

The doctor is not available because he is handling an emergency.

原译：医生现在没空，因为他在处理急诊。

改译：医生在处理急诊，现在没空。

3. 不善增减词

由于语言、文化等方面的差异，翻译时不可能也没必要完全拘泥于英语形式，即逐字逐句地翻译原文。事实上，根据原文含义、翻译目的等方面的不同，译文可根据实际需要而适当增减词。而很多学生并不明白这一点，因而其译文大多繁冗啰嗦。例如：

Most of the people who appear most often and most gloriously in the history books are great conquerors and generals and soldiers...

原译：在历史书中最常出现和最为显赫的人大多是那些伟大的征服者和将军及军人。

改译：历史书上最常出现、最为显赫者，大多是些伟大的征服者、将军和军人。

4. 不擅处理长句

英语中不乏长而复杂的句子，这些句子大多通过各种连接手段衔接起来，表达了一个完整、连贯、明确、逻辑严密的意思。很多学生在遇到这样的句子时往往把握不好其中的逻辑关系，也不知如何处理句中的前置词、短语、定语从句等，因而译出的汉语句子多不符合汉语表达习惯。例如：

Since hearing her predicament, I've always arranged to meet people where they or I can be reached in case of delay.

原译：听了她的尴尬经历之后，我就总是安排能够联系上的地方与人会见，以防耽搁的发生。

改译：听她说了那次尴尬的经历之后，每每与人约见，我总要安排在彼此能够互相联系得上的地方，以免误约。

第三章 高校英语课程改革中的问题

第一节 大学英语课程改革现状及原因分析

一、教材问题原因分析

我国高校的大学英语教学基于统一教学大纲，缺乏分类指导，教授的只是以语言技能为目的的通用英语。教材的编写受到大纲所要求的词汇的限制，教学模式在一定程度上又受到教材的制约。许多类似于 offer、show、juice 这样简单的单词仍出现在大学课本的词汇表中。大学英语单词表所收词汇相对于中学词汇应该是全新的，至少在单词释义上也要有所延伸和拓展。单词表是选择外语教学内容和编写教材的依据，是外语教学的"联络图"，应根据国情并针对大学生学习英语的主要目的进行编制和调整。我国当前大学生学习英语的主要目的应该是满足及时了解国外最先进的科技信息以及参与对外交流的需要，因此，大学英语教学内容不应仅仅考虑选择传统的经典名篇，还应从人文和自然科学两个侧面充实现代英语的内容。而现在的大学英语教材在编写与内容挑选上基本沿用了外语专业教材的编写思路，属于英美文学取向的教材，学生从课本上学到的内容与现代英语相差甚远。

新的大学英语教学大纲以及与大纲配套的系列教材，都是在新的教学法理论指导下产生的。这就要求使用大纲和教材的教师，不仅要有扎实的语言基础知识和语言能力、较强的教学艺术、先进的教学法理论，而且要具备与教材内容相适应的丰富的综合知识，因为语言不仅仅是交际的手段，也是传递知识的媒介。课堂教学既能够培养学生的语言能力，丰富学生的语言知识，又能够接受到西方的思想文化和先进的科技知识。不容忽视，教材建设是大学英语教学改革的重要环节。虽然近年来已经推出了一些新编或新改编的大学英语教材，但是对教材满意的人极少。使用 ESP 教材尤其混乱，质量不高。国内 ESP 教学从 20 世纪 70 年代末开始萌芽，已有 50 个年头了。但令人遗憾的是，到目前为止，我国高校尚无统一的 ESP 规划教材。一方面，国家高等教育部门鼓励各高校开展 ESP 教学，适应经济社会发展对高层次复合型人才的新要求；另一方面，却又没有相应的 ESP 系列教材供高校 ESP 教师使用。这也许是目前国内高校 ESP 教学为什么总是停滞不前，为人诟病的一个重要原因，正是"巧妇难为无米之炊"。

由于没有统一的ESP规划教材，各高校在开展ESP的教学中，在ESP教材的选取上也就各自为政，各显神通。有原版引进的，也有自编或联合编写的，可谓是五花八门。廖莉芳、秦傲松针对专业英语教学现状调查报告发现，65%的学生反映所用教材是任课教师从专业文献中选编的材料。这种教材没有练习，缺乏明晰的教学目标，课文之间缺少连贯性，学生使用这种教材犹如随意阅读专业文献一般，很难达到提高专业英语综合能力的目的。高达49%的教师反映专业英语教学中存在的最大问题为缺乏合适的教材。张玲、胡金环的调查结果也表明，多数ESP教材不规范，质量不高，有些是教师单枪匹马摘选的报刊文章，缺乏知识的连续性和系统性。

周平认为，特殊用途英语的教学材料选择应符合以下四个标准：①真实性，即在特殊用途英语的教学中，语言材料应该是目的语原文，而且所选语言材料应该与学生的职业密切相关。②合适性，即所选语言材料的难度应该符合学生的水平：如果太难，学生会产生畏惧感；如果太简单，学生又不易产生成就感。③广泛性，即所选语言材料不仅要包括所需要的词汇、语法等语言项目和与学生职业有关的语言功能项目，还应包括跨文化交际所需要的各种文化和社会知识。④兼容性，即所选语言材料与在进行过需求分析之后所制定的教学大纲之间的关系。语言材料应该是特殊用途英语课程所制定的目标的体现；通过对所选语言材料的学习，大纲所制定的目标就可以逐步实现。例如，如果大纲制定的目标是改善学生的交际能力，那么语言材料就应该具备交际价值。李新、崔学深、盛慧慧对北京9所大学ESP教材编写情况的调查结果很不乐观：各高校所选用的专业英语教材普遍比较混乱，粗制滥造的现象比较严重。选用原版英语教材的占29.6%，采用出版社发行的教材占40.3%，采用学校自编教材或任课教师从专业文献中选编的占30.1%，且很多学生反映他们所使用的教材未附词汇表和相应的练习，其中还有一些印刷错误。认为教材难度合适的学生占60.4%，认为教材的趣味性很强或比较强的学生寥寥无几，绝大多数学生认为教材比较没趣味或根本没趣味，19.7%的学生认为在学完专业英语后仍缺乏较强的阅读能力主要就是因为专业英语教学中缺乏合适的教材。邓俊也对国内高校ESP教材建设现状表示出忧虑。他认为，原版引进教材在很大程度上促进了国内教材的开发，为高校ESP教师参加国际学术交流提供了平台，推进了早期ESP教学的发展。但是盲目大批量引进，不仅价格昂贵，对师生的文化意识和外语水平要求较高，同时，对编制适合学生程度与需求的国内教材形成挑战。而自编教材则多半只是把专业原版书籍中的一些文章汇编在一起，通常是缺乏学科专业知识的系统性、技能训练的有序性，有阅读文章而无相关语言练习。这些教材要么不能切实配合专业课的教学内容，要么只注重学生专业词汇的学习，忽略了学生综合运用专业英语能力的培养。这样，难以保证从语言角度循序渐进、由浅入深地组织合适的教学内容。高校ESP教学缺乏具有个性化、个体化和地方化的高质量ESP系列教材，极不利于培养学生的语言交际能力，是导致国内ESP教学效果不尽如人意的一个重要原因。

二、教学法的转型问题原因分析

什么样的教学法适合大学英语课程的学习？关于英语教学法的争议从来就没有停止过。大学英语课程的设置要求一年与一年不同，自然对英语教学法的使用也要求变化。

虽然近二十年来我国的外语教学研究取得了长足的进步，但是仍然有不少教师受教育背景、传统教学方法及理念的影响，在运用以学生为中心的教学模式时不能有效贯彻新的教学理念。一些学校仍然是黑板、粉笔、书、教师加课堂的方式，有的教师也用一点多媒体技术，但总体变化不大。由于班级的学生数量多，有的学校甚至200—300人一个班上大课，这样的大班，只能是教师讲讲语法、翻译翻译课文以及让学生进行一些笔头练习，事实上根本不可能教授口语。

另外，由于学生来自四面八方，英语基础参差不齐，为了照顾大多数学生，新的教学方式自然就难以实施，原来英语基础很好的学生在这样的大环境中也逐渐失去了学习英语的兴趣。这样的恶性循环就不可避免地导致大学英语教学质量的下降，大学英语课程改革势在必行。

三、教师知识结构问题原因分析

我国大学英语教学经历了几十年的历史，在长期的英语教学过程中，锻炼了一批既有较高学术水平又有丰富教学经验的老教师，他们几十年从事教学和科研，著述累累，文理知识兼备，是我国大学英语教学的中坚力量。改革开放以来，大学英语教学经历了恢复、发展和提高三个阶段，逐步形成了自己的教学体系。

20世纪70年代末至80年代中期，由于师资短缺，大部分大学毕业生不仅听说能力差，阅读能力也只能应付一般的文献，更谈不上写作能力。80年代后期到90年代中期，随着师资力量的加强，大学英语师资队伍越来越整齐，大学英语教学出现了空前的喜人局面。

随着经济全球化趋势的加速，以经济、科技和人才为主要内容的国家之间的综合国力的竞争日趋激烈，对人才综合素质的要求越来越高。大学英语教师的授课对象是由不同专业的学生组成的，大学英语教师不仅肩负着对学生英语语言知识的正确合理输入，同时，要求注重培养学生综合运用英语语言的能力，因此，优质人才与大学英语教师的关系引起越来越广泛的关注。但是，当前大学英语教师知识结构仍然不合理，面临着一些问题。

我国当前的大学英语教师中，近几年的新教师多数来源于各高等院校英语专业毕业的硕士研究生，极少部分是博士生，目前还有一少部分为英语专业毕业的本科生或者是在读的研究生。英语专业的培养状况直接塑造了大学英语教师的专业素质。根据2000年3月高等学校外语专业教学指导委员会英语组公布的《高等学校英语专业英语教学大纲》的最新要求,我们从中可以发现英语专业毕业生即未来英语教师在知识结构方面所存在的问题。

英语专业课程分为英语专业技能、英语专业知识和相关专业知识三种类型,一般均应以英语为教学语言。三种类型的课程如下:①英语专业技能课程,指综合训练课程和各种英语技能的单项训练课程,如基础英语、听力、口语、阅读、写作、口译、笔译等课程。②英语专业知识课程,指英语语言、文学、文化方面的课程,如英语语言学、英语词汇学、英语语法学、英语文体学、英美文学、英美社会与文化、西方文化等课程。③相关专业知识课程,指与英语专业有关联的其他专业知识课程,如外交、经贸、法律、管理、新闻、教育、科技、文化、军事等方面的专业知识课程。其中,相关专业知识课程主要是作为选修课程来学习的。从选修的角度来说,不少院校由于师资或课时安排等原因,很多选修课程根本就没有开设过。无论是从《大纲》的课程设置,还是教学要求以及教学原则上看,对学生进行英语专业技能的培养和提高是贯穿大学四年英语教育的一条主线,对听、说、读、写、译等语言技能的训练占用了四年课时数的60%以上,并且这五项技能成为大学期间一至八级标准化考试的主要内容和要求。因此,英语专业教育在完成语言基本功训练的这一首要任务的同时,不可避免地会造成学生为扩大知识面形成合理的知识结构所需要的时间、精力以及学习内容等方面不足的现实问题。英语专业学生知识结构的单一必然会使未来的英语教师同样面临知识结构单一的问题。

所以,我们应当清楚地看到,由于我国大部分英语教师毕业于英语语言文学专业,其语言知识和语言能力足以胜任教学工作。但是在实际运用过程中由于教材内容涉及到很广泛的非语言背景知识,诸如英语国家的历史、地理、政治、经济、风土人情、文化教育、文学艺术、名人轶事、环境保护、生态问题,甚至道路交通、工农业生产、气候、人口问题、宗教信仰、伦理道德、价值观念,尤其还涉及到科技领域一些比较热门的行业,如计算机、医药、心理学、太空科学、天文学、机械化工、管理科学等,尽管所涉及的内容多是知识性、科普性的,却要求教师必须具备这些方面的知识,才能正确地领会教材内容,生动活泼地进行教学。由于英语专业的单科特征,多年来我国的英语专业在课程设置和教学内容安排中普遍忽略其他人文、自然等相关学科的内容,英语专业的学生往往缺乏相关学科的知识。但是,强化语言专业技能基本功训练的教学宗旨与增加辅修专业、优化学生知识结构之间在时间分配以及程度要求上等都存在着现实的矛盾性。

当前的大学英语教师不仅来源于师范院校的英语专业毕业生,还有相当一部分是非师范院校的毕业生,由于英语专业所开设的课程很多年来都没有根本性的变化,学生在校的大部分时间和精力都花在了语言知识的摄取和各种语言技能的获得上了,语言理论课的课时较少,语言教学理论几乎为零。即使是师范大学毕业的,由于课程的设置问题,与教学相关的知识的获取方面也很欠缺。有的甚至连语言学、教育心理学、英语教学法等与英语教学直接相关的课程都未经过系统学习或没有学习过，这样的知识结构显然不能满足当前大学英语的教学要求。

过去由于教育内容（包括课程、教材等）基本是长期稳定的，所以教师的知识结构基本上是封闭的。现代社会生活千变万化，科学技术日新月异，要求教师打破封闭陈旧的知识结构，紧跟社会、科技发展的大趋势，更新改造教育内容，及时吸纳新信息、新知识、新成果。教育是为未来培养人才，教师的教学要符合未来社会与教育发展的要求。由于大众传媒的发展，学校不再是学生获得知识的惟一渠道，学生几乎与教师在同步接受大量新信息、新知识。教师在知识信息占有量上的绝对优势正在逐步减弱。教师如果知识始终处于一种静止状态，视野狭窄，观念陈旧，必将使自身陷入十分尴尬的境地。

与日新月异的科学技术相比，教师知识结构组成内容的严重滞后已经是不争的事实。新的教师知识结构总是在旧的基础上产生的，教师知识结构必须始终处于一种纳新除旧的状态，以便随时获取新知识、新信息，并且随着教学经验的增加，教学效果将会不断提高。教师需要及时搜集与知识结构内容相关又具有超前性的信息和学习资料，以弥补教师知识滞后所带来的欠缺。向学生介绍和推荐新科技所带来的成果不仅可以提高学生学习新知识的兴趣。同时，教师本身通过对新知识的学习和介绍，可使自己的知识结构不断得到改变和更新。

四、评价学生手段问题原因分析

有了全国统一的四、六级考试后，四、六级过级率成为大学英语教学的主要目标，成为评价大学英语教学水平的重要指标。四、六级考试主要是考查学生对大纲规定的英语单词、语法等的掌握程度，这为提高在校大学生的英语水平和能力做出了很大贡献，无疑促进了我国的英语教学，也使英语教学走上了正轨。但是，四、六级考试制度化也有一定的负面作用。四、六级考试对学生的英语实用能力检测不够，在某种程度上助长了应试教育的风气。教师为过级率焦虑，一些学校的教师把重点放到了追求过级率和应付考试上，学生不分昼夜地背所谓大纲词汇，似乎掌握了大纲词汇，就是掌握了英语。这在客观上降低了对学生实用英语能力的要求。不少学生为考试而学习。在一些院校，过级率也成为考核授课教师教学水平的唯一标准。由于课时少任务重，大学英语教师和学生都忙于赶进度、应付考试，忽略了语言实践环节，其结果就像有的学生说的那样，学了那么多单词和语法，但是"不会用、听不懂、说不出。"事实上，正确的检测手段应该是一种促进教学的手段；相反，不科学的检测方式将成为教学的桎梏，误导教师和学生，导致语言能力培养失衡，甚至停滞不前。

大学英语课程学习评价问题：应试导向依旧存在。开始于1986年的大学英语四级和六级考试，在一定程度上确实激发了大学生的英语学习积极性，但也带来了许多负面影响。

五、教学组织结构问题原因分析

中国高校的大学英语教学组织的结构仍然是以"金字塔"结构为主，贯穿自上而下的权威制度；组织中的教师缺乏自主创新精神，依赖性强，惰性比较足；组织中的领导者只是一个"传话筒"，缺乏领导者应有的魅力和执行力；组织的文化氛围薄弱，多数教师没有归属感；对这个组织的评价方式保守传统。

如果这个组织的机制运行良好，管理科学，评价多元，能充分调动积极性，发挥出一个团体的合作效应，无疑对学生的发展能提供强有力的支撑体系。

彭青华、许金英的调查发现，许多高校都未设置专业英语教研室，很少或从未组织专业英语教师的教学活动，教师之间缺乏交流与合作，至于教学观摩和评估则更无从谈起。各系之间课程教学目标和教学大纲的制定，教学效果和教学质量的提高，未列入教师和教学管理部门的工作之中。李新、崔学深、盛慧慧的调查表明，许多高校专业英语教学的组织管理松散。很多学生本次调查中反映其所在学校不够重视或根本不重视专业英语教学，缺乏统一管理和组织测试，测试试卷往往由任课的教师自行设计，各试卷的难易度和信度参差不齐。考评、测试其检测教学内容的目的根本没有达到。

第二节 大学英语课程改革对策分析

一、国外外语课程改革和双语课程带来的启示

虽然传统的外语学科教学仍占主流地位，但用外语作为教学媒介教其他学科，融学科与外语为一体的双语教育在各国得到广泛的实践。初创于20世纪60年代的浸入式教学是由加拿大提出的一种双语教育模式，经过几十年的实践，发展了多种模式，如半浸入式、全浸入式、双向浸入式等。做得很成功的是渥太华大学沉浸式双语教育。20世纪80年代初，渥太华将中小学普遍应用的沉浸式双语教育引入大学阶段专业课教学实践，建立了保护性专业课程教学模式，把以法语或英语为第二语言的学生与以上述两种语言为第一语言的学生分开，由专业课教师用学生的第二语言进行专业课教学，开辟了在大学阶段进行第二语言教育的新途径。要实现这个目标，关键在于如何使学生处于一个没有压力的第二语言环境之中，使他们将注意力集中在所学的专业课内容上，而不是第二语言的形式上，使大学的专业课教学与第二语言教学真正融为一个有机整体。除正规的语言课程教育外，渥太华大学还为参加沉浸式教育的学生提供沉浸式教育奖学金、学术写作辅助中心、沉浸式教育指导中心、第二语言资源中心、会话小组、沉浸式双语教育俱乐部及文化交流等教育支持和设施，使学生充分沉浸在第二

语言环境中，从而取得了满意的学习效果，前来咨询及听课的学生人数超出了沉浸式教育管理人员的预想。尽管项目计划实施的时间较短，但提出申请参加沉浸式课程学习的学生数量却日益增多，生源来自加拿大全国 10 个省区。渥太华大学每年都组织专家对沉浸式双语教育开展情况进行评估，以确保双语教育的质量。2008 年的评估报告显示，对于渥太华大学开展的沉浸式双语教育的满意度总体较高，包括所开设的课程、奖学金制度及各类语言学习的服务设施等。

另外一些国家也开展了相类似的教学实践。例如，德国一些学校从一年级开始实行双向浸入式，即进行混合编班，讲德语和操外语的学生各占一半。柏林现有 14 所这类学校，教学用语除德语外，还有英语、法语、意大利语、葡萄牙语、波兰语、俄语、现代希腊语和土耳其语等；美国类似的学校已经发展到 254 所；以移民为主的澳大利亚情况也极为相似；芬兰目前也有 4000 名学生用这一模式习得第二语言。传统浸入式教学大部分在低年级进行，随着对外语要求的不断提高，现已不断上移。在奥地利、芬兰、德国和荷兰等国，一些学校的高中阶段的一些学科，如地理、历史、音乐、体育及职业技术课程，都用英语讲授。荷兰的一些大型职业学校，如酒店管理学校，部分课程是用法语或西班牙语讲授的。卢森堡的许多学科都是用德语或法语教授的。1996 年芬兰的一些调查表明，33% 以上的职业学校、15% 的初中（7~9）年级、25% 的高中采用了双语教育。

在中国，为了提高大学生的英语应用能力，结合高等教育国际化的趋势，在有条件的高校，双语课程也在开设实验和探讨中，甚至很多高校已经在尝试开设全英的专业课程。关于大学英语课程教学的定位是 ESP 发展还是兼容发展，需要一个过渡时期。但是，双语课程或者全英课程的尝试和研究对中国大学英语课程教学改革无疑有巨大的推动作用。

二、强调交际能力的培养

语法翻译法和听说法曾经在很长一段时间占据着美国中小学的外语教学课堂。这两种教学法由于过分强调句型操练和语法知识的讲解，忽视语言的运用和学生交际能力较差而受到人们的责难。近 20 年来，美国外语教学法从单纯的语言要素的教学转向了交际能力的培养。交际法认为：外语学习不仅要使学习者学会识别所学句子是否符合语法规则，能造出符合规则句子的能力，而且还要使其懂得怎样恰当地使用语言。即对不同的对象，在不同的场合、不同的时间使用不同的语言交际法的这些主张得到了美国大多数外语教师的认同。在教学实践中，他们把言语交际作为其教学的出发点，以教会学生有目的、创造性地运用外语进行交际为己任。创设交际化的教学过程，强调教学内容的真实、自然，并为学生提供大量真实、自然的言语交际情境和创造性运用语言的机会，使学生的交际能力大大增强。虽然目前交际法在美国的外语教学界备受推崇，但这并不意味着传统的教学法已退出了历史的舞台。语法翻译法强调外语和母语的翻译、对比，强调语言规则、语言结构的严谨性，有利于启迪学生的分析和综合能力，教学简便易行，仍被一些师生所接受。

培养学生交际能力既是教学目的，又是重要的教学策略。荷、法、英、美等国对学生交际能力的培养各具特色。荷兰外语课程设计以"单元"组成，每单元由一些由情景话题或主题构成，鼓励学生在实际交往中进行广泛的实践。法国强调"情景教学法"，小学外语教学通过儿歌、童谣、短故事、游戏等，培养儿童对语言的敏感性。在英国，5、6年级外语虽是选修课，但其教学目标仍强调初步交际能力的获得，教学以听、说为重点，教材、练习以对话为主，四分之三的时间用于各种听说活动。为了让学生有更多接触英语的机会，英、法、美等国利用其得天独厚的地理环境和经济优势，纷纷与国外的学校建立联系，利用假期，两国学生互相"串门"，各自住在对方的家中，让他们在地地道道的外语环境中耳濡目染，接受文化熏陶。由此，学生的交际能力获得了全面提升。根据欧委会的最新报告，有70%的年轻人认为能用外语与外国人交流。

国内20世纪90年代初，第一套以交际法为指导思想的教科书诞生在广州外语外贸大学，这套书曾经影响了一批立志于到高校或者中学从事语言教学的老师。在当今的大学英语课程教学改革中，特别是ESP教学中，倡导交际法教学，帮助学生创设在真实专业情景下的跨文化交流，是非常重要的一个举措。

ESP教学模式落后，教学手段单一。目前国内高校开设的"商务英语""国际营销英语""科技英语""计算机英语""法律英语"等专门用途英语课程大多采用的是"语法—翻译"教学法，其基本模式是：分析专门用途英语中某些句子的语法现象，比较单词或短语的用法，逐句翻译成汉语以理解句子的意思。客观地说，"语法—翻译"教学法也并非一无是处，在帮助学生熟悉专门用途英语的语法结构，理解长句、难句内容等方面还是起了很大的作用，在一定程度上解决了学习者初涉专门用途英语时所遇到的"既看不懂也记不住"的难题。但是，"语法—翻译"教学法大多是"一言堂"，即以教师在台上逐字逐句讲解课文为主，且在课堂上大量使用汉语，学生在台下被动地听，或忙着记笔记，使得课堂上师生互动、双向交流的机会大大减少。结果可想而知，ESP课程最后变成了专业词汇课或翻译课，学生最终学到的也只是"哑巴"英语，导致他们毕业后无法学以致用，很难在自己的工作岗位上熟练地用英语完成与其工作相关的交流。廖莉芳、秦傲松在武汉5所（一类）高校开展的专业英语教学现状调查表明：57%被调查的学生对ESP教学表示不满意和十分不满意；52%的学生反映教师授课的语言以汉语为主或全部为汉语；60%的学生反映老师在课堂上使用单调的纯翻译或阅读与翻译相结合的教学方法；70%的教师不采用任何多媒体教学手段。韩萍、朱万忠、魏红的问卷调查发现，各高校普遍所采用的专业英语教学模式主要有语言分析+翻译、阅读+写作、翻译+写作和词汇讲解+翻译四种，但现行的专业英语教学模式的主流是"翻译+阅读"教学。这种模式的教学有助于学生掌握一定的语言知识和翻译技能，但却很少涉及语言综合技能的全面训练,不利于学生的语言运用能力的提高,达不到《大纲》所要求的"交流信息"的目的。而且,教师在这种模式的教学环境中所扮演的角色仍然是"传道授业解惑者",学生也只是知识的被动接受者。这种教学模式没有激励学生积极参与课堂教学的各个环节,也没有鼓励学生积极思考,缺乏真正意义上的交流。这也是学生抱怨专业英语课枯燥乏味的原因之一。

教育部副部长吴启迪在《在大学英语教学改革试点工作视频会议上的讲话》中就曾直言不讳:"多少年来,我们的外语教学一直保持着教师主讲、学生主听的课堂教学模式,而且多数是大班上课,满堂灌,黑板加粉笔,笔记加作业,完全是传统的单向式的课堂教学。特别是在扩大招生以后,这种状况更加突出,据两年前对340所高校调查表明,40人以下的教学班只有37%,三分之二的高校的英语教学班都是40人以上的,甚至有20所高校教学班人数在80人以上。这种教学模式与方法,既不利于调动和发挥学生自主学习的积极性,也是违背语言学习规律的,更不利于学生英语综合实际应用能力的培养。在教学手段方面,基本沿用黑板、书、粉笔、老师加课堂的方式,现代教育技术没有得到很好应用,多数学校缺少高质量的教学软件,即使使用多媒体教学也只停留在将黑板搬上屏幕的水平。这同样也不利于学生英语综合实际应用能力的培养。"这些情况在李新、崔学深、盛慧慧等人对北京9所大学调研的《高校专业英语教学现状调查报告》中得以验证。他们对ESP教师授课情况的调查发现,大部分教师所采取的教学法只是照本宣科,很多老师的教学方法都是阅读和翻译相结合,教学重点是翻译,几乎不包含听说和写作训练。46.0%的学生反映他们的老师在课堂上所使用的是单调的纯翻译或阅读与翻译相结合的教学方法,听说读写综合训练的只占22.6%,且以老师为中心远远多于以学生为中心,不能充分调动学生的学习积极性;32.2%的被调查学生反映教师授课语言是以汉语为主或完全汉语,这说明很多专业英语教师的英语水平还达不到专业英语教学的要求,而几乎所有被调查的同学都希望教师授课时完全使用英语或以英语为主。另外,他们的调查还发现,ESP教师的教学手段也相应落后,不采用任何多媒体教学手段,如幻灯、投影、录音、影视或计算机等,来丰富课堂教学的教师竟高达58.4%。教学方法的单一和教学手段的落后直接导致了学生专业英语学习兴趣的降低,极大地挫伤了学生的学习积极性,也严重影响了教学效果和教学质量;只有12.0%的学生认为,专业英语教学对今后学习和工作的主要帮助在于提高了专业口语表达能力;37.8%的学生认为在学完专业英语后仍缺乏较强的阅读能力,根本无法满足他们今后的工作需要。

三、重视学习策略

国外外语教学重视对学习者策略的指导,帮助语言学习者不断地进行反思,了解自身的学习特点、学习风格,以形成有效的学习策略和方法。其他的重要策略还包括:

①用外语教外语。摩洛哥外语成功的重要经验就是用外语教授外语，其10—12年级学生经过3年的外语学习，口语和书面语均已达到中等甚至中等以上水平。②模块教学。意大利最近在第二语言选修课推行模块教学，改变过去以年龄或学年分班的做法，根据学生的语言能力编班。③项目学习（Project-Oriented Learning）。丹麦使用项目学习的年级，尤其是高年级（8—10年级），不但强调用电脑技术获得真实的语言材料，而且更强调语言与内容学习的融合，深入到英语国家（不仅仅是英美）去学习其文化，如在澳大利亚学习土著文化，在加拿大学习环保，等等。

在大学英语课程教学改革中，英语教师坚持全英教学。双语课程教师亦坚持全英教学，与学生合作进行全英讨论，大学生的英语交流能力无疑会有很大的提高。

四、综合运用现代科学技术

综合运用现代科学技术是国外外语课程改革的重要经验之一。它使外语学习者更充分自由地接触到所学的语言，使外语学习更具交际性、实用性和可操作性。

①教学软件开发。荷兰的"英语Ⅰ与Ⅱ"教学软件重点突出了学习英语的常见难题等。美国开发了更有创意的交互式模拟教学软件，如蓝狮公司的"车票"教学软件，在重视语法点操练特点的同时，强调把学生置身于真实语言世界，通过亲身感受体会，在文化熏陶中掌握语法。②计算机辅助语言教学。卢森堡教育部开发一种全能口语文字处理器–TEO（Text Editor Oral），鼓励学生用外语编故事，提高口头表达能力，TEO现主要用于小学，尤其是多元文化背景的学校。此外，卢森堡开展"欧洲语言教学创新品牌"，通过计算机技术把新技术融会到语言学习中去，培养学龄前和小学生的口笔头交际能力。③教育网络的建构与运用。国外学生充分利用网络接触外语，许多学校建立专供外语学习的网站，学生利用各种机会，如上网、订阅电子杂志、收发电子邮件、聊天等形式，进行更广泛真实的交流。西班牙卡塔卢尼亚有250多所学校的10万多名学生（占这一地区的12%）参加了由欧盟发起的、旨在促进跨文化意识和语言学习的COMENIUS计划。该计划支持各校开展语言教学的各种活动，培训教师，帮助建立校园网等。

计算机技术的发展，特别是多媒体技术、网络信息技术的飞速发展，使得教学理念发生了根本性的变化。ESP教师通过Google、Yahoo、百度、必应等网络搜索引擎来查询、搜集国内外最新的ESP资料已经非常的便捷。但更重要的是，ESP教师可以通过网络随时随地将自己的教学资料、讲义、课件乃至上课的音频、视频资料发布或上传，与他人共享。目前，各高校的ESP教材使用大都各自为政，虽然经过多年的摸索和实践，可能在引进、改编或自编ESP教材方面积累了一定的资料素材或经验教训，但无法形成合力，不利于国内ESP教学整体水平的提高。

五、严格的教师教育

国外外语教学极其重视教师教育，不断对教师教育模式和教学内容与方式方法进行改革创新，使其与外语课程改革同步发展，有力地推动了外语课程的顺利实施。

1. 职前教育

国外教师职前教育一般由学科教学、教学法和教育实习等部分组成。摩洛哥外语教师在大学或师范院校接受高水平的职前教育，英文系教师大部分拥有英美国家大学硕士或博士学位，学生通常学习 4 年英语，其中 1 年专修文学或语言学，1 年学习教学法和在教育学院进行教育实习。德国外语培养分两个阶段：第一阶段外语教师必须先获得大学学位（相当于双专业双学位硕士）。语言学习分两部分，一半是专业学科，一半是与应用语言学或教学法有关的课程。此外，双专业学生各有 6 周实习课；第二阶段的见习时间长达一年半，由专家教师指导，每周参加教材教法研讨会，见习结束时必须参加州组织的"第二次"统考。这种考试相当严格：考生上两节公开课，撰写一篇与应用研究有关的论文，参加长达 2 个小时的口语考试。芬兰所有教师教育都是在大学完成的，所有教育院系都拥有规模大、师资力量雄厚的实习学校。自 1997 年起，丹麦对国民学校（1~10 年级）的教师教育进行改革，师范教育专业学习改为 4 年，在丹麦语和数学两门必修课使外语教师数量上也有些增长。此外，必修课也安排了一些调整，减少了一些普通教授法，增加了学科教学法，更加重视理论知识与教育实习的结合。荷兰和英国的外语教师通过在国外进修学习来提高自身的语言能力。荷兰外语教师获得第一个学科学位课程时还必须在国外学习一段时间。在英国，几乎所有专攻语言学位课程的全日制学生都要求在国外学习或工作一年（属学位课程的一部分内容）。欧洲国家另一成功的做法是把外语教师教育扩大到所有高等教育机构。如今，德国教师教育的一个趋势是：各大学都可参与教师教育，为"专家教师"提供新的学位课程。

2. 在职教育

外语课程改革的深入发展对外语教师提出了更高的要求，如西班牙从 1990 年起要求所有小学的语言教师都要成为语言专家，不合要求的教师要接受培训或申请作非专家教师。传统的继续教育渠道不断得到扩展，网络、教师职业发展学校（PDS）、外语教师协会及其他相关机构等也加入到外语教师教育的行列。与此同时，教育内容也进一步扩展，外语教师教育从教学理论的构建和教学技巧的训练转向对教师已有知识结构、思维方式以及教学能力的习得。例如，欧洲一些应用语言学家、教育家和语言学家为提高外语教师语言习得理论知识，合作编写了以小学教师为对象的外语专著。美国外语教师的教育，特别强调多媒体教育技术的掌握和应用。德国详尽的外语教师继续教育课程随处可见，教师可以根据自己兴趣爱好挑选地方或州的进修课程。每个教师每年享有州提供的一周的课程。捷克教师教育的一个重要趋势是，越来越多的教师到国外学习或参加国外有较好声誉的国际课程的学习。

六、加强教师对于课程编制的参与

美国课程学者 F.Bobbitt 1918 年出版《课程》一书，标志着课程成为了一个独立研究领域。从渊源上来讲，教师与课程有着天然的联系，教师从来就是与课程打交道的。在杜威看来，教师在课程中起着至关重要的作用。他认为教师的指导和对课程的理解是实现教材"心理化"的一个重要条件，而课程与教材的"心理化"是真正使学生理解课程内容的一个重要途径。杜威的民主主义精神在哈罗德·拉格那里得到了很好的秉承和发扬。哈罗德·拉格提出在地方水平上建立课程委员会的主张，并表示出积极倡导由所有的参与者共有研究课程的想法。他还提出了教师参与课程大纲编写的必要性，而这种参与将最终变成教师的教学行为。拉格的"教师规划课程"的思想得到了学界众多学者的赞同。

1922 年，泽西·纽伦开始了一项课程改革实验计划，其中一个很重要的措施就是组织了一个完全由教师组成的学科委员会，专门负责课程的编制工作，从而对学校的课程进行修订。"丹佛计划"之后的"八年研究"所进行的课程改革进一步体现了教师参与课程改革的思想。与以往的课程改革不同，"八年研究"所进行的课程改革是来自学校需要、发生在教师层面的一种自下而上的草根式改革。它支持教师参与整个课程方案框架的开发。更重要的是它把课程开发与教师培训进行了有机整合，从而对美国教育产生了巨大的影响和冲击。它所倡导并实践的"教师参与"这一思想为人们提供了有价值的经验，也启发后来的学者对该问题的继续探究。随着课程研究的不断深入，教师参与课程变革的新理念在众多学者的论述中得到了进一步的论述。

20 世纪 60 至 70 年代结构主义课程改革运动的失败，使人们认识到当初的新课程没有成功的一个重要原因是它没有被真正推行下去，并非是因为它的非科学性。20 世纪 70 年代西方国家兴起了一股强劲的校本课程开发运动。这场运动的背景主要有：由政府发布、学校执行的自上而下的大规模课程改革的失败深深刺激了课程改革的发起者、研究者和参与者，他们开始怀疑这种自上而下的改革模式的可行性和实效性，他们逐渐认识到自下而上的"草根式"的课程改革模式才能真正地改进学校及整个国家的教育；强调个体价值的民主运动对教育产生了巨大的冲击，学校呼吁自主的管理权限，校本课程开发的理念回应了这种民主的呼声；教师作为一个专业工作者需要拥有专业自主权，即能够对自己专业内的事务有充分的决定权，校本课程开发正回应了教师对这种自主权的需求。80 年代末 90 年代初校本课程开发的概念和思想论述都彰显了教师参与课程的重要性。20 世纪 80 年代学界对教师在课程中的作用认识发生了转向：在 20 世纪 60 年代人们普遍认为课程改革和教育实践的推进只要依赖外部的资源，由专家学者开发出详细的课程材料后由教师去实施即可。但是进入 80 年代，人们认识到教师在实施课程方案的过程中对外部提供的课程材料和研究结果进行修改、调整和转换是经常发生的事情，是一种"常态"，而正是通过这些活动教师才能介入自己的知识和观念，从而开发出自己的课程材料。1987年"教师作为课程编制者"的思想被提出，认为教师系统地进行课程编制工作可以提高其在课堂教学中的水平，同时，教师在课程中的地位和作用也得到了论证。

杨明全认为，20世纪20年代出现的"丹佛计划"就是教师参与课程编制的具体实践探索，是在杜威和拉格等学者完成相应理论铺垫后的进一步实践应用。"丹佛计划"的负责人泽西·纽伦认为，教师编制的课程固然重要，但更重要的是编制课程的过程。这一过程一方面带动了教师教学质量的提高；另一方面，促使教师对当前的教育思潮进行深入的思考。

吴宗杰认为，长期以来教师的职业身份被定位在一种充当语言技能培训者的角色，他们更大程度上只是课程的执行者和使用者。目前，在课程范式转换的影响下，外语课程研究的视界也开始转移到教师，即从关注教学法到关注教师自身的发展。人们开始意识到课程的核心不是通过专家自上而下方式贯彻的大纲、教材、教法和培训，而是教师本身。当教师在课程体系中的核心地位还没有被确立的时候，学生为中心的课堂只能是一种空中楼阁，所以在大学英语课程改革中，如果让每位教师能积极参与编制课程或者实施一些校本课程，对于改革的成功会有很大的推动作用。

七、评价标准科学化、系统化

国外大部分外语测试都由科任教师完成，根据不同的教学目标、要求和对象，设计不同的评量模式，并使其尽量生活化、多元化。与此同时，建立个人档案（Portfolio），通过Portfolio获得学生信息和对学生作出评价已经成为重要的趋势。教师通过观察学生学习过程，了解每个学生的学习特点、学习风格及其策略和方法等情况，不断调整教学方法。同时，学生在其档案（portfolio）中可以进行比较，了解自身发展的进程。全国性或区域性大规模语言能力测试一般在学生中学毕业时才举行。荷兰的中学毕业生要参加由荷兰国家考试局（CITO）组织的全国性考试，约有30%的荷兰学生（将要加入大学预科学习的）在12年级（18岁）时参加统一考试，这种学业成绩考试包括3门外语：英语（听、说、读、写）、法语（阅读）和德语（阅读）；约40%学生（将参加多科技术课程的学习）在10年级（16岁）时参加全国统一考试，考试包括英语水平测试、法语或德语的听力/口语测试。这些考试成绩占学生学科最后成绩的50%。这与欧洲框架是相吻合的，与课程也具有连贯性。此外，《欧洲语言手册》和《入门水平》也正在设计其他各种语言水平测试。国外外语课程评价总的趋势是：从重视语言要素转向语言实际能力的运用；从强调书面转向口头；从重视结果转向过程；从重视共性转向个性等等。在具体操作上，听说能力的检查以课堂口语练习、角色扮演、配对、小组互动等为依据；小学以口语为主，尽量少做书面测验；中学则是将口笔头相结合，书面测验以自由表达为主。评估方式并不是完全以考试、测验成绩为依据，更多的是关注学生在学习外语过程中的发展和变化，讲求动态与静态相结合。

为改变外语教学缺乏标准，教学指导无序的状况，ACTFL（美国外语教学研究会 American Council on the Teaching of Foreign Languages）经过全面认真细致的调查研究，于 1986 年颁发了《外语教学水平指南》。该指南作为学习评价的基本框架，把外语能力分为四级，在此基础上又分出九个标准，严格规定了学生各阶段应完成的交际任务。同时，根据《指南》还制定了 OPT（口语水平面试），用来检查学生的口语能力。1996 年，ACTFL 又制定了一个与法、德、西班牙和葡萄牙语美国教师协会所制定的标准相吻合的《外语教学的国家标准：为 21 世纪作准备》。

中国的大学英语课程教学中，如何针对学生学习时间、学习效果和学习内容进行评价，一直以来都以考试分数为唯一标准。尽管很多高校也尝试引入形成性评价，但在评价观念上还是流于形式，趋于传统保守，为了大学生的就业率，不惜代价让学生一次次补考直到成绩合格。

八、教师足够的知识准备

20 世纪 70 年代以来，世界外语教育理论发展迅速，涉及的相关学科越来越多，需要研究的课题越来越广泛深入。在发达国家，语言教师必须具备特定的专业水平和职业资格，后者包括语言教学所必须掌握的教育学、心理学、语言习得理论等专门知识和实践能力。英国和美国对英语教学领域的教学技能、教学理论和教师研究有着颇多的贡献。当今世界上两位具有巨大影响力的第二语言（英语）教学的研究者和实践者理查兹与纽曼（J.C.Richards&D.Nunan）在《第二语言教师教育》一书中概括到：在第二语言或外语教学领域中，大多数研究是针对课堂教学的方法及技巧等问题的。在第二语言或外语教学领域中对外语教师的研究相对来说很少有人问津，文献资料也大大少于对课堂教学的方法及技巧等问题的研究成果。在过去二十年内所发表的相关论文极少是以数据为基础的，更多的是排列出理想的外语教师最好要具备的诸多条件。由美国 TESOL 公司出版的学术刊物《TESOL 季刊》是以英语作为外语教学和英语作为第二语言教学领域中最具权威的国际核心刊物之一。20 世纪 80 年代末至 90 年代初期，TESOL（Teaching English To Speakers Of Other Languages）的论文主要以英语教学为主，包括语言习得、各种教学方法、英语水平测试以及学习者变量。1997 年，在英国布赖顿举行的第 31 届国际英语外语教学协会年会上，英语师资教育与教师发展就成为会议六大主题之一。在世纪交迭之时，舒尔兹教授（Schulz, 2000）以 MLJ 杂志为研究视角，根据该刊成立 83 年来所发表的论文对美国外语教师发展的历程作了历史性回顾，从宏观上使我们对美国外语教师发展所涉及的相关问题有了大致的了解。他指出，美国外语教师教育领域可以称得上是最复杂的研究课题之一。其中外语教师资格、外语教师发展以及外语教师评估与证书一直就是两个世纪中散发永久魅力的中心议题。

这些研究在求同中存在分歧，对知识的理解也存在分歧，尤其对处于课程变革中的大学英语教师专业素质的研究还没有足够的重视。

中国大学英语新课程教师需要具备什么样的知识结构？在我校的大学英语 ESP 课程教学实践中，被研究的教师们同样提出了 ESP 教师的知识如何准备问题。

国内外对外语教师的知识早有研究，并且有了一系列的研究成果。关于外语教师应该拥有哪些知识，束定芳教授提出的"扎实的专业知识和专业技能、系统的现代语言知识、相当的外语习得理论知识、一定的外语教学法知识等"都是一个合格的外语教师所应具备的专门素质。张正东教授认为，应该具有英语运用能力和教学法理论知识。隋铭才教授认为，英语教师应具备四方面的标准：第一，英语教师要具备渊博的英语知识，熟练的英语技能和英语交际能力；第二，英语教师要经过专业培训；第三，英语教师的教学经验十分重要；第四，英语教师对英语、语言、教学理论要具备一定的水平。贾冠杰教授把英语教师的素质概括为思想道德素质、文化素质、能力素质、心理素质和身体素质。其中文化素质包括扎实的专业知识、丰富的相关学科知识：教育学、语言学、哲学、心理学和心理语言学。李战子博士认为，英语教师将不再局限于教授英语语言本身，面临着至少两个方面的挑战：培养学生的更深层的文化认同意识；在教学中运用语言学知识为学生揭示语言学科的一些规律及其与其他社会科学的相关之处。英语教师将因此在人文教育中发挥重要的作用。蔡基刚认为，"随着我国基础英语的重心下移和大学基础英语教师的过剩，今后会有越来越多的英语教师充实到中小学，其中包括刚毕业的英语专业本科生和硕士生，也包括现在的大学英语教师，这是必然的趋势"。蔡基刚同时还认为，"大学英语教师完全能够胜任一般学术英语课程，经过适当的培训也完全能够胜任专门学术英语课程"。

目前，大学英语教学很关键的任务之一就是培训大量合格的 ESP 英语教师。高校 ESP 教学面临的最严重、最迫切也最棘手的问题就是师资问题。在 ESP 教学中，不论是教材的编写、课堂教学的组织，还是教学方法的实施及教学效果的评估，都离不开教师。可以说，教师是 ESP 教学成败的关键性因素。ESP 教学对教师的要求非常高，不仅专业要精深，英语好，还要求能用英语表述专业知识、解析专业词汇。Jarvis 就归纳了专门用途英语教师应该具备的 10 项一般能力：分析专门用途英语和情景、评估教材及相关的资料、评估学生的成绩、确定学习能力目标、设计和解释工作计划、规划教学和学习策略、规划个人辅导内容、编写教材、组织教学和评估教学目的。而 Dudley Evans 和 St. John（1998）也专门论述了合格的 ESP 教师应当充当五种角色：①他首先是个合格的英语教师（teacher）；②他必须是个合格的课程设计者，并能为学生提供实用可行的教学资料（course designer and materials provider）；③他既是专业教师的合作伙伴，也是学生的合作伙伴（collaborator）；④他必须是个合格的教学研究人员（researcher）；⑤他还应该精通 ESP 的测试与评估（evaluator），能根据教学需要对学生的学习情况进行适时的分析和总结。对照国外 ESP 教师的标准，我们只能是自叹弗如,在 ESP 教育上我们目前根本无法和国际接轨。张玲、胡金环认为,国内 ESP 师资力量整体素质不够高,或者是英语教师教专业英语,或者是专业教师教教大学英语后续课程的英语。他们没有机会进修,只有边干边学,需要较长的时间才能适应工作,这显然不符合时代的要求。王蓓蕾在同济大学的调查也反映了国内 ESP 师资问题突出。同济大学 ESP 教师并不是专职教师,他们的教学重任还是在专业课上。他们认为 ESP 课备课量大,对教师有专业和语言的双重要求,费时费力,不如上专业课有成就感。这就造成了 ESP 师资的不稳定。国内目前高校从事 ESP 教学的教师几乎没有一个是科班出身、专门从事 ESP 教学的,基本都是从普通英语教师转行过来的,而且大都是年轻教师,职称、学历和教学经验都有待提高。国内 ESP 教师来源大致可以分为两类:一类是英语专业毕业并从事普通英语教学的英语教师,他们英语语言功底扎实,听力、口语俱佳,但对该课程所涉及的专业知识缺乏足够的了解;另一类是某专业中的英语水平较高的专业教师,他们有一定的英语能力,但对英语基础知识掌握得不够充分,无法将基础英语和专业英语有机地结合起来组织有效的课堂教学。邓俊也认为这两类教师在从事 ESP 教学中都存在明显的弊端:英语教师具有扎实的语言基础知识和丰富的语言教学经验,但缺乏对学生的专业领域和实际需要的了解,缺乏必要的专业知识,难以跟踪学科专业最新发展态势。在教学中多采用以词汇、语法为主的语言教学方式,教学的深度和广度有限。专业教师有扎实的专业知识,但并非训练有素的语言教师,他们往往采用以内容教学为主的教学方式,侧重教授专业术语和专业内容。但在课堂活动的设计与安排上缺乏英语语言教学的方法与技巧,忽视了 ESP 教学中学生对语言特征和规律的掌握,不利于培养学生综合运用语言的能力。由此可见,现有的 ESP 师资队伍难以培养出当前社会发展所需的应用型、复合型人才。

鼓励与专业教师合作。主动与专业教师进行合作是 ESP 教师自我完善与发展的途径之一。在专业教师的协助下,分析学生需求、选择教学内容、设计教学活动,可以缩短备课时间、避免盲目学习。在与专业教师合作的过程中,不断熟悉专业词汇,学习专业知识并对该科的发展历史和现状、实践运用环境等有一个大致全面的了解,也会比较清楚学生参加专业英语课程学习时已经具备了哪些专业知识。实际上,教师合作的过程就是展示自身能力的过程,在合作教学中最大的受益者应该是 EGP 教师。

开展同行之间的广泛交流。同行之间进行广泛的交流同样有益于 ESP 教师的自我完善与发展。同行之间的交流是促进 ESP 教学和科研发展的必要手段,交流的方式可以是全国性的、区域性的、校际间的,多种多样。教师们可以面对面进行交流,也可以通过互联网自由地进行网上交流,可以定期或不定期地交流,可以创立专门的 ESP 学术期刊发表各自观点和感受,可以举办 ESP 学术交流会或课堂教学观摩等,不但可以了解专业发展的新动向,也为 ESP 发展和科研成果的展示提供了平台。

除此之外,大学英语教师的知识还体现在学科知识与其他知识的整合上。兹南尼基(Znaniecki)说:"每一个人无论承担何种社会角色都必须具备正常担任该角色必不可少的知识。"关于大学英语教师的英语语言理论知识与教育理论知识的整合理论有很多，如教学法理论、英语教育目的理论、英语学习理论、英语教育过程理论、第二语言习得理论、英语教育学等。根据语言学习的内容不同，美国外语教育家布朗（Brown）认为，教师对语言的认识决定他们如何教语言。教师的语言和语言学习理论构成会影响该教师的教学理念，而这种教学理念也贯穿并反映在教学法的诸多要素中。英语具有结构严整、形态丰满、逻辑缜密的语言品质，认知和理解关于其外部组合形态和内在逻辑结构的语言知识仅仅是积淀该语言的基本素质，作为一种语言素质的内核与灵魂还是言语能力，这就需要英语教师实现从语言知识到言语能力这样一种教学理念的根本转型。英语语言理论与教育理论的整合是大学英语教师知识结构的支架，它对大学英语教师的教学能力起决定作用。

其中，"必需知识"是指大学英语教师的学科教学知识。这是关键也是必不可少的一部分。对大学英语教师来说，大学英语教学知识掌握的好坏直接影响到教学的效果，进而影响到教育的质量。它是大学英语教师知识结构中最重要的部分，是属于大学英语教师专业领域内的特殊知识，是大学英语教师在个人实践中将教学知识与教学经验相结合的产物。舒尔曼说："学科教学知识是指学科领域中，所要讲授的最一般内容，所要表达最有用的形式的概念，以及最有效的比喻、说明、例子、解释和示范。一句话，就是使人易于明白学科内容的表达和阐述方式。"可以说，学科教师与专家学者、优秀教师与低效教师之间的最大差别就在于是否拥有"学科教学知识"。专家学者去创造学科领域的新知识，学科教师则帮助学生理解这些新知识。

"重要知识"是大学英语教师开展大学英语教学活动所必备的专业知识。对任何一名教师而言，学科内容知识都是必不可少的。人人都会认为教师必须要通晓教给学生的知识内容，但学科内容知识本身并不是要传授给学生的全部内容。教师除了要掌握所教学科内容知识外，在教育教学活动中还要面临诸多的教学任务。因此，仅囿于自己狭小的学科领域，教学活动中必将困难重重。

"必要知识"是大学英语教师知识结构的有机组成部分。这部分知识包括学习者及其教育情境方面的知识，是从关注学生发展的角度来考察的，通过合理的教学设计激发学生学习英语的兴趣、认同学生是知识的建构者的观点，关注学生的学习方法和效率以及根据不同的学习任务，帮助学生选择不同的学习策略。教师的教学要做到富有成效，必须充分了解其教育对象——学生。教师要树立正确的学生观，关注学生在学习过程中表现出的情感、态度、价值观，通过合理有效的教学设计激发学生的学习兴趣、提高学习效率、改进学习方法，倡导愉快合作的高效学习。优良的教育情境对教学活动的顺利展开和教学质量的提高有着深刻的影响。教师知识的传授是在特定的地点（如教室）、特定的时间（如学校的上课时间），在特定的人群（如学生）的参与下共同完成的，这种活动是在具体情境下完成的，是"情境化"的活动。因此，教师必须将自己的"必需知识"和"重要知识"与具体情境相结合，根据不同的教学任务和出现的问题作出相应的反应。不同的职业具有不同的知识，不同的知识具有不同的重要性。这三部分知识组成了大学英语教师与其他学科教师及其他职业有所区别的知识内容。

三个层面的知识相互关联、相互作用，共同构成大学英语教师知识体系的整体。对整个教学系统起控制和调节作用的是大学英语教师，大学英语教师的知识和教学能力直接制约着大学英语教学的各个环节。因此，可以说大学英语教师自身的知识结构是大学英语教学中的一个重要组成部分。同时，这个体系又是一个开放的系统，它不断地同外界进行着信息的交换，有相应的输入和输出以及量的增加和减少。因此，我们可以说这个体系又是一个动态的、不断变化的系统。

九、构建"学习型"的大学英语课程教学组织

应建立一个新型的专门教学管理机构，实现大学英语教学与双语教学的有效衔接，解决大学英语课程教学改革中的 ESP 教学最突出的师资问题。大学英语教学经过几十年的发展，取得了巨大成就，各高校也有专门的机构（如大学英语部等）负责对其进行管理协调。而双语教学在我国起步较晚，目前主要由各院系的专业教师负责，一般由各校教务处而不是专门的教研机构进行协调，管理上处于一种相对自由的状态，这无疑会影响双语教学的有效实施。有的学校为了提高双语教学的质量，建立了专门的双语教学教研管理机构，负责制定符合本校学科、专业发展和课程建设实际情况的双语教学规划，指导学校双语教学有计划、有步骤地开展；负责提高学校双语教学的质量，促进任课教师的职业发展，为所有的双语课程提供评估体系；负责协调大学英语教师和双语教师之间的联系，组织他们定期召开教学研讨会，促进双语教学成功经验的传播。这不仅有利于解决双语教学问题，而且也可以使大学英语教学更有针对性、更好地为双语教学做好铺垫。双语教师的背景大多是学校各院系的专业教师。一般来说，他们精通专业，但缺乏必要的英语语言教学理论和较为扎实的语言基本功，对学生的英文水平也缺乏必要的了解，这使得他们很难在教学中自如地使用英语来进行学科教学。另外，有少数双语教师是英语专业出身再攻读其他学科硕士或者博士学位的复合型专业教师，这部分教师兼具英语水平和专业素养，但毕竟数量不多，难以满足双语教学的需求。

如果说大学英语教学改革中的 ESP 课程是实现语言和专业学习的知识桥梁，那么这个新型的组织机构则是实现大学英语教学改革目标的后援基地，它包含了大学英语教师也涵盖了双语教师。学科教师和语言教师紧密配合是成功进行双语教学的有力保证。

这个创新型机构必须是个"学习型"组织，持续学习的精神是保证这个组织活力的源泉。因此，在这个新型的课程教学组织里，教师和领导享受充分的主动权，在职教育是开放的系统，能建立正常的对外联络机制，加强同兄弟学校、国内和国际教师

的交往和合作，共同探讨学习的经验和效果。这个新型的学习型课程组织本身不是一个"金字塔"型的结构，而是一个"扁平型"的或"倒金字塔型"的组织。这个组织为每一个成员创造和提供一个民主的、平等的、双向沟通的良好学习氛围，教师对组织领导或个人进行批评时也不会感到压力。这个学习型的教学组织的气氛是民主的，沟通是畅达的，学习不分长幼，没有专业、职称、职位等的等级划分，互相学习，取长补短。在这个学习型的课程组织中，每个教师可以大胆探索教学模式，主动积极地分析改革中的成与败，在改革中自我超越发展。这个新型的学习型课程组织能不断提升文化品位。在精神层面，"文化组织"要崇尚知识，崇尚学习；在物质层面，通过建设语言实验中心、文化橱窗、语言阅览室，为教师营造良好的环境和氛围。组织文化的形成必然要受到组织战略变革方向等方面的制约，但形成之后又作用于其他要素。换言之，文化作为一种长期积淀的习惯性思维方式和组织的核心价值理念，自身也需要并且不断进行创新变革，不断赋予新的意义。组织变革的背后，是组织文化的变革。在新型的组织中要培育一种适合变革发生、传播和扩散的氛围文化并体现在组织内部每一个角落，让它根深蒂固。组织文化一旦形成就具有稳定性，会代代相传，成为组织灵魂、组织成功的"传家宝"。

十、增强教师领导力

教师角色中的角色一词源于戏剧。自 1934 年米德（G. H. Mead）首先运用角色的概念来说明个体在社会舞台上的身份及其行为后，角色的概念被广泛应用于社会学与心理学的研究中。角色理论学家们认为，"个人占有特别地位所表现出来的行为模式"。在现实生活中，无论何时每个人都在有意无意地扮演着某种角色。正如演员要演好某个角色必须要进入这个角色，并按照这一角色的行为标准去行动一样，教师要想成为合格的教师也必须充分理解教师角色，积极地投入并扮演好教师这一角色。教师角色是指教师与其社会地位、身份相联系的被期望行为，包括两个方面：一是教师的实际角色行为，如有时是学科专家，负责传授知识与技能；有时是训导人员，负责辅导学生的日常思想行为；有时是评价者，负责评定学生学业成绩；有时是心理咨询专家，帮助学生解决生活及情绪上的困扰。就整个社会来说，教师扮演着促进社会发展的角色。随着社会的现代化、城市化、价值多元化，教育制度发挥的功能日益增多。二是教师角色期望，即社会公众和学生期望的教师表现的行为模式或教师期望自己应具备的行为模式，又分为"他人对自己的期望"和"自己对自己的期望"等方面。

国外关于教师角色的研究起源于三个理论。一是建构主义理论：建构主义提倡在教师的指导下以学习者为中心，既强调学习者的认知主体作用，又不忽视教师的主导作用。教师是意义建构的帮助者、促进者，而不是知识的提供者和灌输者；学生是学习信息加工的主体，是意义建构的主动者，而不是知识的被动接受者和被灌输的对象。

教师要成为学生建构知识的积极帮助者和引导者，应当激发学生的学习兴趣，引发和保持学生的学习动机，通过创设符合教学内容要求的情境和提示新旧知识之间的联系的线索，帮助学生建构当前所学知识的意义。为使学生的意义建构更为有效，教师应尽可能组织协作学习，展开讨论和交流，并对协作学习的过程进行引导，使之朝有利于意义建构的方向发展。二是人本主义理论：20世纪60年代，教师教育者开始利用罗杰（C.Rogers）、马斯洛（Maslow）等人本主义心理学家的研究成果培养教师自我发展的意识。人本心理学强调人的独特性、人的尊严和价值，反对将人看作机械或动物，主张研究人的潜在能力和善良本性，设想通过理想的教育发展人的潜能，实现社会和谐和个人幸福。人本主义心理学家柯姆斯指出，好教师的教学决不是千篇一律地遵循既定规则，他们都在教学中体现出各自的"特性"，在教学中注重"具体的""特定的"情境，不以"既定的方法"去行动。因此，教师的角色类似于"艺术家"，其教学艺术是"缄默知识"，无法直接传递给他人。人本主义的教育理论家在以下方面达成了共识：教育应该促进认知与情感的综合发展，教学应以学生为中心；教师与学生之间要建立积极的关系；教师应具有信任感、真诚感和自信感；教师应信任学生，激励学生发现自己的情感体验，发展他们明确自我概念，帮助学生认同他人，与他人分享情感，使学生意识到自己的态度和价值并且做出相应的行为反应。三是实用主义观点：实用主义关于教师角色的研究主要是根植于杜威的理论，要义是个人的实践对于个人理解性知识的形成意义重大。持这种观点的研究者并不仅仅关心教师教学步骤的技术性问题或者课堂管理的技巧，他们把专业化的教学视为一种需要细致分析，掌握大量细节并且调控多种需求的复杂的工作实践。他们关心这样一些理论性问题——什么意味着教学？教学实践者应如何解决实践中的问题和困境？教师如何控制教学？也就是说，实用主义也将教师视为一个"学习者"，但是教师的职业决策建立在他们整体的知识基础之上，并不对所谓"个人的"还是"职业的"加以区分，所以教师必须在教学实践过程中不断地对自己和对工作的认识进行反思，因此，将教师视为"反思型实践者"就成为顺理成章的事情。他们提出，反思型教学实践应该纳入教师培养计划之中，把教师培养成专业化实践者——积极参与思考和行动，具备书面知识和实践性知识。

教师要赋权增能是实现教师课程开发主体地位的一个重要途径。在教育管理学领域，教师赋权增能与西方学校重建运动中所宣扬的分权化精神是一脉相承的。从20世纪80年代开始，人们逐渐认识到，教师不应被视为学校教育改革的对象，而应该是教育改革的主导者和行动者；以往的学校教育革新之所以停滞不前以致失败，其中一个很重要的原因就在于忽略了教师这一改革的真正主角，他们因不受重视而冷漠应付教育改革的现象时有发生。于是教育领导者被要求交出一些权力与教师共享，而不是将权力加诸教师身上，教师可以就学校的目标和政策等议题参与规划，这就是赋权理论中的"外部赋权"。它与"权力"相关，强调对组织资源拥有正式的权威或控制权力，因此"赋权"就是一个权力分享的过程。此外，赋权理论还包括"内部赋权"，即教师利用个人的知识，充满信心地进行决定和采取行动。教师具有充分的专业知识与教学效能，拥有专业自主性与地位，能进行专业判断，承担专业责任。从这个角度讲，"赋权"同时也是一个"增能"的过程，"增能"既是"赋权"过程的重要组成部分，又是"赋权"的结果。在课程设计过程中只有把权力分享给教师，对他们"赋权"进而"增能"，才能重视他们的实践知识，保证其课程开发主体地位。

教师领导力作为教育学和管理学领域的研究问题，近年来引起了不少国内学者的关注。李款对教师领导力的内涵进行了剖析，分析了教师作为领导者在课堂课外以及同事群体活动中的具体体现。刘保兄和刘小娟在对美国新教师发展观述评中强调了教师成为领导者的意义，使得教师有新的责任和成为评估的提倡者，学生成就和期望观念重建的革新者和充满活力的专业人员，并且对美国如何培养教师领导力的做法进行了举例说明。操太圣、卢乃桂，吴颖民提出了增强教师领导力的策略是"赋权增能"，它是提升教师整体素质和扩展教师队伍的有效手段。

教师领导力不是实际权力赋予的象征，而是基于个人对外的一种积极的影响力、感召力和推动力的综合能力或素质的体现。在大学英语课程改革中，由于现代教育技术的应用，教师的传统知识和精神权威受到了极大的挑战，教师必须通过自身的角色来适应时代的发展。

曾经的大学英语教师从整体上来看，往往处于被动的处境。比如使用全国统一标准的大学英语教材，教师无须根据自身的学校和学生特点另外编写教材或者讲义，国家级出版社每年推销的大学英语教材种类虽然不多于10种，但是想要大学英语教学高校每年更换教材的频率却不是很高，大学英语教师已经渐渐习惯了这种思维定势，不愿意在英语课程和教材开发上花费很多工夫。而且长期以来大学英语教师因为教授的学生人数很多，班级规模过大，再加上劳动力就业市场对全国大学英语四，六级考试合格证的要求，大学英语教师在课堂上依旧是以考试为导向的英语知识为主的教师角色，深层次的英语教师角色转变还远远不够。在我国大学英语课程改革不断深化的过程中，人们对教师角色进行了热烈的研究和探讨，取得了比较丰富的认识。师生关系中的教师角色从"学生发展为本"的立场分析，新型的教师角色可具体表述如下。

教师既是知识的输出者又是学生自主学习的引导者，教师是知识的拥有者和源泉。教师向学生输出知识，把人类一代代传承下来的知识经验通过输出的方式继续传承下去，所以教师是知识的输出者。而现代信息技术打破了教育的封闭状态，使教育环境充分开放，教师不再是学生获取知识的唯一源泉。因此，教师必须做出适应开放式教育的转换，教师实际上既是知识的输出者又是学生自主学习的引导者。教师应该是为学生提供舞台，指出方向，关键时刻给予学生指导和支持的"导师"。

教师是学生创造能力的培养者。在信息社会里，对于人来说，最为重要的是创新，获取间接知识、经验已不再是教育的主要目的，而是获取直接知识、经验的基础和手段。教师越来越多地重视培养学生解决实际问题的能力，特别是创造性地解决实际问题的能力。教师必须变书本知识的复制者为学生创造能力的培养者。

教师既是知识的给予者更是学习方法的给予者。在信息社会、终身教育的背景下，帮助学生掌握学习方法特别是终身学习的方法才是教师的聪明选择。方法才是学生进一步学习特别是终身学习的关键所在，教师应特别注意使学生成为掌握学习方法并能够创造性地运用学习方法的人。教师的角色必须做出适应终身教育的转换，既是知识的给予者更是学习方法的给予者，使学生能在自己需要时，灵活地或综合地使用多种方法进行自主有效的学习。

教师是因材施教者。信息社会要求我们的教育成为个性化的教育，以培养出它所需要的各种具有个人特点、类型和风格的人才。教师必须能够根据学生不同的个性特点、学习类型、学习风格和学习进度等"对症下药"，使每个学生都能得到适合自己特点、类型和风格的最大化和最优化的发展。教师的角色必须做出适应新的个性化教育的转换，变强调统一性的教育者为真正意义上的因材施教者。

网络社会中的教师角色。随着信息技术的发展，教育与课程正在走向网络化，基于网络的教育和课程活动赋予了教师角色以新的内涵。网络时代在信息技术参与教学的情况下，教师角色将主要表现在以下方面：

（1）教师将从传统课堂教学中的主讲者转变为组织者和辅导者；

（2）教师将从课程教材执行者转变为课程教学的研究者；

（3）教师将扮演协调者角色；

（4）教师将扮演管理者角色；

（5）教师将从知识学习指导者转变为未来生活的设计者；

（6）教师将从文化知识传授者转变为知识体系的建构者；

（7）教师将从教育教学管理者转变为人际关系的艺术家。

综合视野里的教师角色。在现代社会，由于社会结构和教育结构的复杂性，需要教师适应多种多样的社会角色。从学校教育工作的角度综合地看，教师所扮演的角色主要有以下几种：

（1）言传身教、教书育人的教育者；

（2）文化知识的传递者；

（3）智力资源的开发者；

（4）未来生活的设计者；

（5）心理健康的指导者；

（6）学生集体的组织者；

（7）学校与社会的沟通者；

（8）教育现代化的开拓者。

本书倡导的大学英语教师领导力的表现如下。课堂上，大学英语教师利用先进信息技术手段，最大限度地调动起他们的求知欲望，让在信息化时代成长起来的青年能够感受到在知识的汪洋中，老师能指导他们甄别，梳理知识，寻找知识。大学英语教师的课堂教学除了黑板上的英文字还有动态图、多媒体。大学英语教师不是发号施令的知识权威，而是值得信任和求教的朋友。课外，大学英语教师和学生之间的交流，可以更加丰富。互联网、QQ、MSN、博客等个性化色彩浓厚的空间能把握学生的思想动向和内心真实感受。教师除了课外作业上管理学生，还能通过各种平台对学生实施人性化管理，发挥领导者的作用。大学英语课程中的教师对课程的开发、教材的多样化选择有最大的自主权。长期以来，大学英语教材由国家统筹，几个大出版社垄断了教材的编写权。普通高校的教师很少有机会去参与教材的编写。但是目前的大学英语教材内容老化，实用性不强，教材编写体系不利于教师开展有效的教学。新时代要求的大学英语教材需要实用性强、信息量大、内容新颖、编写体系科学的教材。在本校的大学英语课程改革实践中，老师们自发地选择教学教材信息，自编了很多教材，但是因为体制的原因不能出版发行，只能在学校内部流通使用。教师的课程领导力在某种程度上受到了制约，但教师的领导力光芒却不能忽视。另外，关于大学英语课程的计划，实施和评价，没有教师的参与，形同一纸空文。

无论是大学英语教材的开发，还是大学英语课程的设计与发展，以及大学英语课程教学法的变革上，大学英语教师的领导作用必须充分体现。只有增强了大学英语教师的课程领导力，才谈得上课程的改革深化与发展。

十一、学生评价多元化

在大学英语课程改革的实践中，由于教师课程评价知识的缺乏和对于试卷分析工作做得不够，课程评价存在的问题多多。加上对语言测试的信度和效度问题缺乏正确的指导，教师往往感到很茫然。

外语课程的主要目的在于促进学生认知与行为的有效改变，科学的评价方法是协助达成课程目标的重要手段。目前，我国的外语课程评价体系基本仍停留在传统的静态评价层面，这种评价体系只能显现学生的现有发展水平，掩盖学习的潜在发展水平，对客观评价学生潜能、推动其健康发展，存在严重的制约性。客观地说，我国的外语课程改革能在多大程度上有所突破，关键取决于我们能够在多大程度上将评价引向科学合理的轨道，引向促进我国的外语教育健康发展的进程。

综观世界课程评价的历史发展可以看出，充分尊重个体的建构评价理念已经成为课程评价领域的大势所趋。建构评价理念倡导"协商"式的"共同心理建构"，在此基础上寻求共识的达成，这实质上是尊重每一个个体的主体性，从根本上突破了评价领域中长期以来所寻求的"客观性"、"科学性"的迷雾，使评价的理念发生了质的转变。毫无疑问，建构评价理论体现了课程评价的时代精神。建构评价理念体现出的中心思想就是主体性评价。所谓主体性评价是以评价者和被评价者共同参与评价为中心，引导个体在形成积极自我意识的基础上发展现实主体性的评价。这种评价观在评价情景中强调，不论评价者还是被评价者，在评价体系中都是平等的主体。主体性评价充分发挥了评价本身蕴涵的外显和内隐的教育功能，在实践中并不依靠外部力量的督促和控制，而是通过每一个个体对自我行为的"反省意识和能力"来达到目的，评价过程是一种民主参与、协商和交流的过程，反映了一种深刻的民主意识，极富时代精神。主体性评价是一种教育性评价，其最终目的在于促进个体的健康发展，因此，在评价内容的定位上，应尽量注重多元化，从不同侧面反馈个体的点滴进步，进而达到鼓舞个体的自信心和上进心的效果。从国外看，许多国家在评价内容上也都呈现出多样化的特征。日本对个体的评价内容包括四个方面：关心、意欲、态度；思考、判断；技能表现；知识理解。且对评价内容确定了重点，即比起"思考、判断"和"技能表现"，更为重视"关心、意欲、态度"。美国对个体的评价内容主要包括认知、情感和身体三个方面，其中给予态度以很高的重视。评价内容的多元化趋势提示我们，评价过程中，应充分重视个体身心的差异性特点，科学进行个别评价，而不应该按统一的标准要求全体被评价者。要想真正发挥评价的激励功能，应重视个体的进步评价和态度评价。

十二、课程设置科学考量

长期以来，我国奉行"行政型"的课程决策管理模式，课程决策和管理的主体是国家或国家授权机构，形成了一种"上定下行"的课程管理体制。从培养目标、课程目标、课程设置、课程内容、教学进度到教学评价考核都是一个标准，强调全国的整齐划一。具体到大学英语这门课程上，在过去相当长的一段时期内我们所实施的是"一纲一本"、高度集中的"国家本位"课程开发模式和课程管理体制，各学校的课程自主权非常有限。在这种情况下探讨大学英语校本课程开发就具有特别的重要意义。万伟认为，从历史上看，我国的"课程"长期以来一直处于"超稳定"的状态，"四书五经"曾经一度被作为最主要的"课程"，教师的角色被定位于"传道、授业、解惑"，教师被要求"述而不作"，即忠实地解释"四书五经"中的微言大义，传授知识，而不强调教师自己做出创造性解释。可以说，长期以来教师是一直被排除在课程之外的，教师在课程中的作用也一直没有得到充分的重视。直到近一百年，这种情况才开始有所改变。由于中西方文化的交汇，教育进行了一次又一次的变革，每一次大的变革，基本上都是自上而下的，这些变革中虽然也包含有"课程改革"，但基本上都与教师没有直接联系，教师的任务就是遵照指示忠实地执行这些课程变革。2001年之前我国的基础教育先后进行了七次课程改革，这七次改革基本上都是围绕"教学计划、教学大纲、教科书"的变革而展开的，教师的任务就是执行国家的课程变革主张，这导致了在很长一段时间里，教师高度依赖教学计划、教学大纲、教科书，以纲为纲，以本为本，缺少自主的课程意识。20世纪90年代中期开始大陆的课程研究者对校本课程开发产生了极大的兴趣。

　　课程设置必须有先进的科学的现代语言学理论作指导。美国著名应用语言学家克拉申（Krashen）建立的第二语言习得理论是当今世界上最有影响、最为全面的语言习得理论之一。课程设置必须特别关注以下三点：第一，掌握输入的特点。首先是可理解性。其次是趣味性与学生知识和生活密切相关的信息。此外，输入量必须充足。教师要力求为学生提供他们在课外得不到的可理解的输入，并帮助他们吸收；第二，消除心理障碍，尽量减少学生的外语焦虑；第三，明确学习的有限作用，学习只能作为习得的补充，它的作用是监测，以提高输出的准确性。美国语言学家乔姆斯基（Chomsky）在其著名的转换生成语法（Transformational Grammar）中区分了语言能力（competence）或称语言知识和语言运用（performance）。语言能力是一种高度理想化的语言模式，语言运用则指其他的语言形式，包括心理副作用、智力障碍、语言系统的数学特征、意义的微小差别，以及其他相互关联的东西。英国语言学家韩礼得（Halliday）在其系统功能语法理论中区分了语言潜能（linguistic potential）和语言行为（linguistic behavior）。很显然，他的语言潜能与乔姆斯基（Chomsky）的语言能力有相似之处，而语言行为则类似于语言运用。这说明现代语言学家们都特别关注外语学习两种能力的培养，即知识与运用。可是我们现行的课程设置却偏重知识的传授，忽略了语言行为的发展。外语教学必须把语言视为一个系统，是一套开放的与语言运用的社会环境相联系的供选择的"意义潜势"，我们教学的目的就是要开发学生的这个"潜势"，能够根据环境在这个"潜势"中选择适合环境的语言。教师的任务是以各种适当的形式和方法向学生提供他们所需要的知识和技能。所以外语专业的课程设置必须增加培养学习策略、交际策略方面的内容。

　　课程设置必须符合外语教学的特点和规律。外语专业的培养目标及手段与其他专业有很大差异，可是仔细分析我们现行的课程设置却发现它与其他专业基本一致，即所有课程都被分为三大板块：普通、专业、跨学科。尤其是第一、第三板块简直可通用于一切专业，而其中的专业课程设置，也完全可以用于培养所有外语类学生，发展他们的外语能力。这样的课程设置显然难以培养出真正通晓外语的人才。系功能语法创始人韩礼德（Halliday）认为，有些语言能力在一般的外语学习中极难获得。它们是：用不同的方式讲同样的事；犹豫或无事闲谈（这是保持社会关系的一种形式，虽无概念功能，但有人际功能）；预测对方要讲的话；增添新的语言能力。对于外语专业的学生来说，这些能力虽然是极其艰难的，但却是必须培养发展和具备的。我们的培养手段必须适应这一要求，使学生成为真正讲目标语言的人。

　　同时，课程设置还必须体现多层次语言观。我们的教学无论在内容上还是方法上都不能只注重一个层次，而必须以培养学生掌握语言的意义潜势为目标，使学生的语言能力在意义、词汇语法和音位三个层次上同时发展。

　　课程设置必须体现创新教育。英国语言学家注意到学习的过程中存在两种截然不同的状况，体现了两大派相对立的理论，他称之为"罐子理论"和"自制啤酒"理论。前者认为，学习过程就是将信息、知识或技能从一个容器转移到另一个容器的过程，即教师将自己桶里的知识倾注到学生的"罐子"里，没有有机交换的过程，学生的任务则是尽可能多地吸取那些万应灵药而无任何遗漏。吸收（学生学得知识）等于输入（教师灌人知识），这就是"罐子"理论的实质。在英国，老百姓通常自制啤酒。他们买来一只木桶和原料，然后按制作啤酒说明书自制啤酒。与"罐子"理论相对的另一派理论与此相似。教师给学生提供原料，并教会他们如何使用这些原料，然后学生就按照各自的途径，用自己的风格去实践，这就出现了完全不同的状况，输入对所有的学生都相同，但吸收和输出就因人而异了。现在的问题是，大家都知道该采用第二种方法，可实际情况却是大家都在自觉或不自觉地实践着第一种学习过程。究其原因就在于采用"罐子"方法，对于教师比较方便，而且即时的成就可能显著。学生也许会记住大量外语材料，并将它们用于考试之中取得好的成绩。但是用这种方法学的东西却常常无法用于更广阔的环境，仿佛在它们周围筑了一道围墙，把它们和使用的环境隔离开来。语言变成了一堆知识，而非交际的工具。外语专业的课程设置必须尽量避免这种可能性，从源头上杜绝它的产生。这里涉及到的核心问题是我们的课程设置中必须体现创新教育原则，以培养学生的创新意识、创新精神、创新思维、创新能力及创新个性为主要的目标。大量理论与实践证明，创新精神不是天生的，而是靠后天的训练培养得来的。教育的责任就在于为培养学生的创新精神提供环境，提供土壤。这也正是外语专业课程设置应该实现的最高目标。

　　课程设置必须进行"需求分析"。人们通常认为，一个人不可能全部掌握一种语言，甚至说本国语的人也只用到整个语言材料中的一小部分。所以，从教学内容上讲，教师必须尽量满足学生的需要，这就是"需求分析"（needs analysis）理论的基础。课程设置必须先探查学生学习中的需要，调查和研究学生已经能用语言干什么，其"意义潜势"已发展到什么程度，还需增补哪些技能和知识，然后再根据学生需要来安排教学内容。我国高校现行的外语专业课程设置过分强调学科体系，脱离时代与社会发展的特点，也不适合学生的实际情况。二十多年前，外语专业的毕业生当教师、做文秘工作者居多；十多年前，外语专业的毕业生从事贸易、翻译工作的比较多；而如今，毕业生的就业面越来越宽，涉足管理、法律、金融、信息、科技等各行各业。而外语专业的课程设置变化不大，专业基础课程比重太大，专业应用课程和跨学科课程太少，课程之间的比例关系失调，学生的选择面窄，客观上阻碍了复合型人才的培养。一些外语专业的课程和教材内容比较单一、陈旧。如有的外语教材中仍然出现计划经济时期的概念和机构名称，有的对话中的场景是在二十年前的商店，有的文章还在谈论收录机的先进性等，还有的教材中提到的说法是外国人极少用到的或是已经被外国人自己淘汰了的。这些课程的教学内容缺乏时代感，影响了外语专业学生知识的更新和能力的培养，也就无法满足他们的需要。提高我国外语专业人才培养质量是一个系统工程。

目前，我国大学教育的整个过程主要是围绕课程教学而展开的，课程教学是实现培养目标的基本途径，课程教学质量的高低在很大程度上决定了所培养的人才质量。借鉴并运用西方现代语言学的研究成果，结合我国实际情况，根据学生需要建立起符合外语教育规律及特点，并能体现创新教育精神的课程体系，不仅是广大外语教育工作者义不容辞的使命，也是时代对我们的要求。

十三、组织和人力资源管理

为确保企业在激烈的竞争中保持优势，必须进行变革。在企业发展中，人力资源作为企业变革的主体，是一种能动的、起主导作用的特殊生产要素。它的特殊性和重要性要求企业重视变革中的人力资源管理，采取适当的人力资源管理策略使其很好地为变革服务。在战略变革中取得权利配置系统的均衡及构建与战略目标一致的企业文化，在结构变革中整合组织机构及指引变革方向，在人员变革中选聘人才，合理配置人才，控制裁员及在文化变革中的有效传播，都对变革起着良好的促进作用。与人力资源部门有着伙伴关系的直线部门，也能在组织变革中发挥其人力资源管理职能，通过积极配合人力资源部门的管理活动，鼓励和引导部门员工参与变革等方式来保证组织变革的顺利进行，在激烈的竞争中立于不败之地。

高校虽然不同于企业，但是高校在管理上可以借鉴企业在组织变革中的人力资源管理战略，不人浮于事。大学英语课程教学改革要优化，不仅在组织机构上要做出相应调整，更要强调这个新型的组织机构中人的因素。首先，进行人力资源的评估，取得权利配置系统的均衡。不同的学历背景、专业背景、年龄、教学经验等在组织机构重组中要评估、计划、协调。要组建一支推动变革的领导团队。整合组织机构，要处理好各个部门之间的关系，适度分工、加强合作，使机构之间和机构中的员工之间彼此协调配合，解决分工太细太死、机构臃肿、矛盾多、效率低等问题。进行组织结构变革时，人力资源管理部门应同时协助各直线部门，为教师发展提供各种咨询、培训和激励，通过建立良好的沟通和变革氛围处理变革实施过程中的矛盾和问题。麦肯锡的7S模型将组织变革归结为七个方面，其中战略、结构和制度被认为是企业成功的"硬件"，风格、人员、技能和共同价值观被认为是企业成功的"软件"。在组织中，成为核心的不是"硬件"，而是作为"软件"存在的人或人的价值观念。事实上，"硬件"也脱离不了人而单独存在。任何核心能力的最终载体都是人，因此，解决"人"的问题是组织变革中不容忽视的部分。组织变革会使教师的地位及领导与教师的关系发生较大的变化。当变革触及到教师自身利益的时候，这种意识往往会阻碍教师观念的更新，影响教师投身变革的积极性和适应变革的心理承受力。人力资源部门要认识和分析这些变化可能产生的影响，实现人力资源供需平衡，优化人力资源配置，真正做到能者上，庸者下，不浪费人才，不错用人才。

第四章 ESP 课程设计分析

第一节 ESP 课程设计要素

所谓课程设计，即在完成了需要分析后，依据现有的语言理论和学习理论，运用来自实践的信息编制大纲，再根据大纲选择或撰写教材，确定教授这些材料的教学法并建立可以检查为达到该特定目标的评估程序。

在 ESP 课程设计中，有三个因素对其产生重要影响，分别是：语言学理论（即语言描写 language descriptions）、学习理论（learning theories）和需要分析（needs analysis）。

一、语言学理论

（一）传统语法（Classical/Traditional grammar）

传统语法是 20 世纪以前对语言的描写，这种描写是建立在更早的希腊和罗马语法基础之上的。作为前语言学时代的产物，它更强调语言的正确性、文学上的幽雅，拉丁语模式的应用以及书面语的优先性（priority）。传统语法关注的是语言的细枝末节（如在英语中不能用"分裂的不定式"或不能在句尾用介词等）而不是整个语篇的结构。传统语法盛行期间，教和学的行为主要是语法和翻译的学习，教师在教学中占绝对中心地位。ESP 问世时传统语法已风光不再，因此，对 ESP 影响甚微。尽管现代英语教学中传统语法已不多见，但并不意味着 ESP 教学对传统语法的全盘否定，在加深对语言应用的理解等方面，传统语法仍有很多可取之处。"教师如果要对语言学有一个全面的认识，就不能忽略这样一个事实：传统语法依然有许多的优点，……且这些优点让很多人受用终身"。

（二）结构主义语言学（Structural linguistics）

1933 年，Leonard Bloomfield 出版了《语言论》，奠定了结构主义语言学流派的理论基础。上世纪三十到五十年代，该派在欧美各个大学执牛耳，门徒之多、声势之大、冠绝一时。结构主义语言学是一个人数众多的学派，从创始人 Leonard Bloomfield 到

Trubetskoy 和 Hjelmslev 再到 Charles Fries, Rulon Wells, Kenneth Pike, Zelling Harris, C. F. Hockett 等等。在理论上也几经演变，但一般来说结构主义语言学有以下几个共同点：①采取描写主义，反对规定主义；②在描写现代英语时，把它与历史英语严格分开；③认为英语自有其语法体系，不能拿希腊、拉丁语法的框架来套用；④侧重口语而非书面语；⑤坚持分析语言要从形式下手，不能凭意义或逻辑；⑥十分讲究分析语言的方法和步骤，采取直接成分分析法，先分出语音层各单位，再分出语法层各单位，严防越级跃进。

结构主义语言学以系统或结构这样的术语描写语言，关注的焦点仍然还是语言的语法结构，教学材料安排以潜在的语法格式和结构为基础。受行为主义观点的影响，结构主义语言学家认为人学会一种语言是在刺激—反应链条的基础上形成某种习惯。

结构主义语言学对 ESP 教学的影响主要表现在两个方面：一是结构型练习较多，对教学大纲产生了很大的影响；二是结构型大纲普遍存在，它以语法为导向，词汇和语法规则按照使用的频率、复杂程度和实用性进行直线式排列，以课文演绎语法。下面是一个典型的结构型大纲的例子：

1. Simple Present Active

2. Simple Present Passive

3. Simple Present Active and Passive

4. -ing forms

5. Present Perfect; Present Continuous

6. Infinitive

7. Anomalous Finites

8. Past Perfect; Conditionals

结构型大纲的最大优点在于能向学习者系统地描写出语言的生成核心（generative core），由这些有限的核心可以衍生出无穷的新奇话语。正是这一优势使得结构型大纲在饱受其他语言理论批评的不利局势下依然能被广泛采用，至今仍在许多语言教学项目中（包括中国大部分的外语课程）占统治地位。同时，它的缺陷也十分明显，过分关注语法形式和单个词的意义，忽视语言意义性和创造性的交际活动，不能实现 ESP 教学强调交际能力的目标。

（三）转换—生成语法（Transformational Generative grammar/TG grammar）

Chomsky 于 1957 年提出转换—生成语法，大大动摇了美国结构主义语言学的地位。转换—生成语法的主要观点如下：①语言是一个内在的规则系统，学习语言就是要掌握、内化这些规则。②语言习得不是一个习惯形成的过程，而是一个建立和验证假设的过程。③语言有表层与深层结构之分，这一观点比结构主义语言学能够更好地解释语言的同构、异构与歧义现象。句子的构造是通过深层结构、表层结构和转化规则来描写的。④转换—生成语法着力研究语言的生成性。"一套数量似乎相当有限的语法规则可以产生出数量无穷的句子。一个语言使用者不必事先在头脑中储存大量的现成语句，他只需运用规则去创造，去理解就可以了。"⑤"语法"不是描写"语言行为（linguistic performance）"，而是描写"语言能力（linguistic competence）"。"语言行为"是指对语言的使用或者运用，包括不合规则、不连贯、甚至错误的使用，它的变化无穷无尽。"语言能力"指的是理想的语言使用者所具有的语法知识，与具体环境中语言的实际使用没有任何关系。

尽管 Chomsky 并不认为他的理论代表语言使用的实际情况，很多语言应用学家还是发现转换—生成语法为语言教学提供了有力的支持。如在设计教学材料的时候，深层结构相同的句型彼此的关系十分密切，象主动句和被动句，转换规律还可以帮助教师教授复杂句型。

转换—生成语法对 ESP 教学产生影响的是 Chomsky 提出的"语言行为"和"语言能力"。早期的 ESP 更多地注重目标情景交际所需的"语言行为"，很少关注其后所蕴涵的"语言能力"。长此以往，造成人们忽视了区分二者的重要性，而区分"语言行为"和"语言能力"对开展 ESP 教学是十分重要的。

转换—生成语法单纯地从语言形式角度理解语言受到学界的批评，他们认为单纯从形式上理解语言是不够的，还应考虑语言的功能，即人们用语言做什么。Hymes 认为"能力"不仅仅限于用来生成没有语法错误的句子的一系列规则，还包括何时、何地、与何人、以何方式、就何话题，何时谈、何时不谈……。对语言运用的研究不能只看句法，尽管语言形式分析有其不可动摇的重要性，但不能就语言而语言，而是应当更加注重对语言交际中涉及的其他因素的研究，如非言语交际（手势、目光交流等）、交流渠道、参与者的角色关系、交际主题与交际目的等。Hymes 提出的交际能力（communicative competence）这一概念对 ESP 产生了深远的影响，其后的语言学理论大都是在这一理念基础上发展起来的。

（四）语体或语域（Language variation and register analysis）

在前面章节中已经做了介绍，此处不再赘述。

（五）功能意念法（Functional/Notional grammar）

进入 70 年代后，外语教学研究出现了新的局面，开始把注意力转移到目标明确、实用性强的"功能""意念"上。"功能"指的是一个人用语言能做什么，"意念"指的是一个人想要传达的概念。功能意念法的理论源自社会语言学和心理语言学，尤其受 Halliday 的系统—功能语言学和 Hymes 的交际能力理论的影响。功能意念法对语言教学的影响始于上世纪 70 年代初。当时欧委会设立了一项当代语言工程（the Modern Language Project），一批著名的应用语言学家如 Wilkins、Trim、Richterich 等参与了该项工程。他们希望有一个共同的、能适应各种语言教学的核心教学大纲，意念功能型大纲正是在这一背景下应运而生。意念功能型大纲最早由 D.Wilkins 和 J.A.Van Ek 提出并很快得到认可和接受。

以功能、意念为基础的教学大纲对 ESP 的发展产生了尤为重大的影响，因为大部分学习者在此前已经接触过结构型大纲，他们此时的需求不是学习语法，而是学习如何使用已掌握的知识。以下是 ESP 中意念功能大纲的例子：

Asking about travel

Making travel arrangement

Ordering a meal

Asking the way

Hiring a car

与结构型大纲相比，意念功能型大纲打破了把语言只看成是语言形式，语言教学只是教授一系列语法规则这一传统观念，因而受到相当的关注。当然它也有自身的缺陷，最突出的是它打破了语法教学的系统性，教材里出现结构完全不同的句子罗列在一起，而相同或相似的语法结构又出现在相距甚远的单元里。由于意念功能型大纲语言内容的编排缺乏系统性和规律性，学习者往往觉得很难组织起自己所学的语言知识。

为克服意念功能型大纲的缺陷，在其基础上又发展起了交际教学大纲（communicative syllabus）。交际教学大纲旨在表达和理解不同种类的功能所必须的语言，且强调交际的过程。

Yalden 列出了交际教学大纲的十个组成部分：①尽可能详细地考虑到学习者希望掌握一种目标语言的目的；②考虑学习者应用目标语言的背景（具体环境和社会背景都要考虑）；③学习者在目标语言中将要承担的社会角色以及他们的对话者的角色；④学习者参与的社交活动：日常情景、职业情景，学术情景等；⑤在这些交际活动中语言所具有的功能，或者说学习者利用语言或通过语言所能做的事情；⑥这些交际活动中所包含的意念，或者说学习者必须要谈论的内容；⑦衔接语篇的技巧：语篇和修辞的技巧；⑧所需目标语言的变体，学习者将要达到的口语和书面语的水平；⑨所需的语法内容；⑩所需的词汇内容。

以上十个部分考虑到了保证交际顺利进行的方方面面，即便不能囊括所有，交际教学大纲也应尽可能多地考虑这些因素。

（六）语篇／修辞分析（Discourse/rhetorical analysis）以及体裁分析（genre analysis）关于这两部分的内容，此前已做过介绍，故不赘述。

不难看出在 ESP 教学中，任何一种语言学理论都是某一特定历史时期的产物，反映该阶段英语教学的需要，都有各自的优点和缺点。随着社会的发展，人们对语言认识的深入，ESP 教学实践正走上一条相互融合的道路。交际法指导着教学的总方向，转化生成语法鼓舞着教师不断去开发学生的认知潜力，结构主义语言学确立了听说领先和循序渐进的原则……因此，课程设计不能依靠某一单一的理论，应该博采众长，灵活、适当地结合各种语言理论。

二、学习理论

所有语言教学都应以掌握人类如何学习为起点，而在实践中学习因素往往不受重视。ESP 课程尤其要改变这一现状，语言教与学成败关键不在于对语言本质的剖析而是取决于对思维结构以及加工过程的理解。二十世纪初心理学的建立为学习理论奠定了理论基础。作为心理学的一门分支学科，学习理论是对学习规律和学习条件的系统阐述，主要研究人类与动物的行为特征和认知心理过程。心理学家从不同角度对学习进行研究，形成了众多的学习理论流派。下列学习理论对 ESP 课程设计产生了较大影响：

（一）行为主义学习理论

行为主义理论对语言学习研究的应用产生并发展于上世纪 20 年代初，在 70 年以前达到该领域研究的顶峰。该理论主要基于前苏联巴甫洛夫（Pavlov）的"条件反射"和美国斯金纳（Skinner）的强化理论，是一种建立在实验基础上的语言学习和语言习得理论。行为主义学习理论的主要观点如下：①语言是一种习惯，是在外界条件的作用下逐步形成的。语言学习不是一种特殊的脑力活动，出生儿童对母语的习得是通过不断模仿来完成的，久而久之就形成了语言习惯。②在语言学习过程中，外部影响是内因变化的主要因素，因此，语言行为和习惯是受外部刺激的影响产生变化，而不是受内在因素的影响。③学习者的行为是他们对环境做出的反应，学习是被动的，学习是因刺激而引起的行为变化，学习的发生就是刺激与刺激，刺激与反应之间的联结。④十分重视学习结果，不重视学习者的内心活动。

行为主义学习理论对语言教学产生极大影响，为听说法打下了坚实的理论基础，使听说法在上世纪五六十年代盛极一时。时至今日，行为主义学习理论仍然在教学中采用。ESP 教材中最常见的就是句型练习，如：

Drill 2

The liquid was heated. When the temperature reached 100℃, the heating was stopped.

The liquid was heated until the temperature reached 100CC.

The material was stretched. When it was 50cm long, the stretching was stopped.

The material was stretched until it was 50cm long.

又如：

D2 Drill

1.consultant

2.the DNA

Who's Dr Walker?

3.EAU

She' s a consultant, isn't she?

4.power stations

5.German

Who does Manuel Silva work for?

6.silicon

He works for the DNA, doesn' the?

7.guaranteed market

8.one watt

现代 ESP 教程中这种句型操练仍有一席之地，不过在处理上增加了趣味性。行为主义学习理论把语言活动的研究与更广泛的人类行为联系在一起，使人们能更进一步了解语言是怎样与思维过程相联系的，在这方面行为主义学习理论的贡献被广泛认同。同时，该理论也表现出在语言行为研究方面存在的诸多局限性，特别是在教学中只重视知识的灌输，忽视了学生作为学习的主体在学习过程中发挥的重要作用。

（二）心灵主义学习理论

20 世纪五六十年代以来，行为主义学习理论就受到来自不同理论学派强有力的挑战，其中最突出的是心理学理论支配下的 Chomsky 的心灵主义学习理论。Chomsky 批判了 Skinner 将人类言语行为解释为是对某种刺激的反应这一说法，指出人不同于一般的动物，人的语言能力的获得与对语言的运用是两个极为复杂的脑力活动，仅凭一个简单的刺激一反应过程不可能将其解释清楚。Chomsky 认为，人对语言习得具有一种内在的能力，为此他提出了先天语言习得机制（Language Acquisition Devise，简称 LAD），即儿童在开始学习母语时，正是 LAD 机制使他能够推断并吸取所接触语言中既复杂又抽象的规则知识并以此生成无限多的句子。思维是受规则掌控的行为，学习就是要习得这些规则，即大脑先建立假设，然后再通过后来的实践去验证和修正假设的过程。个体可以运用习得的规则在全新的情景中预测将要发生的事情并做出恰当反应。心灵主义学习理论把大脑看成是规则的探求者的这一观点自然而然地引发了下一个重要阶段—认知派学习理论的产生。

（三）认知派学习理论

20世纪50年代左右，认知派学习理论迅速发展，日益成为主流。认知派学习理论把研究视角从传统的关注学习过程内部规律转移到更加关注学习主体——学生以及师生关系等影响学习质量的更宽泛的变量因素上来，对学习本质的认识发生了重大改变。行为主义学习理论把学习者描述成为信息的被动接受者，而认知派学习理论则把学习者看作是信息的积极处理加工者，注重学习主体通过自身主观能动性的调动对外界输入的信号进行再加工和处理，从而产生反应效果。该理论注重观察研究、思维实验和逻辑分析的方法，认为新知识是在原有知识的基础上获得的，重视学习的层次性和阶段性。

认知派学习理论应用在教学中最常见的是解决问题型任务（problem solving task）。在ESP教学中这样的练习往往被编排在与学生的专业知识密切相关的活动中。下面就是从RSP系列教材Nucleus中摘选的一个解决问题型任务的典型例子：

9. Now read this passage:

（阅读下面的文章）

The factors affecting the rate of heat transfer through the skin also determine the rate of diffusion of gases through the walls of the cells, tissues and organs of plants and animals. For example, oxygen and carbon dioxide are absorbed through the walls of various organs. The greater the surface area of these organs in relation to their volume, the more of the surface will be exposed to the gas, and hence the faster the rate of diffusion.

（影响动植物热量传导到皮肤速度快慢的因素同样也决定了气体从细胞壁、组织和器官排放的速度。比方说，氧气和二氧化碳是通过不同器官的膜壁吸收的。相对于器官的大小来说，器官的表面积越大，暴露在气体中器官的表面积也越大，因此排放的速度也越快。）

The following examples illustrates the effects of the surface area/volume ratio on heat transfer and diffusion. Explain them by answering the questions:

（下面的例子说明了表面积相对于体积比率对热量传导和散发的影响。对下列现象做出解释：）

a）Cold – blooded animals depend on the warmth of the sun to make their muscle work. The wings of butterflies and the tails of reptiles serve to absorb warmth. Why is this?

（冷血动物依赖太阳的热量来使肌肉运动，蝴蝶的翅膀和爬行动物的尾巴就是用来吸收热量的，为什么？）

b) The smallest humming-bird weighs less than 2 grams. Why are humming-birds only found in hot countries?

（最小的蜂鸟体重不足 2 克，为什么只能在炎热的国家发现它们？）

c) In hot weather, hippopotamuses and water buffaloes spend a lot of time in the water. Why do they have to do this?

（天气炎热的时候，河马和水牛大多呆在水里。为什么？）

d) Why do animals sleep curled up in cold weather but stretched out in warm weather?

（为什么动物在寒冷的天气蜷缩着睡觉，而在温暖的天气睡觉时却舒展开身体？）

e) Why are aquatic warm-blooded animals in northern and southern seas very large? (whales, seals, dolphins)

（为什么南部和北部海洋里的温血动物如鲸、海豹、海豚都很大？）

f) Why do babies suffer more from the cold than adults?

（为什么婴儿比成人易患感冒？）

g) Why are leaves broad and flat?

（叶子为什么会又宽又扁？）

h) Why are human lungs shaped like this?

（人类的肺为什么会是这样的形状？）

i) Why don't micro-organisms need special organs for the absorption of oxygen?

（为什么微生物需要特殊的器官来吸收氧气？）

近来 ESP 课程主要应用认知派学习理论来传授阅读技巧，相当多的 ESP 项目致力于培养学习者阅读技巧的意识，使他们有意识地运用这些技巧来理解文本。下面是摘自 Malaya 大学 ESP 项目的一项针对阅读技巧的任务：

活动 A 你需要查阅字典吗？

（35 分钟）

活动目的 让学生操练在阅读专门用途英语文章时决定是否使用字典

1. 选择这样的活动安排出于以下原因：

（1）使阅读有目的性；

（2）突出相关问题；

（3）允许语言熟练度存在个体差异，个体不同，其生词也不同，学生利用上下文线索能力不同，等等。

2. 学生从本课得到的知识并非是他需要查阅的词语而是在决定是否要查阅字典时需要谨记的问题：

（1）生词的意思与我的需要相关吗？

（2）如果生词的意思与我的需要相关，有必要知道其含义，我能从文中其它词语中获得该词的含义吗？

（3）我是只需了解该生词的大意即可还是需要知道它的准确意思，也就是猜测词的含义的可能性有多大。

（4）我如何能够不查阅字典就可以理解生词的意思？

牢记以上几点来处理下文：

经济体系的主要活动

任何经济体系都包含人类的四大活动：初级原材料采集，生产制造，销售和服务活动。首要的活动是为现代经济提供其所需要的原材料，矿物质、燃料、粮食、蔬菜、肉类、羊毛、棉花、亚麻及其他纤维、木材、石头、泥沙、皮革、兽皮等，这些就是企业所经营的农业、采矿业、伐木业、狩猎业、渔业，即通常所说的采掘业或第一产业。

是否（1）纤维是一种原材料吗？（2）蚕丝是一种纤维吗？（3）木材是纤维的别名吗？（4）伐木业是采掘业吗？（5）砍倒数目是采掘业吗？活动 D 选择适当的参考文献

以下是关于聚合的参考书目。判断下列书目可能会给你提供：（1）该主题的简要介绍；（2）该领域的发展现状（3）该主题的历史沿革；（4）就该主题某些学者的个人观点。写出你的答案。

1.Billmeyer,F.W. Textbook of Polymer Science.

New York: John Willey and Sons，1962.

2.The Condensed Chemical Dictionary.

3.EncycLopaedia Britannica.

4.International EncycLopaedia of Science.

5.Lappert.M.F.，and Leigh. G .J.，ed.，Developments in Inorganic Polymer Chemistry. New York: American Elsevier Publishing Co.,1962.

6.Mandelkern, Leo. An Introduction to Macromolecules. New York: Springer–Verlag, 1972.

7.Mark,H.F."The Nature of Polymeric Materials."Scientific American, September 1967,P.149.

8.Morton,Maurice. "Polymers Ten Years Later." Chemistry, October 1974，pp. 11 – 14.

9.Slabaugh, H.W., and Parsons, T. D. General Chemistry. New York: Wiley and Sons Inc.,1971.

10. Stille, J. K. Introduction, to Polymer Chemistry. New York: John Wiley and Sons, 1962.

11. Wasserman, Leonard G. Chemistry: Basic Concepts and Con, temporary Applications. Belmont, California: Wadsworth Publishing Company Inc.1974.

认知派的学习观点解答了行为主义无法解释的许多理论和实际问题。它将学习者视作有思想的生物，在学习过程中处于中心地位，强调只有当学习材料对学习者产生意义时，学习才会发生。认知学派拓宽了探讨学习过程的视野，丰富了课堂教学的理论与实践。不过，仅仅从认知角度理解学习是不够的，学习者不仅是有思维的个体，也是有情感的个体，课程设计中还应考虑个体的情感因素。

（四）情感因素

人有思想也有情感，人性的矛盾在于意识到了情感的存在及其对行为的影响却还要偏执地从理性角度寻求解决问题的方法，似乎人总是依照逻辑行事，这使我们不能正确地看待学习者，往往把他们视为等待编制程序的机器（如我已经教授给他们过去时态，他们必须知道）而不是有着喜好、恐惧、弱点和偏见的人。ESP课程的突出特点就是以学习者为中心，学习者是学习的主体。对学习主体研究的重要内容之一就是对语言学习者心理因素的研究。学习者参与语言学习活动的心理因素主要有两种：一种是认知因素，或者叫智力因素，主要有感知、记忆、想象、思维等要素；另一种是情感因素，或者叫非智力因素，主要由动机、兴趣、情感、意志等要素组成。非智力因素在人们认识和创造活动中起着动力、维持、强化作用，直接关系到人们认识和创造活动的效率乃至成败。

国外对语言学习中的情感因素研究由来已久，早在20世纪50年代，Gardner等人就设计出了语言学习态度/动机测验量表，对第二语言习得动机作了深入细致的研究。动机在外语学习中被视为学习者取得成功的关键因素，Gardner和Lambert认为动机包括"学习者自身的努力、强烈的学习愿望和积极的学习态度"，并把动机分成两种：工具型动机（instrumental motivation）和综合型动机（integrative motivation）。工具型动机反映的是外在的需要，学习者学习语言并非因为他们有学习的愿望（当然这并不意味他们不想学习），而是因为他们有学习的需要。需要可能是多方面的，如通过考试、谋取一个职位等，这时语言学习是达到某种工具性目的的手段，这类动机属于外部动机；综合型动机是指学习者学习某种语言的目的是想融入目的语社会，希望和目的语社会有更多的接触和交流，了解其历史、文化及社会知识，从而被该语言社团成员认同并接受。综合型动机是学习者自身产生的内在愿望而不是外部强加的某种需要。

以学生为中心的ESP课程设计要把注意力转向学习者，注重学生在学习中的情感因素，将其作为推动教学的重要手段，创造适宜的心理状态和环境气氛，帮助学生消除情感障碍，使他们充分发挥和利用自己的学习潜能，获得ESP语言习得能力，提高专业英语水平。近年来ESP课程设计越来越多地将学习中的情感因素考虑在内，一些教学法如暗示法、沉默法、社团语言学习法、全身反应法、自然法都十分强调学习中的情感问题。

从教育心理学的角度看，情感因素和认知因素相互依存、密不可分。学习者学习ESP的过程就是两种因素同步或相互作用的过程。ESP课程设计如果充分考虑了这两种因素，就会使学习呈现良性的循环过程。

影响 ESP 课程设计的语言学理论和学习理论都是某一时代的产物，反映某一时期教学的需要。由于它们所研究探讨的角度不同，因而在某些方面具有自身的优势，同时，也在某些方面表现出不足。随着社会的发展，对 ESP 分类的细化，课程设计仅仅依靠一种方法或理论显然无法取得好的效果。因此，在运用这些理论指导课程设计时，不应将它们割裂开来单独使用，而应扬长避短，将它们的优势融汇于课程设计之中，这就要求设计者采取折中办法（ecletic method），取百家所长，对各种教学流派和学习理论进行有机整合或重组。

三、需要分析

需要分析是 ESP 各个主要阶段（如课程设计、教学、测试、评估等）的基础。早在 20 世纪 70 年代中期确立的"目标情景分析法"旨在调查分析目标情景中的交际状况和学生应该达到的水平，从而确立学生的交际需要及其实现方式，如将来语言使用的场合、目的、方式和语言技能、功能、结构、交际类型（如口语或书面语，正式或非正式）等。目标情景分析法的主要目标是外在的客观环境因素，没有考虑学习者个体的内在因素。为弥补这一不足，又出现了"教学需要分析法（pedagogic needs analysis）"。教学需要分析的目的在于提供更多的关于学习者以及教育环境的信息。随着相关研究的不断深入，需要分析也日益完善，主要可以概括为八个方面：①专业信息：学习者目前或今后应用英语进行的任务与活动，即目标情景的客观要求；②学习者个人信息：影响学习者学习方法的因素，如学习经历、文化因素、学习的原因、目的、态度等；③英语语言信息：指学习者目前已具备的语言知识与技能；④学习者欠缺：即③和①之间的差距；⑤语言学习信息：语言学习的有效方法和技巧，即学习需要；⑥目标情景交际策略：如何在目标情景中应用所学语言，这与语言分析、语篇分析和体裁分析有关；⑦课程对学习者的要求；⑧环境情景：关于课程环境的信息，如课堂文化、ESP 学者或教师的个人情况等教育环境因素。

需要分析应当全方位、多角度，既要了解作为人、学习者和应用者的学习者，又要了解对特定学习者最有效的学习方法和途径。同时，还要了解目标情景与学习环境，只有这样，需要分析才是科学、全面、有效的，才可以为 ESP 课程设计奠定坚实的基础。

第二节 ESP 课程设计方法

ESP 课程设计有多种方法，最常用的主要有三种：

一、以语言为中心（Language-centred course design）

这是 ESP 课程设计中最普遍、最简单、也是英语教师最熟悉的课程设计方法，以语言为中心的课程设计旨在尽可能将目标情景分析结果与课程内容直接结合起来。

它以学习者作为出发点，通过对各个阶段的分析制定教学大纲，再根据大纲编写教材，最后设计评估程序以检验大纲规定项目的掌握情况。尽管看上去富有逻辑、简便易行，这种设计方法却存在诸多问题：

①尽管它以分析学习者及其需要入手，貌似以学生为中心，实则不然。学习者只不过被利用来确定目标情景所需要的技能，锁定要传授知识的范围而已，并非真正意义上的以学习者为中心。真正的 ESP 教学要求在各个阶段都要考虑学习者的需求，显然这样的设计未能把学习者的需求考虑在内。这样的模式非但不以学习者为中心反而处处设置限制，使学习者处于被动地位。

②以语言为中心的课程设计置人类行为固有的冲突与矛盾于不顾，是一个静态、缺乏灵活性的过程。对目标情景的初始分析结束后，课程设计者就陷入了闭门造车的状态。一旦初始分析有误或某些最初未被考虑的至关重要的因素意外显现并对教学造成不利影响时就会苦于补救无门。课程设计应具有灵活性、应变性、应设置信息反馈渠道以便在教学中对始料未及和发展中出现的问题及时做出回应。

③该模式貌似系统，因而具有误导性，使人误以为整个学习过程也是系统的，即系统的知识呈现加之系统的分析使学习者自然而然地进行系统的学习，从而掌握系统的知识。所谓的系统学习绝非如此简单。诚然，诸多证据表明系统化的知识在学习过程能中起着举足轻重的作用，然而系统化的知识指的是学习者自身生成的而非外部强加的知识体系。因此，系统化的知识呈现与分析并不代表学习者对知识的系统化。

④以语言为中心的课程设计模式忽视了课程设计中发挥重要作用的一些因素，一些重要信息没有得到应有的重视。大纲和教材的内容没有把方方面面的因素考虑在内，如教材内容的趣味性。需要分析可以帮助决定教学和教材的语言项目，但不能决定教材与教学活动的趣味性，而趣味性是激发和保持学习者学习主动性的一个重要因素。

⑤以语言为中心的课程设计对目标情景的分析流于肤浅，过多关注学习者的语言行为而极少关注学习者的语言能力。

二、以技能为中心（Skills-centred course design）

以技能为中心的课程设计在很多国家被广泛采用，特别是拉美国家。这些国家高校大学生的英语学习时间有限，对阅读英文文献的需求又很强烈。应这一需求开设了许多 ESP 课程，目的在于培养学生用英语阅读专业文献的能力。

以技能为中心课程设计的理论依据是：任何一种语言行为都蕴涵着用来生成和理解语篇的技能和策略。以技能为中心旨在抛开表面的语言行为，注重语言能力的培养。因此，以技能为中心的课程的教学目标要作到语言行为和语言能力的培养两者兼顾。以技能为中心课程设计的实践依据来自于 Widdowson 进行的以目标为导向的 ESP 课程和以过程为导向的 ESP 课程的区分。Holmes 指出："ESP 教学中的主要问题是学习时间有限和学生经验匮乏。首先，教学目标是以学习者的向往，也就是要阅读专业文献来确定的。然而由于课程开设时间有限，加上学生如果是低年级的，对专业文献知之甚少，……，因此，这两个因素……可能会构成对目标实现的限制，造成课程最初设定的目标在课程结束时无法实现。"就本质而言，ESP 是帮助学习者实现某一目标的一个过程，课程的重点不在于实现某一特定目标，而在于使学习者在学习时间有限和自身专业经验不足的情况下有所收获。

正如 Holmes 所说："以过程为导向的途径……至少是现实的。它强调技能与过程，使学习者意识到自身的能力和潜力，激励他们在结课后继续研读专业文献，不断提高专业水平。"

以技能为中心的 ESP 课程设计模式兼顾了 ESP 课程最基本的语域分析和教学时间及资源有限的实际问题，有助于学习者在课程结束后语言技巧和策略的不断提高，其目的不在于向学习者灌输一大堆知识，而是让学习者掌握对信息进行加工处理的方法和技能。在以技能为中心的课程设计中，需要分析发挥着双重作用：一方面，确定目标情景中人们所需要的语言能力；另一方面，帮助课程设计者确定课堂上学习者已具备的知识与能力。可以说以技能为中心的课程设计比以语言为中心的课程设计更加关注学习者：以技能为中心认为语言是供学习者进行加工处理的，而不仅仅只是一个实体；注重学习者学习过程中积极因素的累积而不是消极因素如"缺乏"的累积；设定的目标较为宽泛，确保每个学习者都有所收获。

尽管以技能为中心的课程设计模式比较关注学习者，但该模式依然把学习者视作语言的使用者而不是语言的学习者，以技能为中心的课程设计模式局限于语言的使用过程而非学习过程。

三、以学习为中心（A learning-centred approach）

"以学习为中心"不同于"以学习者为中心"。"以学习者为中心"的原则是：学习完全由学习者决定，作为教师只能左右教学内容，至于学习者学到了什么则完全取决于他们自己。学习是学习者利用已有的知识或技能去理解掌握新知识的一个内在、隐性的过程，学习效果主要取决于学习者原有的知识以及运用这些知识去理解吸收新知识的能力与动力。如果单纯从学习者最终掌握多少知识这个角度来理解学习很难发现"以学习者为中心"的缺陷与不足。学习不仅仅是大脑的思维过程，同时，也是个体与社会相协调的过程。社会设定了目标（对 ESP 而言，社会设定的目标即目标情景中的语言行为），个体必须尽最大努力达到或接近这一目标。至于实现目标的路径与速度则完全由学习者自行决定，这并不意味着目标本身无足轻重，目标依然对要采取的路径产生决定性的影响。在学习过程中，除学习者本身这一重要因素外，还有其它相关因素应当予以考虑。正因如此，应提倡"以学习为中心"而不是"以学习者为中心"。

澄清了这一点后，再回到课程设计这一主题。以语言为中心的课程设计忽视了学习者，课程内容的确定完全取决于目标情景分析，未对学习者进行深入的了解分析。以技能为中心的课程设计尽管声称将重点放在了学习者上，但由于它过度依赖情景分析，并没有完全将学习者考虑进去，学习者只是被利用确定分析目标情景需求而已。以学习为中心的课程设计在每一个阶段都考虑到了学习者。

以语言为中心的方法认为，目标情景中语言行为的性质决定了 ESP 课程；以技巧为中心的方法则认为这还不够，我们必须看到目标情景语言行为背后使人们能这样运用语言的过程，ESP 课程由该过程决定；而以学习为中心的方法认为这也远远不够，我们不仅应看到语言能力本身，而且还应看到人是如何获得这些语言能力的。就是说，以学习为中心的课程设计方法在设计过程中的每一个阶段都考虑到了学习者，其具体含义是：

①课程设计是一个协调过程，任何单一因素都不能对课程内容产生决定性影响。ESP 的学习情景和目标情景两者都会影响大纲、材料、教学法和评估过程。同样，上述每一因素又都会彼此影响；

②课程设计是一个动态过程，从最初的需要分析到课程结束不应当呈线形。需要以及条件都会随时间的推移而发生变化，课程设计应当设立信息反馈机制，以便对这些变化适时做出反应。

第三节　ESP 教学大纲制定

一、教学大纲的概念

教学大纲是根据学科内容及其体系和教学计划的要求编写的教学指导文件，它以系统连贯的纲要形式规定了课程的教学目的、任务；知识、技能的范围、深度与体系结构；教学进度和教学法的基本要求。教学大纲是编写教材和进行教学工作的主要依据，也是检查学生学业成绩和评估教师教学质量的重要准则。

二、ESP教学大纲的制定原则

（1）教学计划整体优化的原则：教学大纲的制定首先应当考虑本门课程在整个教学计划中的地位和任务。教学计划中的每一门课程都是互相联系的，各门课程在内容上要衔接得当，避免重复或遗漏。

（2）学科体系科学严谨的原则：教学大纲的编制应建立在本学科严谨的科学体系基础之上，符合本学科体系的内在逻辑结构。

（3）科学性与思想性结合、理论联系实际的原则：教学大纲的编制应从学科内部处理好科学性与思想性、理论性与实践性的关系。

（4）以学习为中心选择教学内容和组织教学的原则。

（5）稳定性与机动性相结合的原则：教学大纲要保持相对的稳定性，这样才能保证稳定的教学质量，同时，要不断更新以适应新的情况。

三、ESP教学大纲的基本结构与内容

ESP教学大纲的结构一般分为三个部分：

第一部分为说明部分，包括以下几项内容：

（1）课程的性质、任务。说明课程的基本类型、基本属性和为实现培养目标所承担的任务。

（2）适用专业与学时数。说明教学大纲适用的专业及学时数。

（3）教学的基本要求。学生学完课程后，在知识、技能和能力上分别应达到的程度。

（4）本门课程与其他课程关系。简要说明本课程与相关课程的关系及学生在学习本课程之前应具备的基础知识。

（5）主要教学方法与媒体要求。说明本课程教学采取的主要方法以及教学过程中需要的基本实验仪器、设备、教学辅助设施等。

（6）推荐教材及参考书。能反映该学科最新的研究成果、理论动态。

（7）开课及编写大纲单位、课程负责人、审定单位或个人。

第二部分为正文部分。正文是大纲的主体，是对课程具体内容的详细说明，反映教学内容基本结构及其主要的教学形式，它以学科的科学体系为基础，结合教学法的特点，依次排列该门课程教学内容的主题、分题和要点，一般以篇、章、节、目等编制成严密的教学体系。大纲正文规定本门课程教学内容的范围、时间分配和教学进度，一定程度上反映课程学术观点以及教学深度、重点和难点。教学内容是大纲的核心部分，根据相关ESP语言理论和学习理论，在需要分析的基础上筛选出整个课程所要教授的语言项目，并着手大纲中"教学内容"这一部分的编写。如何来安排这些项目呢？以下是一些常见的安排模式：

结构模式：以语法和句型为纲安排所教语言项目。

功能模式：以交际目的，如请求、拒绝、命令、解释、、描写等为线索安排所教语言项目。

意念模式：以交际内容，如时间、数量、距离、性质、形状、颜色等为线索安排所教语言项目。

主题模式：以交际所围绕的主题，如旅游、政治、经济、文化、宗教等为线索安排所教语言项目。

情景模式：以交际环境、场所，如银行、邮局、图书馆、听广播等为线索来安排所教语言项目。

技能模式：以语言技能，如听、说、读、写为线索安排所教语言项目。

在实际运用中，很少采用单一模式，而是根据不同情况采用两种或多种模式的综合，扬长避短，以达到高效实用的效果。大纲正文还应规定该门课程有关篇章的实验、实习或其他作业题目。总之，正文部分反映了 ESP 课程主线、知识结构以及实施环节。

第三部分为附录（或附表）。为了使大纲简单、明快、重点突出，如果某一部分内容太多，可采用附表的形式将内容详细地列出。如高等学校理工科和文理科本科用这两个《大学英语教学大纲》编制了词汇表、语法结构表、功能意念表、语言微技能表四个附表。高等学校英语专业《基础阶段英语教学大纲》设了语音项目表、语法项目表、功能意念表、交际能力表和高等学校英语专业基础阶段分级词汇表五个附表。

鉴于我国大学英语教学大纲绝大多数由教育部统一制定并颁布实施，教师在大纲的制定、编写方面没有受过专门系统的训练，对如何编写大纲无从下手。而 ESP 课程的特殊性往往要求教师本人或教师团体合作编写大纲和选编教材，因此，下面提供了一个商务英语的教学大纲样本以供参考，该样本可以清楚地展现 ESP 教学大纲的基本结构与内容：

COURSE SYLLABUS（SAMPLE）

COURSE TITLE: BUSINESS ENGLISH

COURSE LEVEL: ELEMENTARY

COURSE DURATION: 15 – 18 weeks with 2 ac. Hrs per week（two weeks/week）

GOALS OF THE COURSE:

1. use English for business communication with co – workers in some situations via speaking and listening.

2. read adapted passages and articles on business topics and identify main ideas.

3. carry on business correspondence by understanding and replying to sample in – coming e – mails, faxes.

OBJECTIVES OF THE COURSE:

Upon completion of the course the students should be able to demonstrate the ability to:

◇ understand basic expressions, questions and statements about self, work in predictable situations.

◇ distinguish the main idea of a short conversation on a familiar topic.

◇ ask for and give personal details such as name, job, nationality, and family information.

◇ use simple greetings and introduce oneself and others to overseas partners.

◇ talk about calendar dates and make appointments（on the phone/by email/at meeting）.

◇ order food in a restaurant and make simple requests in stores and restaurants.

◇ make a hotel reservation.

◇ talk about events or activities in the past, present and future.

THEMATIC STRUCTURE OF THE COURSE:

Program topics（the themes taken at the course）:

◆ Introductions

◆ Work and leisure

◆ Problems at work and where you live

◆ Travel

◆ Food and entertaining

◆ Sales

◆ People: types of colleagues–describing people

◆ Markets

◆ Companies

◆ The Web,

◆ Company cultures

◆ Jobs: CV and skills

COURSE OUTLINE （FIRST 10 LESSONS）:

WeekThemeLesson ActivitiesDay 1Day 2OneIntroductionsLearning job titles and nationalities（pronunciation and semantics）,

Completing exercises to practice new vocabulary（nationalities,

countries, jobs and studies）;

Listening about CEO and completing extracts about core responsibilities.

Talking about yourself and others. Preparing a profile detailed description of working experience and personal details;Grammar: to be; a/an with jobs ; wh–questions ;

Case study: role – playing a meeting（introducing conference

attendees and making contact）,

learning the international etiquette ;

Writing skills: learning how to write formal e – mail（spelling,editing）: complete an e – mail with items from the box;TwoWork and leisureWorking out new words and expressions（learning months and dates）;

Reading about daily routine at work and discussing leisure activities and working routines（posting questions and giving answers）,Grammar: Present Simple; adverbs and expressions of frequency ;

Case study: role – playing interview with employees about working conditions;

Writing: filling in a form with

Details (focus on capital letters, spelling and word order);ThreeProblems at work and where you livePresenting the list of new words to describe problems at work;

Listening to telephone talks and extracting new vocabulary (expressions) from the talks;

Learning special language techniques (etiquette features) to solve problems on the phone;

Practicing adjectives describing problems ,Grammar: Present Simple:

negatives and questions; the

difference between have got and have ;

Case study: role – playing complaining about holiday problems;

Writing a telephone message

(focus on punctuation, linking

information: and or but);FourTravelIntroducing new vocabulary for

characterizing a place you know well and hotel facilities;

Describing travel details: letters, numbers, times,

Skills. Making bookingand

checking arrangements on the phone ;Grammar: can/can't; there

is/there are ;

Case study: role – playing meeting and booking guests in a hotel–learning how to use stress to correct information;

Writing a fax to reserve a hotel

room ,Five Food and entertainingEntering new words to describe food and giving menu terms;

Reading a text and Tipping in restaurants (resources: Financial Times) and completing the exercise (missing words);

Discussing your attitude to giving tips ;Grammar: Practicing some/any

and understanding the difference between countable and uncountable nouns ;

Listening: Ordering meal and

practicing communication with waiters ,

Case study. Choosing a restaurant for a business meal (discussing ideas);Six Revision and Progress testTHIS IS A SAMPLE OUTLINE REFLECTING THE GENERAL NATURE OF THE COURSE. ALL SYLLABI ARE SUBJECT TO CHANGE BY THE TEACHER FOR INDIVIDUAL STUDENT'S PURPOSES.

COURSE LITERATURE:

1. Market Leader, Coursebook, Elementary, Longman;

2. Market Leader, Workbook, Elementary, Longman;

3. Business Vocabulary in Use, Elementary, Cambridge;

4. Grammar Practice for Elementary Students, Longman

COURSE POLICIES

Teaching methods

Role-plays, dialogues, translation completion, text reading and discussion, audio - records listening, small summaries writing and other activities available to the teacher by the methodic approach chosen for the course, etc.

Attendance

Attendance is essential and required (legitimate excuses will be considered). When circumstances prevent you from attending a class, it is your responsibility to notify the teacher or coordinator, preferably prior to the absence. The critical level of missed lessons is set up at 20%. By reaching the critical level of missed classes the school is entitled to stop your studies.

Homework and homework check

Homework is provided every lesson and is given 5-10 minutes before the end of the class. Home task may vary in dependence on the skills being developed.

Every lesson begins with check-up of your homework; the typical home assignments for this program will include retelling, text reading and translating, vocabulary study, grammar exercise completion;

Revision

The Revision is set up one lesson before the Progress Test and two lessons before The Final one; it assumes revising of vocabulary and grammar material.

Besides, the lessons are set up as a consequent process of proper practice of the material taken before. The revision of already studied grammar and vocabulary is arranged every lesson so that the student has to encounter with it in every exercise, listening task and text.

Progress test

The progress test is mandatory and held every 8-10 lessons to check and control the advance. The assignments of test are obligatory to include business etiquette check by meeting or telephone talk role - play, topic discussion, letter writing.

Final Test

The Final Exam assumes oral (this may involve discussing, telephone talk role-play, text skimming with non-stop retelling and discussing) and written (grammar translation completion and letter writing) assignments.

The Exam is credited by points. Every task (oral/written) is marked with max 25 points. If you make a mistake you get one point less. So you seem to succeed if you get not less than 80 points.

Certificate

At the end of your course you can request the certificate on education. The certificate is awarded to students who complete program and who don't possess any financial and other obligations before Active English. To claim the certificate you must succeed in passing The Final Test.

当然，不同类别的课程有不同的教学内容和教学方法，因而大纲的形式与内容也会有所不同。作为 ESP 课程设计者，应在语言学理论、学习理论和需要分析的基础上，制定出本课程科学、系统、详实的教学大纲。

第四节　ESP 教材编写

一、教材的功能与地位

教材在英语教学中的重要作用毋庸置疑。（Cunning sworth）对外语教材在教学过程中的重要性作了如下概括：

1. 书面和口头材料的一种资源；
2. 实践和交际互动活动的一种资源；
3. 学习者在语法、词汇和语音等方面的一种参考资源；
4. 激发课堂语言活动的灵感来源；
5. 反映既定学习目标的一种教学大纲；
6. 自主学习的一种资源；
7. 对缺乏信心和经验的教师的一种支持。

Dudley-Evans &St.John 也指出了在 ESP 教学过程中使用 ESP 教材的四个重要原因：

1. 是语言的来源；
2. 作为学习的支持；
3. 能激发学习兴趣，调动学习的积极性；
4. 作为一种参考资源。

体系完整、结构合理的教材不仅有利于学生系统地学习英语知识，而且有利于他们发展各项语言技能，为英语教学的组织和实施带来极大便利。同时，还可节省教师的备课时间和精力，有利于他们在教学中创造性地使用教材，因此，编写出高质量的教材关乎英语教学的成败。教材编写既要发挥编写者的主动性和创造性，又要遵循教材编写的基本原则，以保证教材的质量。

二、ESP教材编写存在的主要问题

（一）缺乏教材研究与教材理论指导

教材建设作为一门学科或学问，远非通常理解的教科书或课本那样简单。国外对外语教材研究十分重视，德语中出现了"教材研究"和"教材理论"两个专有词汇，英国的 Luton University 很早就创办了"第二语言教材建设学"（12 Materials Development）学科硕士点，并于1993年成立了国际性学术组织"教材发展协会"（MA TSDA: Materials Development Association）。在我国，ESP教材编写者在教材建设方面几乎没有受过专门系统的培训，没有相关研究和理论指导编写的教材质量与效果可想而知。

（二）教材选用过于盲目随意

目前我国高校ESP教材选用没有一个统一的指导思想，教学材料大都由任课教师自行选用。任课教师的变动导致教材的变更，同一专业因授课教师不同，教材也大相径庭。有的教师随意选用英文原版专业文献，课与课之间缺乏连贯性，没有配套练习，很大程度上影响了学生的学习兴趣和学习效果；有的教师为避免备课，多年重复使用陈旧的教材，无法与相关领域国际最前沿信息知识接轨。

（三）教材难易度控制不当

由于有些ESP课程没有合适的教材，教师通常盲目照搬原版专业书籍中的部分篇章，读起来晦涩难懂，专业术语也没有相应的注释，难度大大超出了学生专业知识范围，未能体现教材循序渐进、难度递增的原则；还有些教材内容过于简单，是普通英语和专业词汇的叠加，学生除了学到一些专业词汇外，一无所获。究其原因，不外乎ESP教师在教材选用过程中忽略了学生作为ESP课程主体的现有水平和实际需要。Krashen对教学材料难易度的看法是：教学材料的难度应略高于学习者现有的语言水平（i+1），可理解的语言材料应该是学习者已掌握知识和新知识的有机结合，这样才能达到输入与输出的平衡。

（四）缺乏ESP考试、考核制度

大多数高校目前还没有建立起相应的ESP教学评价机制。教学必须采取相应的评价措施，而 ESP 教学又不同于一般的教学，不能用一般的教学评价机制来衡量，需要建立客观、公正、符合 ESP 教学规律和特点的评价机制。大部分 ESP 任课教师由于没有明确的教学目标，缺乏对课程相应的考试和考核，学生也就没有压力，ESP 课程往往收不到良好的教学效果。要想全面贯彻《大纲》，促进基础阶段后 ESP 教学的全面开展，制定出一套严格的考试、考核制度无疑是十分重要的。

三、ESP教材编写的重要因素与环节

（一）明确教学目的、重点与内容

教学目的是满足学习者的特定需求，着眼于知识面广、学有专长、强调培养独立获取信息、独立学习、独立解决问题的能力；教学重点是教给学生如何有效利用目的语作为载体来完成专业信息的交流或与专业相关的资讯活动；教学内容与特定的专业、职业有关，以专业知识的基本结构为框架，以具体的语言实践活动为平台，以科技、经济、法律等多元信息为承载内容。

（二）从"需要分析"入手进行课程设计

"需要分析"是进行 ESP 教学首要、基础的步骤，是寻求"教什么"与"怎么教"的过程。以"需要分析"为基础选择教材可以减少教材选用中存在的盲目性和随意性。

（三）在评价基础上选用教材

教材评估按照时间划分有用前评估（pre-use evaluation），用中评估（in-use evaluation）和用后评估（post-use evaluation）。用前评估的目的是将教科书与学习者目标、背景、信息等相结合，针对相应群体分析评估教材优缺点，选择适合学习者的相关教材，这也是对教学内容的初步筛选过程，在此之前应完成语境分析和学习者需求调查，这是教材评估的首要任务。接下来可选择教材中几个单元进行仔细分析，验证所选内容是否适合学习者。用中评估和用后评估通常以问卷调查形式进行，调查对象为学生、教师以及有相关需求的潜在教材使用者。

评估内容主要包括三个方面：

1. 教材内容选择。教材内容选择指该教材是否符合教学大纲提出的总体教学目标和要求，教材设计和编排是否符合当前具体的教学目标、师生的实际需求、学生当前的语言水平。

2. 教材内容组织。教材编排的先后次序应科学合理，符合由易到难，螺旋上升的原则。教材内容应具有启发性、多样性、针对性、趣味性、拓展性、灵活性和时代性。

3. 教材内容展示。教材内容展示除考察教材的媒介形式和版面设计的外观印象外，还考察温习材料、音像教材和多媒体教材配置是否合理等。

教材评估是一个重要的环节，通过对教材进行不断地评估，不断地修改和完善，才能提高教材的适当性和有效性。

（四）材料要有真实性

要选用真实的交际材料，采用实用语篇，即把真实材料放在一个特定的专业语篇环境中，表现特定语篇环境中的语用关系。教学中选择地道的语料对外语教学具有重要意义。众所周知，学习者接触的真实语言越多，掌握语言的能力越强。在英语非本族语的情况下，学习者很少有机会在真实的交际环境下听、说英语，地道的语料能使学习者最大限度地接触目的语。对符合需求的教材，还应进一步分析其"真实性"含量，确定是否"在目标方面迎合真实的交际需求，在选材方面具有真实的交际内容，在练习方面提供真实的交际环境和真实的交际任务"。

采用贴近现实生活、与时代和社会以及学习者自身发展紧密相关的材料进行教学有很多好处，更能吸引学习者的注意力，满足他们从另一种语言视角看待身边问题的好奇心，激发学习兴趣，使学习者对外语学习抱有好感，感到学习外语是一种乐趣，是一种不断发现新鲜事物的过程，这样学起来既轻松又富有成效。

应当注意的是，教材提供的语言材料不宜太难，应具有通用性、恰当性、实用性和趣味性。在语体上应尽量接近实际交际语言，在呈现方式与练习形式上体现英语学习的实践性，注意与教学法可操作性相衔接等。

（五）充分发挥语料库功能

语料库是存储在计算机中的大量口语、书面语或两者兼顾的一种语言或该语言某范围内一部分有代表性样本的集合，其功能有统计词汇频率和词汇意义使用频率、提供词汇使用语境信息、提供语法在语言实际运用中的信息等。语料库既可作为教材的语料源泉，又可作为教材的检验手段。ESP教材编写者为教材选编的语言素材要真实、地道、符合学习者周围的现实生活、符合学习者的实际需要。要满足这些要求，计算机语料库能提供一个有效的解决方案。基于语料库调查获得的语言输入，可以使学习者学到更贴近现实、更有实用价值的语言用法。因此在教材编写过程中要充分发挥语料库的功能。

（六）注重材料的多样性

多样性和趣味性是学习的调味品，可避免单调的重复，使学生精力高度集中。多样性包括：课文、录音、录像、广播、电视、报纸、杂志等媒体的多样性；陈述者、采访者、谈判者、评论者等角色的多样性；听、说、读、写、译技巧的多样性；政治、经济、文化、风土人情、科学技术等主题内容的多样性；描写、叙述、说明、议论、对话、独白等文体的多样性；准确度、流利程度、语音语调、篇章结构等焦点的多样性；练习形式和教学活动的多样性。

（七）借助图片增添信息，促进理解

配有图片的文字材料效果明显优于单纯的文字材料，因为图片能给人以除实物以外最为直观的感知印象，这一直观的感知印象能大大加速人脑新图式的建立和对已有图式的增添和修改。在教材中给难度较大的文字材料配上相关插图或照片，一方面，可以将学习者未能正确解读的材料内容大意以图画的形式呈现出来，迅速激活大脑中已有图式，加速自上而下的信息处理过程，促进理解；另一方面，配有精美图片的文字材料更具吸引力，能增加学习者探究的兴趣和欲望，缓解畏难情绪和消极心理，帮助理解。国外 ESP 材料一个鲜明的特点就是文字材料配备了大量生动鲜活的图片，这些视觉提示使得原本可能枯燥乏味的文字材料变得神秘，富有诱惑力，吸引着学习者深入其中探个究竟，对加深理解颇有帮助。

（八）遵循认知发展规律，循序渐进

人类的认知是有规律的，即由简单到复杂，这应该说是客观世界万事万物发展的基本规律。人总是遵循这一普遍规律并沿着认知发展的轨道认识世界，完善与发展自我。教材的设计与编写也要遵循这一规律，按照由易到难，由简单到复杂，由已知（学生已经掌握的知识）到未知（新知识领域）的顺序法则安排教材内容，循序渐进。

（九）通过测试了解学习情况，评价教学质量

测试是 ESP 教学的重要组成部分，是获取教学反馈信息的重要手段。测试对学生来说是再学习的过程，可以借此总结自己在学习态度和学习方法方面的经验教训；对教师来说，通过测试可以了解学生的学习情况，及时发现问题并加以改进。

ESP 课程测试主要有三种：

1. 分班测试（Placement Tests）

分班测试往往在课程开始前进行，目的在于了解学生英语水平的差异程度，以便妥善地按学生程度分班、组织教学。试题的区分度要高，这样才便于鉴别学生英语水平的差异。

2. 学业成就测试（Achievement Tests）

在课程进行中的任何时候或课程结束时进行，目的是检查学生掌握所学教材的情况是否达到教学大纲和教材要求，因此，试题不能脱离教学大纲的要求、超越教学内容的范围。学校里一般进行的测试，如期中考试、学期考试、毕业考试，都属于这类测试。除这些比较正规的考试外，教师还可以自己组织一些小测验以随时检查学生的进步，防止学生放松学习。

3. 水平（即熟练水平）测试（Proficiency Tests）

水平测试的目的在于检查应试者的英语熟练程度是否达到进行某种活动应有的要求，如出国留学、专业培训以及从事某项专业工作应有的英语水平等。测试命题不一定遵照教学大纲，也不局限于某一特定教材。这种考试往往有一定的参照标准，以此确定考生的水平。下面摘录的是英国文化委员会为在英国高校学习的学生制定的英语水平等级标准：

Band Description

9 Expert User: fully operational command of the language; appropriate, accurate and fluent with complete understanding.

8 Very Good User: fully operational command of the language; occasional minor inaccuracies, inappropriacies or misunderstandings possible in unfamiliar situations.

7 Good User: operational command of the language; occasional inaccuracies, inappropriacies and misunderstandings in some situations.

6 Competent User: generally effective command of the language, although occasional misunderstanding and lack of fluency could interfere with communication.

5 Modest User: partial command of the language coping with overall meaning in most situations although some misunderstanding and lack of fluency could block communication.

4 Limited User: basic functional competence limited to familiar situations, but frequent problems in understanding and fluency can make communication a constant effort.

3 Extremely Limited User: below level of functional competence, although general meaning can be conveyed and understood in simple situations there are repeated breakdowns in communication.

2 Intermittent User: no real communication possible although single –word messages may be conveyed and understood.

1 Non–User: unable to use the language or does not provide relevant evidence of language competence for assessment.

水平测试以检查应试者的英语熟练程度是否达到进行某种活动应有的要求为目的，比较适合 ESP 课程的特点。由于测试参照标准直接影响测试效度，在制定参照标准时要做到客观、全面、合理。

四、ESP材料设计模式

对 ESP 材料的设计要充分考虑以下四个要素：

1. 输入（input）

根据需要分析，输入的可以是一篇短文、一段对话、一张图表或一段录像等。输入可以刺激推动教学活动的开展、提供新的语言知识、展现语言使用的正确模式、确定交际主题、促使学习者运用已有的信息加工处理技能以及为学习者提供运用已有专业知识和语言技能的机会。要实现输入的诸多功能，学习者对语言输入的注意程度是关键因素。影响注意程度的因素有四类：①语言输入质量；②语言输入所强调的重点；③对处理语言输入所提出的要求；④学习者的个体差异。为使学习者合理配置有限的注意力，就要采取提高注意程度的措施。在输入时，注意关键信息出现的频率（frequency）及其显眼度（salience）。

2. 内容中心（content focus /content）

指"输入"中有意义的交际内容。语言本身并非活动的终结，而是一种用以传递信息、感知事物的方式。通过语言传递的"输入"中有意义的交际内容（专业知识）使得教学的交际活动更有意义，通过教学材料使学习者了解相关领域的专业知识是"内容中心"所在。

3. 语言中心（language focus/language）

即"输入"中必要的语言知识。没有必要的语言知识，交际任务与活动就无法正常进行。因此，要发挥语言的实际应用功能、实现语言的交际目的，就有必要使学习者掌握语言的知识技能。一定的语言知识的传授在 ESP 教材中是必要的。以上 2 和 3 说明 ESP 教学材料输入部分要做到专业知识与语言知识两者兼顾并有机结合。

4. 任务（task）

任务即操练所学内容和知识。语言学习的最终目的是应用语言。因此，材料的设计要引导学习者最终能够运用所学的语言和专业知识来完成相关领域的交际任务。换言之，材料设计以及围绕材料展开的教学活动最终要落实到学习者的任务实践上。

ESP 课程是一门实践性很强的课程，教材的编写更是一项浩大而又烦琐的工程。教材不只是语言教学内容、专业教学内容以及教学方法的内部研究，还要考虑实现教材功能的方法、途径和技术手段，使得教材从功能、内容、结构一直到信息表现形式等方面充满时代气息，与专业领域的发展紧密相连。教材的设计涉及到社会学、心理学、信息学、教育技术学、计算机科学等学科的跨学科研究，远非英语教师的知识与能力所及，需要媒体专家、信息专家、计算机专家以及其他学科专家的通力配合才能编写出一套成功的、满足学习者需求的教材。目前，国内不少 ESP 课程原封不动地采用原版教材的做法是不可取的，原版教材不一定符合我国学生的实际水平，也不一定能满足我国学生的实际需要，在内容和难易度上很难把握。鉴于国外 ESP 教材建设已经十分完善，笔者建议充分利用国外丰富的教材资源与经验，结合学生实际情况，对国外原版 ESP 教材进行筛选，请相关领域专家协助对其整理、改编，这样的教材比教师独立撰写的教材在质量上更有保证。

第五章 双语教学

第一节 双语教学的含义

"双语"（bilingualism）这一术语来自拉丁语。布龙菲尔德（Bloomfield, 1980）将"双语"定义为"如果学外语学得跟本地人一样，同时，又没忘掉本族语，这就产生了双语现象"。孙旭东认为，双语（或双语现象）是指在某一社团中，人们平行使用两种语言。一般来说，双语是指个体（或群体）掌握两种语言，并使用两种语言进行正常交际的方式。例如，在一个同时使用两种不同语言的地区，语言使用者经常会面对两种语言的选择，他们不仅熟练地掌握这两种语言，而且能在各种语境中，根据需要进行两种语言的转换。在美国双语主要指熟练使用英语和西班牙语，在加拿大是英语和法语，在新加坡以及我国香港和澳门地区主要是英语和汉语。

对双语教学的理解因各国语言环境和教育取向的差异而不尽相同。王宗炎在《英汉教学语言学词典》中对双语教学或双语教育的定义是：在一个国家里，使用两种语言授课。双语教育可以有以下几种不同的类型：（1）在某些特种学校里，不用母语而另选一种语言作为教学语言。这种做法有时称为沉浸式教学（immersion programme）；（2）学生初进校时，用母语授课，但是逐步过渡到部分科目使用学校规定的另外一种语言教学，这种做法有时称为保留性双语教学（maintenance bilingual education）；（3）学生刚进校时，部分或全部使用母语教学，后来转为仅使用学校规定的另外一种语言教学，这一做法有时称为过渡性双语教学（transitional bilingual education）。M-F.麦凯认为，双语教学是以两种语言作为教学媒介，且其中一种语言常常是但并不一定是学生的第一语言。Garcia 把双语教育定义为"在学校里运用第二语言或外语教授知识性科目"。张维佳指出，教师在学科教育中交互使用本族语和外语甚至完全使用外语进行教学活动，以满足学习者的工具型动机（instrumental motivation）和综合型动机（integrative motivation）。美国教育理论家鲍斯顿的阐述更为全面："是对同一学生群体，运用两种语言（母语和一门外语，通常是英语）进行各门学科的教学，一个完美的双语教学应该培养学生的自我认同感与两种文化的自豪感。"

上述"双语教学"的定义虽然没有明确界定掌握本族语和外语的程度，但都表明：

1. 双语教学是以学习者的外语为媒介来学习知识，使学习者本族语和外语的使用能力均衡发展，目的是培养两种语言（双语）的高水平使用者；

2. 双语教学有同时提高学生专业能力和运用外语能力的双重功效。也就是说，双语教学是在学科教育中用两种语言作为教学媒介语，通过授课语言的运用培养具有较高本族语和外语能力的高水平"双语人才"。

需要指出的是双语教学不包括下列情况：第一，全部教学仅仅使用一种语言而这种语言并不是学生的第一语言；第二，在教学过程中使用同一种语言的两种变体如标准形式与方言形式；第三，一切学科教学用语为学生的第一语言，第二语言只是作为一门课程；第四，以第二语言为手段进行第一语言或其他语言学科的学习。

双语教学不是语言教学。语言教学以语言的讲解和训练为中心，双语教学是以讲授专业内容为中心，英语只是师生课堂交流的工具。双语教学虽然是以专业知识的学习为中心，但"它能比较省时、省力地培养学生的语言能力，尤其是第二语言的能力"，正是这种一举两得的效用使双语教学在世界各国受到普遍重视。

第二节　双语教学的发展历程

一、国外双语教学的发展历程

双语教学的历史可追溯到 18—19 世纪的美国。当时一些民族学派语言学团体（ethnolinguistic group）将他们自己的非英语语言誉为超越新大陆英语的文化标志，是公司和贸易的商业象征，因而在 19 世纪的美国由民族学派语言学团体建立的双语学校比比皆是。这些学校的教学采用两种语言：该团体确认并通用的语言以及新大陆主流语言即英语。同时，在世界各地此类民族学派语言学团体为许多学校提供了双语教学的资源。这一时期的双语教学还只是停留在提高外语教学的元语言学的水平上。然而，随着 19 世纪末 20 世纪初公共教育事业的全面发展以及民族主义的出现，双语教学被终止，代表着少数征服者语言团体的单语教学为全世界教育系统所接受。

1928 年国际教育局（IBE）在卢森堡召开第一次双语教育会议，提出了"双语教学"的概念。真正出现正规研究，突破双语教学元语言学范围的双语人才的培养是在二战后，特别是六十年代后，非洲国家的独立，亚洲、欧洲及美洲国家本土文化生命力的日益强大，美国民权运动的兴起和全世界移民动态分布从某种意义上引起了全世界各民族对种族渊源和种族地位的更大兴趣，从而导致了所谓的"弱小"民族保卫并继承传扬本民族语言的极大欲望，单语教学由于其语言排它性而受到公开批评指责。世界政治形势导致了世界各国双语教育规划的开展。

根据联合国教科文组织拟定的 S.G 国际人素质，在设立语言熟练程序素质拟定上，以美国外交学院（the U.S.Foreign Service Institute –FSI）设立的语言熟练程序测定方法为基准，受到很多国家双语教学界的首肯，并作为双语教学能级的测评定位参考标准。美国外交学院颁布的语言熟练程度评价测试标准法，一举掀起了双语教学实验研究模式的高潮。从 20 世纪 60 年代初，特别在早期的学校教育阶段，母语与主流语言共同使用成为学校教学发展的新趋势。

60 年代是美国公民权利运动深入发展的时期，美国传统的双语教育制度就是在这一政治背景下形成的。它最早起源于佛罗里达州南部，当时那里有不少来自拉丁美洲的难民，这些难民为了日后重返家园，就要求当地教育部门不仅为他们的子女提供英语教育，也提供西班牙语教育。当局答应了他们的要求，结果这些孩子的学业成绩优于佛罗里达州其他地方的单一英语儿童。由于这一成功的双语教育例子，得克萨斯州的一名议员便呼吁联邦政府拨款资助学校，为墨西哥移民的孩子提供英语和西班牙语双语教育。当时也有一些研究报告表明单一英语教育对墨西哥裔移民儿童的自尊心有伤害作用，使大量墨西哥移民孩子辍学。当时，墨西哥移民儿童的辍学率高达 60%。1968 年美联邦通过了"双语教育法案"。根据这一法案，联邦政府每年向实施双语教育项目的学校提供资助以鼓励学校进行双语教育。其后，各州先后颁布双语教育法令。例如。马萨诸塞州在 1971 年颁布了双语教育法令，该法令规定：如果讲同一语言的非英语儿童人数达到 20 人以上，学区就要为他们提供过渡型双语教育。

美国的"双语教育法案"保证了来自不同语言背景的学生与拥有英语背景的学生受到平等的教育机会。受美国的影响，曾经坚持单语教育的欧洲国家如英国、西班牙等也开始对少数民族地区实行了双语教学，威尔士和西班牙分别在 1967 和 1978 年将双语教育措施列入法案；1974 年新西兰政府将毛利语设为除英语以外的第二官方语言，毛利血统的新西兰人学校都以两种语言授课；1973 年菲律宾宪法规定英语和菲律宾语均为官方语言并在学校教育中采取了双语教学，为亚洲国家学校的双语教育或多语制的成功积累了经验；印度的许多学校采用了三语教学，即英语、印地语和本土语言均可用于学校非语言课程的教学；非洲许多国家自独立起对本国的语言政策进行了调整，比如在坦桑尼亚，初入学的孩子用母语教学，到小学四年级开始加入斯瓦希里语和英语，随着年级的升高，不同语言量不断变化。高校用英语教学的课程占很大的比例，英语和斯瓦希里语成为该国的官方语言，母语作为种族语言的标志，斯瓦希里语成了不同种族部落间进行社会、商业、文化交流的族际通用语（lingua franea），而英语则成了政府部门公事、外交、执法或正规教育等方面使用的高效率语言。

世界众多国家和地区的双语教学中，卢森堡的三语教育、欧洲语学校的多语教育和加拿大的双语教育取得十分理想的效果，值得我国借鉴。

1.卢森堡的三语教育

卢森堡地处欧洲两大强国—德国和法国之间，已成为欧洲经济网络的枢纽地带，这使得卢森堡国民普遍掌握了德语、法语以及本国的卢森堡语。学校实行三语教育，即儿童在幼儿园以及小学一年级时就要以卢森堡语，即他们的母语，作为教学语言。而在小学二年级以上和中学则分别采用官方行政用语的德语和法语作为教学语言，逐渐取代卢森堡语。在这种三语教育体制下，卢森堡学生能熟练地掌握三种语言。

2. 欧洲语学校的多语教育

为提高外语能力、消除语言障碍，欧洲实施了"欧洲语学校多语教育计划"。在该计划中，同一课程用九种不同的语言开设。家长可以自由选择某一语种让儿童接受教育。同时，学生还必须选修英语、法语或德语中的任何一门作为第二语言，这被称为"工具语言或媒介语言"，并作为一些主要科目的教学语言。自三年级以上，儿童必须参加专门为练习欧洲语言的混合语言小组活动（"European hours" for mixed language group activities），旨在促进各种文化的交流和融合。此外，学生还必须学习第三种语言，起初作为一门语言课程来学，以后则作为一些科目的教学语言来学。

令人惊奇的是，在这些欧洲语学校学习的学生不仅能熟练地掌握三种语言，而且由于同伴之间的互相学习，即使学校不教授第四种或第五种语言，学生也有可能学会，从而成为真正的多语者。

贝滕斯·比尔德斯摩（Baetens Beardsmore）把"欧洲语学校多语教育"的成功归因于课内与课外的因素以及被他称之为"迅速有效的关联"因素。因为这些因素能给予学生短期和长期的回报，短期的回报是学生能有机会在课内外使用社会交往的主要语言和其他多种语言。长期的回报是在欧洲各主要大城市为多语者提供好的工作前景。在这种教育体制下，学校周围环境以及团体之外多语的特征不仅能为学生提供使用语言的令人目不暇接的机会，而且能促进他们用这些语言进行交流。

3. 加拿大的"沉浸式"教育

加拿大1967年制定的"官方语言法案"使"沉浸式英法双语教育规划"得以实施。由于殖民历史原因，加拿大形成了"英语加拿大"（除魁北克省以外的大部分地区）和"法语加拿大"（以魁北克省为主）并存的局面。基于经济保护和文化保护的考虑，一群英语加拿大人认为他们的孩子应该学会法语，以便与魁北克社会完全融为一体而成为真正的双语者。于是在圣·兰伯特学校进行了著名的"沉浸式"（Immersion Program）教育实验。那些以英语为家庭语言的儿童在学校教育的一开始就只通过法语接受教育，这样让操英语的学生们沉浸在法语里直至受完中等教育。沉浸式双语教育的结果令人惊奇，圣·兰伯特学校的学生不但掌握了英语也掌握了法语，并能熟练使用。沉浸法由此流传开来，现在已颇负盛名。

从教育语言学的观点看，把某种语言作为课程的教学用语十分重要。因为课程的学习为学生在语言、认知和智力的发展提供了丰富的内涵，并使人的思想产生深刻的变化。由于语言和思维的有机联系，如果在学习、思维、解决问题、日常交流上积极使用某语言，那么该语言会在自然而然、无意识的状态下得到熟练地掌握。社区语言的使用对学习课程也有帮助，因为它为学生的活动提供了有现实意义的、可靠的联系。

实际上这也是"沉浸式"教育成功之所在。相反，如果把语言只作为课程来学习，语言往往被限制在课堂内，课堂外无法使用，会带来这样一种负面影响，即学习者与这种语言结构的学习脱节，学习者的经验与该语言所表述的真实世界不能产生迅速的关联，不利于语言学习。而当一种语言不是积极地、持续地被用来思维、阅读、写作、交流或相互影响的话，语言学习很难有进展。

随着国际交流越来越频繁，双语开始逐步受到重视，其学习和应用已成为一座相互交流往来的桥梁、一个国家文明程度提高的标志，可以说，双语的普及是世界的潮流。欧洲许多大学用英语讲授自然科学、哲学和经济学课程，不少公司内部职员也用英语沟通交流，如法国的电信巨头阿尔卡特公司。在瑞士塔维尔等城镇的小学已开始用英语教数学，学生会用英语进行日常对话。东欧各国年轻一代大学生几乎都不学习俄语，而对英语的兴趣却与日俱增。南联盟的中学英语教材难度相当于我国的"大学英语"。

世界范围的双语教学一直持续至今，方兴未艾，而且出现了第三语，乃至多语教学实验及办学模式，甚至把计算机等人工智能语言也加入到了人类自然语言之列。难怪美国未来学家奈斯比特在他的《大趋势》一书里在谈到未来教学的语言趋势时曾说道："美国公民要想得到真正的成功，就必须要通晓三种语言：流利的英语、西班牙语和电脑语言。"如果把他的预测加以概括，那就是要通晓母语和一门外语，外加网络时代的电脑通用语言，即双语学习的自然语言加上电脑的人工程序语言。双语学习或教学已经突破了传统的语言教学的狭小空间，正在汇入21世纪教育信息化所促成的教育国际化的偌大教育时空之中，使双语教学在新世纪的网络学习与教育变革中被赋予全新的时代内涵，并越来越引起各国教育人士的关注，从而成为21世纪全球新一轮教育改革大趋势之一。

二、我国双语教学的发展历程

我国的双语教学与翻译源远流长。早在东晋时期，诗人谢灵运就是一位翻译高手。唐宋时期，从事翻译工作的人大有人在。唐朝有专门的佛经译场，宋朝成立了译馆，明代设有沅洋语院，清朝设立了同文馆。

鸦片战争后，西方传教士在通商口岸地区建立以华人为教育对象的教会书院。道光二十三年英国传教士理雅在香港建立英华书院，这是西方传教士在华建立的第一个书院。道光三十年上海出现清心书院。咸丰三年美国公理会在福州创立福州格致书院。教会书院的教学内容分为三部分：一是宗教内容，系一般教会书院所必备；二是汉学部分，包括汉语识字教学或四书、五经中的某些内容；三是西学，这是教会书院的主要教学内容，包括西文、社会科学、自然科学等。西学被越来越多的人接受，西式书院的教育影响越来越广泛。中外交涉的日益增多和外务的紧急需要促使清政府于十九世纪六十年代初兴办了以培养外语翻译人才为主的京师同文馆、上海广方言馆、广州同文馆等学堂。洋务派创设同文馆，将西文和西艺引入课堂，效法西方采取班级授课，这是对中国传统儒学内容和个别施教方法的一次革新和突破。虽然同文馆存在教学质量不高、后期管理不善、不重视西政学习等弊端，但它毕竟开创了中国人兴办西式学校的先河，对中国新教育的发展具有划时代的意义。从历史的观点审视，洋务教育办同文馆，开创了双语型新学校办学模式之先河。同文馆的产生标志中国近代高等教育的发轫，也是双语教学模式首先在大学的发轫，它是我国近代第一所过渡性高等学校。此外，洋务派还创办了军事学堂和科学技术学堂，聘请英、法、德等国的外籍教官，这应该是中国历史上最早的双语学校了。

洋务兴学后，维新运动倡导"财务学堂"。光绪皇帝筹办京师大学堂，奉行"中西并重，以西学为学堂之一门，不以西学为学堂之全体。"双语教学主体语言地位亦为御批钦定。此时积极筹建新式学堂，旨在双语双文人才培养双管齐下。其中天津海关海盛宣怀1895年于天津创办"西学学堂"，1897年上海创办"南洋公学"。前者分头等学堂（高等学校）和二等学堂（中等学校）两级，并聘请美国学者丁家立为总教席。教学科目除"中学为体"四书五经外，以机械、工程、电学、矿务、机器为主。此举把双语双文与中学西艺双艺结合起来，在教育史上有一定的实用人才学的进步意义。维新派推行西学，积极效仿西人教育，促进了我国大学近代化进行双语教学。

除国内兴办新式学堂外，清朝亦致力于海外留学教育。初期以语言文字学科为主，后期致力于武备、科技、海运、工程，派遣学生遍布英、法、德、美、日等国，成为我国早期的双语双艺人才，其中不乏学贯中西的近代著名学界大家。

民国时期传教士在推广西方教育方面作了许多实际工作。教会大学先后建立起来，如金陵女子大学（1913年）、福建协和大学（1915年）、金陵大学（1917年）、齐鲁大学（1917年）、燕京大学（1919年）等。据统计，民国六年（1917年），外国创办的初等学校占中国学校总数的4%，中等学校占11%，高等学校则占80%。

民国时期任北大学长的蔡元培，领双语教学之先，使中国各大学培养双语理工人才，倡导公办留学以造就更多双语师资。天津大学前身中国第一所大学北洋大学以及南开大学深受北大影响，成为重要的文理双语人才培养基地；而南方的陶行知的生活教育实验，开创了双语生活教育模式的先河，并影响了南方诸大学。到国民政府时期，大学教育体制已基本完成了诸如学分制、学位制、课程设置、双语教学语言制（即英文）和理工西学技艺，采用原版教材，洋人或熟练外语人才外语授课制，如上海、南京等地的教会学校以及清华、交大等名牌大学都曾使用英语讲授文、理相关课程。

解放初期曾一度掀起俄语为第二大语种的双语教学。改革开放后，尤其是90年代后，全球经济一体化和教育国际化更加促进了外语教学向双语人才培养的方向发展。然而，由于语言环境、外语师资、考试制度等诸多不利因素，使得双语教学实验模式种类繁多、混杂，真正的双语型办学模式还不成熟。

第三节　国外双语教学的主要模式与启示

一、国外双语教学的主要模式

当今世界上有许多二元或多元文化国家根据本国的具体情况实施了双语教学。不同国家实行双语教学有不同的模式，粗分为维持性双语教学（maintenance bilingual education）；过渡性双语教学（transitional bilingual education）；沉浸式双语教学（immersion program）；双向／多向性主流双语／多语教学（two/multi-way mainstream bilingual/ muhilingual education）；主流语言＋导入外语／二语课堂（Mainstream + withdrawal foreign /second language class）等。其中影响较大的有：维持性、过渡性和沉浸式双语教学。

（一）维持性双语教学

维持性双语教学体现在对持小语种民族学生用两种语言授课，两种语言被划分开来，不同民族的教师用不同的语言上课。学生刚进入学校时使用母语教学，然后逐渐地使用第二语言进行部分学科的教学，有的学科仍使用母语教学。这种教学的目的在于维持发展少数民族语言和文化历史，同时，也让学生全面掌握主流社会的语言和文化。既为少数民族继承丰富发展本民族语言创造条件和机会，又符合主流社会繁荣兴旺社会文化多样性之前景，达到民族文化融合的目的，使学习者运用两种语言进行学习与交流的能力得到较为平衡地发展。加拿大以"遗产语言双语教学"的名义支持维持性双语教学；美国的公共教育基金对此支持不大，但以此为目标的私立移民学校较多，培养出的学生两种语言的读写和表达能力较强；非洲许多国家独立之初为了重振民族文化和民族精神，采用了维持性双语教学，而后逐渐转向中小学以本民族语为主要教学语言而大学和高等院校以英语教学为主。

（二）过渡性双语教学

该模式是为低外语水平学生，特别是移民儿童提供的最流行的双语教学模式。对于缺少语言环境的国家和地区，过渡性双语教学是一种比较可行的选择。过渡性双语教学可以从两个层面去理解：一是语言的过渡，二是学科的过渡。最初外语（如英语）只作为一个科目来学习，其他科目仍用母语进行教学，然后逐渐过渡到用外语教授各个科目。当这些学生具有一定程度的外语熟练水平（通常学习的最长时间限制在三年），他们就被安排到纯第二语言课堂继续学业。因此，该模式首先是通过母语教学与外语教学结合起来，使学生在学业起始时不致掉队。但最终目的是向纯外语教学过渡，母语的存在仅仅是一种转换方式，从而同化受教育者，达到同化或消融别国语言和文化的目的，所以又称为替代型双语教学。

过渡性教学模式起源于20世纪50年代的卢森堡。由于当时有许多各国官员的子女进入当地学校，无法使用统一的语言教学，因而就制定了各学校使用欧共体成员国官方语言的教育规划。为了让学生同时掌握两国或多国官方语，学校根据本校学生的不同情况分为数个语言区，总共包括11种欧共体国家的官方语：丹麦语、荷兰语、英语、法语、芬兰语、德语、希腊语、意大利语、葡萄牙语、西班牙语和瑞典语。教学初期，对来自不同国家的学生用该国的官方语言进行教学，同时开始二语或三语的学习，教学逐渐由单语转向双语或多语，各语言区的学生群体也开始混合。该模式主要在欧洲国家的学校盛行，如今这类学校已成为由欧共体成员国各国教育权威部门属下的公立教育机构。

各国的过渡性双语教学和世界经济导向有着极为密切的关系。在国际交往中最常用的语言往往是从教学语言过渡发展来的。新加坡独立增加了国民受教育的机会，最初学校教学语言以汉语为主，英语作为二语存在。但几年后，各种族背景的学生都纷纷转向用英语作为教学用语的课堂和学校，最终导致目前英语成为学校教学的主流语言和第一国语，而汉语、马来语及泰米尔语退居为强制性第二语言。

过渡性双语教学在美国也较为普遍，它反映了美国社会的"熔炉"理论。美国是一个移民国家，一贯奉行"大熔炉"式的同化教育政策。20世纪60年代，由于大量拉丁美洲移民的涌入以及公民权利运动的影响，美国逐步形成了过渡式的双语教育制度。从一年级开始，学科教育（如数学、社会、自然等）用学生的母语（绝大多数是西班牙语）进行，同时将英语作为第二语言学习。过渡式分为早期过渡和晚期过渡两种形式，早期过渡一般是在学生学习了两年英语后，就将学生编进正常的全部以英语为教学用语的班级；晚期过渡可以允许40%的教学时间用学生的母语进行教学，到6年级时，再把学生编入正常的英语班级。

在过去的30多年时间里，美国的双语教学模式有所发展，除了过渡式外，还有发展式和双向式两种模式。发展式双语教学和过渡式类似，所不同的是它不限定将学生编入主流英语班的时间，而是要等到学生基本上掌握了两种语言之后，才将他们编入正常的英语班级。另外，发展式双语教育把儿童的母语看成是一种宝贵的资源来强化和保存，而不是用英语来取而代之。发展式双语教学强调两种语言具有同等重要的地位，并努力激发和培养移民儿童对自己母语的信心和尊崇。双向式教育模式是将非英语儿童（如西班牙语儿童）和英语儿童编入同一个班级，并以一定的方式和比例确定两种语言的使用时间。如在这一周内，上午主要用西班牙语教学，下午主要用英语教学；下一个星期里，上午主要用英语教学，下午主要用西班牙语教学。由于孩子们在一起学习、交谈和活动，英语儿童可以从西班牙语伙伴那里学习纯正的西班牙语；反之，西班牙语儿童则可以从英语伙伴那里学习纯正的英语,经过4至6年的学习,班上所有的儿童都掌握了两种语言。

需要说明的是,美国虽然有几种双语教育模式并存,但绝大多数学校都采用晚期过渡式。因此,过渡性是美国传统双语教育的基本模式。

自60年代美国传统双语教育制度形成之初,对双语教育的指责就从未停止过。特别是近年来,民众对双语教育的批评越来越激烈,甚至还成立了一些旨在废除双语教育的民间组织。最主要的批评是接受双语教育学生(尤其是移民学生)的英语水平提高太慢,于是如何尽快提高他们的英语水平便成为社会和家长关注的中心问题。在这种情况下,一场取消传统过渡性双语教育、提高学习英语效率的双语教育改革运动出现了。

改革主要以教育立法的形式进行。受加拿大沉浸式双语教学实验成功的启发,改革内容是用为期一年的英语沉浸式教育取代传统的过渡性教育。拉丁裔移民最多的加利福尼亚州率先于1998年6月通过了改革法案,几年来的评价结果表明接受沉浸式教育儿童的英语水平和学科成绩都有较大幅度的提高。亚利桑那州于2000年11月通过了和加州类似的改革法案,马萨诸塞州也在2002年11月通过了改革法案。如果这三个州的双语教育改革成效显著,势必会有更多州加入目前的双语教育改革运动。

(三)沉浸式双语教学

沉浸式双语教学即第二语言在整个教育过程中与学生的第一语言同时当作教学语言使用,比较适合于有第二语言环境的国家和地区使用。

沉浸式源于加拿大圣·兰博特学校。加拿大是双语社会,在加拿大有英语使用者和法语使用者。其中大约80%的加拿大人讲英语,其余的20%讲法语。加拿大有两种官方语言:英语和法语。60年代中期,居住在魁北克地区以英语为母语的加拿大人为更好地融入社会,希望自己的孩子在英语之外也掌握法语,而以法语为母语的魁北克加拿大人又一直想通过使用和教授法语来维护其文化的民族性。为了让母语为英语和法语的学生都能流利地使用两种主流社会语言,圣·兰博特学校进行了沉浸式双语教学实验。在这项教学实验中,根据语言将学生分为两组:一种是以英语为第二语言的学生,另一种是以法语为第二语言的学生。每组学生从一开始就沉浸在第二语言的环境中。所配备的双语教师懂得学生的母语,当学生使用母语时,教师要即及时地给予第二语言的指导。

兰伯特在比较了在同样社会文化背景中讲单语(法语)和双语(英语和法语)的学生后,得出结论:讲双语的学生在智力测验中所获得的成绩比较高。随即又修正了结论:讲双语的学生在完成需要智力方面的灵活性和创造性的一些任务中占有优势。该教育规划获得了极大成功,使沉浸式双语教学得到迅速传播并为其他国家的教育部门所接受。

受加拿大沉浸式双语教学实验的启发，美国许多地区也采用沉浸式双语教学模式。不过它们的模式与加拿大浸没法双语教学模式恰恰相反，学生开始上学时使用母语学习。第二语言是逐年地一点一点地导入到学科教学中的。

美国在西班牙移民社区还成功地实施了双向性双语沉浸式教学（two-way bilingual immersion program）模式的实践。对初入学的孩子以90%西班牙语对10%英语的比例教学，逐年以10%的量更替，到五年级时两种语言在课程设置中的比例达到持平。美国教育部门对双语教学评估证明：无论是小语种使用者或大语种使用者都从中受益匪浅，掌握了高水平的双语表达和读写技能。

二、国外双语教学模式的启示

从某种意义上说，一些国家或地区采取不同的双语教学模式都有其相应的社会意图与教育目的：有的是为了达到同化或消融别国语言文化和目的；有的是为了达到民族文化融合的目的，使学习者运用两种语言进行学习与交流的能力得到较为平衡地发展。通过比较可以看出，母语在各模式中的地位有所差别，最终导致的结果也相应有所差别。对于母语与外语所传承的文化在不同模式中地位不同，教学模式也有所不同。

我国素质教育背景下的双语教学改革与实验对双语教学的选择与探索十分重要，直接关系到我国人才培养的目标定位与母语（汉语）的地位。从对国外双语教学模式的分析中可以获得以下启示：

（1）对国外双语教学模式借用到我国目前的双语教学改革实验中，应当慎重而有所选择。在不同的双语教学模式中，对母语的定位是不一样的。从长远来看，选用何种类型的教育，把母语作为一种价值转换还是认识文化的途径，必须加以清楚界定。

（2）素质教育背景下的双语教学定位绝不能让外语取代母语的位置，更不是导致文化疏离，应强调母语的价值，并认可非母语文化，从而形成对母语文化的归属感和对非母语文化的认同感；应跨越单纯的语言教学鸿沟，更多地从培养适应经济竞争的具有不同国家、民族间相互沟通与协调能力的人才入手，进行跨文化的国际理解教育。

第四节　全面推广双语教学的必要性

双语教学的优越性有目共睹，且已被许多国家的教学实践证实。相关文献经常提到的优越性有四个方面：

1. 提高专业文献阅读能力；
2. 提高口语能力；
3. 有利于加深对专业知识的理解；

4. 有利于理解学科前沿理论知识。

推广双语教学是扭转目前我国大学英语"费时低效",提高学生英语能力的最优措施。这是因为:

1. 教学语言能改善语言环境,增加学习者接触英语的时间,对促进外语语言能力的生成具有极其重要的作用。双语教育是以学习者的外语为媒介来学习知识,使学习者本族语和外语的使用能力均衡发展,目的是培养两种语言(双语)的高水平使用者。

2. 双语教学可同时提高学生的专业能力和外语能力。学生不仅掌握了会计、金融、法律等专业知识,而且长期沉浸在以英语为媒介的教学中,能操一口流利的英语。

3. 双语教学的实施和推广促使高校打破学科教育体系中教学语言单一的现状,推动高校教学语言的改革。

应社会对双语人才的强烈需要,2002年教育部在《普通高校本科教学工作水平评估方案(试行)》的通知中明确提出了"双语教学",并作为一个重要的评估指标。通知要求高校要积极推动使用英语等外语进行公共课和专业课的教学,特别是在信息技术、生物技术、新材料技术、国际金融、法律以及国家发展急需的专业领域开展双语教学,对高校开展双语教学的范围定了位。可以推断,高校双语教学应定位于那些国外处于领先地位,同时,对我国经济发展具有重大影响的学科领域。各高校积极响应号召,迎接挑战,研究实施双语教学的有效模式。"清华大学1440门课程中,已有54门全部用英语授课;北大有30多门课程,中山大学有8门课程采用原版教材;复旦大学引进哈佛大学全套课程的7600多种教材"。广东省提出了更高的要求:将英语确定为部分课程的教学语言,并逐步使其成为与普通话地位相同的教学语言。我国高校的双语教学已经迅速开展起来,目前双语教学在各高校的课程体系中已占有相当比例,且有逐年上升的趋势,双语教学必将成为新世纪中国高校教学语言改革的亮点。

第五节 双语教学存在的主要问题

一、对"双语"和"双语教学"的实质缺乏正确理解

致使双语教学出现偏差教学目标是教学体系建构的出发点和归宿,是课程设置、内容选择、教学实施与评价的依据和标准。没有正确的目标导向,教学过程必然是盲目、混乱、无序的,教学无法取得成功。由于对双语教学的教学目标缺乏正确的认识,有人将"双语"理解为"加强英语",从而大办特办"英语强化班"。有的教材使用英文原版,但教师课堂讲授、与学生交流依旧使用中文或很少使用英文,作业和考试也均使用中文。这实际上不是真正的双语教学,只能是双语教学的初期或过渡阶段;也有的使用英文原版教材,教师课堂讲授、与学生交流也使用英语。但讲授内容均是

学生已经学习过的，这也不是双语教学，因为这种教学的目的不再是使学生熟悉专业内容而是熟悉语言，是语言教学。这样的方法势必造成人财物和时间的极大浪费。

这一现象普遍存在的根本原因在于教学管理者和教师对双语教学的实质和目的缺乏正确认识。双语教学的实质是以英语作为教学媒介语的学科教学，有着既要提高学生英语水平又要完成学科教学的双重目标，是"学科教学"而非"语言教学"。双语教学的目的是培养高水平的双语人才，因此，教学中无论是传授知识还是解答问题，教师都要坚持使用英语，向学生提供较多的语言输入信息，让他们在无意识的情况下更多地接触英语。

二、缺乏成熟双语教学理论与模式指导、缺乏科学的信息反馈和教学质量评价系统

具体表现在以下四个方面：
1. 对双语教学重要性认识不足；
2. 对双语教学师资培养和课程设计缺乏长远规划；
3. 对开设双语教学班级或教师缺乏必要的条件审核；
4. 对双语教学质量评价不够科学。

第六节　双语教学的改进策略

一、高度重视双语教学、加大投入

目前对高校双语教学的成效普遍不十分认可，究其原因主要有两个方面：一是开展双语教学的时间较短；二是双语教学课程比例较小，没有形成规模。双语教学的成效并非短时间内可以显现。总体上看，我国高校双语教学尚处于初级阶段。因此，各高校必须有长远规划，高度重视双语教学，加大投入力度，逐步提高双语教学课程比例。

二、正确理解双语教学、重视双语教学师资培养

双语教学的正确方向是培养既了解本专业国际前沿知识又具有很高国际交流能力的高级人才。国际交流能力包括书面和口头两方面，而口头交流能力不足是我国大多数毕业生所面临的尴尬。现在大多数双语课程仅将英文原版教材作为学习材料，教学语言仍然一味地使用汉语，这种双语课程只能使学生了解原版教材的知识，对提高国际交流能力作用不大。双语教学必须使用一定比例的英语做教学媒介，并逐渐向全部使用英语做教学语言过渡；双语教学必须创造师生之间、学生之间使用英语围绕所学专业知识进行交流的情境。这对双语教学师资提出了极高的要求。双语师资的培养是

独立组织的双语教学模式的核心工作，决定着该模式的成败，必须引起学校足够重视。上海财经大学主要是通过将专业教师派往国外学习的方式培养双语师资，这种方式虽然收效显著，但投入较大。各高校可以通过聘请有国外留学经历的人员作双语课程的教师或者通过英语教师协助专业教师加强英语学习以达到双语课程的教学语言要求。

三、对双语课程进行必要的审核

双语课程与普通课程不同，学校、教师和学生的投入都相对较高，教学效果不佳将造成极大浪费，并影响双语教学的进一步开展，因此，对准备开设的双语课程进行审核非常必要。教学管理部门在审核双语课程时，至少要考虑以下三个方面：

1. 该双语课程对学生专业发展的作用。

实施双语教学需要学生对英语学习有强烈的需求。但是，双语课程的设计必须考虑到学生所学专业长期发展的需要。语言学习是双语教学的副产品，不能因强调语言学习而忽略了专业知识。专业知识的学习必须有助于学生了解和掌握某一领域的世界前沿，同时，为他们以后进一步学习打下坚实基础，使他们终生收益。

2. 学校是否具备讲授该课程的合格师资及学生是否有学习该课程的英语语言和专业知识功底。

实施双语教学需要师生双方都具备一定的英语语言知识。双语教学不同于语言教学，语言教学的学习可以从零开始，双语教学则不能。在移民国家或者不同文化发生地缘接触的国家，外语学习有良好的环境，师生双方都有双语的生活背景，开展双语教学自然会容易一些。在我国，从整体上看，学校学生英语水平参差不齐，现阶段要全面开展双语教学显然是不现实的。但是，在高校中，在一些英语整体水平较高的班级开展双语教学是可行的。在开展双语教学前不仅要对双语课程对学生专业发展的作用进行分析，还必须对师生的英语水平及专业基础知识进行评估。对没有达到要求的班级不允许开设双语课程，对不具备双语课程教学能力的教师不允许其承担双语课程的教学工作，以防止人力物力资源的浪费。达到标准开设双语教学的班级，教师也要秉承循序渐进的原则，逐步加大英语的使用力度，以真正达到双语教学双重功效的目的。

3. 实施双语教学要受到学科内容的限制。

学科性质和内容是实施双语教学的限制条件之一，教学管理部门在双语教学课程设置时要重点考虑。有的学科便于实施双语教学，有的学科则不便实施。一般来说，经济和管理类学科比较适合开展双语教学。如果不考虑学科内容的特征，一味地进行双语教学，就会把双语教学变成纯粹的语言教学，从而影响双语教学的效果。双语教学真正的目的是辅助和促进学科教学，因此，它不能超越学科教学，更不能影响和削弱学科教学目的的实现。

四、双语教学的质量评价必不可少

双语课程的质量评价和最终考核应有别于普通课程。质量评价应关注以下几个方面：

1. 学生对课程核心知识的理解程度；
2. 教学中应用英语的程度；
3. 专题讨论、辩论会和模拟实验等非常规教学方法的应用频率及效果；
4. 课题调研、个案分析和研究报告等新型作业形式的应用频率及效果。

课程考核应从两方面进行：书面考核和口头考核。书面考核考察学生对原版教材中重点内容的理解和掌握程度，口头考核考察学生围绕所学专业知识进行表达或交流的能力。科学的教学质量评价对促进双语教学有重要作用，学校应该根据双语教学的目的和特点制定有针对性的教学质量和课程考核标准，正确引导双语教学。

高校通过自己组织力量进行双语教学的课程设计、教材选编、教学效果评价等工作而建立起的独立组织的双语教育模式在初始阶段一般教学效果不尽理想，这并不能说明该模式本身存在问题，而主要是因为双语师资的培养、双语课程教学方法的探究、双语课程设计的科学性等方面都需要有一个渐进的、逐步完善的过程。随着国内高校这些方面的工作日趋成熟，独立组织的双语教育模式应该成为我国双语人才培养的主力军。该模式培养成本最低，培养模式灵活机动，具有大规模培养的可行性，应该成为我国高校双语教育培养模式的主攻方向。

第六章　英语基础知识教学改革与实践

语音、词汇和语法是构成一门语言的基础。规范的语音语调是我们顺利进行口头交际的前提，丰富的词汇量是我们表达思想的需要，而扎实的语法知识则是我们正确表达思想和理解他人话语的关键。由此可见，学好语音、词汇、语法是学好英语的基础，我们必须重视英语基础知识的教与学。本章将对英语语音、词汇和语法方面的教学新法与实践进行论述，以期对英语基础知识的教学有所启发。

第一节　英语语音教学新法与实践

一、英语语音教学新法

（一）模仿教学法

在英语发音教学过程中，模仿教学法是一种行之有效的教学方法。模仿教学法的实施主要涉及以下四个步骤：听音、辨音、模仿和矫正。

1. 听音

语音学习的第一步是听音。学生只有听准了，才能说准。因此，教师应让学生大量接触英、美人的地道发音，使学生熟悉其发音特点和规律。另外，学生也要听教师的发音示范，教师的发音示范更方便、灵活，能随时满足学生的需要。要保证听音的质量就要多听、听清、听准、听熟。

胡春洞曾把语音教学中的听分为三种：模仿性的听、辨音性的听以及熏陶性的听。其中，模仿性的听是指以模仿为目的的听，要求学生静静地听，并在心中默默模仿；辨音性的听的目的在于训练学生对不同的语音进行比较和区别，包括元音、辅音、音节、单词、词组、重音、失爆、连读、语调等内容；熏陶性的听并不要求学生模仿或分辨，只是为了增加学生接触英语的次数，使学生在潜移默化中形成纯正的英语语音语调。

在具体的语音教学中，教师应在不同的教学阶段根据教学需要灵活选用以上三种听音训练，使其相互推进、相互补充，共同促进语音教学。

2. 辨音

在大量的听音练习之后，教师要适时引导学生进行辨音训练。此时，教师可为学生提供一些语音材料，让学生朗读，并让其他同学判断这个学生发音的对错。这种方法可使全班学生的注意力高度集中，去判断其他同学的语音、语调的正误，能有效提高学生的辨音能力。

3. 模仿

听音、辨音的最终目的在于模仿，帮助学生自己输出语音。同时，模仿也是检查学生是否听清、听准的最好方法。模仿阶段，教师可提供一小段语音材料让学生听，听完以后让学生模仿，可以将学生分成小组，派出代表来进行模仿。

4. 矫正

模仿不可避免地会有很多问题，教师的职责就是发现、指出并纠正这些问题。模仿矫正可通过对比、解说和图表手段来实现。当学生的模仿不够准确时，教师可以利用对比的方法，突出新教语音的特点，使学生体会英语语音的特点，进而准确地进行模仿。若对比过后学生仍不能发现语音特点，教师就应结合发音图表或自己的口型，一边解释发音规则，一边指出相应的发音部位或做发音动作，以帮助学生体会。教师还应告诉学生影响发音的因素，如牙床（开或合）、舌位（高低或前中后）、唇形（圆、扁或中常）、声带（振动与否）、气流逸出（是否受阻）、音（长短）等，并帮助学生找到正确发音的器官部位。

例如，在讲解 /v/ 与 /W/ 的发音区别时，教师就可以这样说：

Now, listen ／ w ／ ,look at my lips, /w/.

Now, listen /v/,look at my lower lip and upper teeth.

如此一来，学生看到了发音器官的活动，了解发音的要领，更容易正确地模仿发音。

此外，教师在纠正学生的发音错误时不仅要耐心认真，还要注意纠错的策略，多鼓励，少批评，注意学生的心理效应，要善于发现学生的闪光点并加以肯定，使学生产生一种愉快的情感体验，最大限度地激发学生的学习兴趣，增强克服困难的勇气。

（二）对比教学法

学生在学习英语时，已经掌握了汉语的语音，形成汉语语音的习惯。因此，在对英语语音进行学习时，学生往往会自觉或不自觉地用汉语的语音去比附英语的语音。针对这种情况，教师应对英汉语音进行对比分析，明确指出英汉语音的相同、相近之处，以避免学生混淆。通过对比英汉语音的发音，教师能够预见学生学习上的难点，并有针对性地考虑教学方法和措施，有效地帮助学生解决语音上的困难。

需要指出的是，由于我国方言众多，各地区学生的汉语通常还带有地方性特色。因此，教师仅对英汉语音进行一般性对比分析是远远不够的，还要进一步对比分析学校所在地区的方言、方音，这样才能保证语音教学更具有针对性、突破性。

（三）归纳—演绎教学法

在语音教学中，归纳—演绎教学法是指将符合相同语音规则的词语归纳起来进行集中教授的方法。这些词汇既可以是已学过的，也可以是生词。归纳可以多次重复，即同一个单词可以在元音、辅音、重读音节、非重读音节中多次归类。这样的归纳有助于学生通过分析总结，找出其发音的共同点和不同点，深化记忆。

除此之外，教师还应归纳总结英语单词重音规则和句子的语音语调，培养学生的语感，为以后的英语学习打下坚实的基础。归纳结束后，教师要及时运用演绎法让学生操练，通过练习加深印象。

（四）听说和朗读相结合

为了避免纯语音训练的枯燥乏味，教师可以尝试将语音训练和日常的听说、朗读结合起来，实行语音练习上的精泛结合，保证语音练习的效果。具体而言，教师要培养学生养成大声朗读的习惯，要求他们做到单词发音正确，句子语调合适。因此，教会学生掌握划分意群、适当停顿的方法，以及用适当的语调表达语境中的含义等成为语音教学的重要内容。

（五）交际语境教学法

语音学习的目的是实现有效交际。这就要求学生要能够通过准确、恰当、流畅的语音语调传达自己的交际意图。因而，在语音教学中，教师可以将角色扮演、辩论、采访、模拟和话剧表演等交际活动融入教学过程中，使学生在交际中练习并掌握流畅和地道的语音。

需要注意的是，在这些活动开展之前，教师应使学生明确本次训练的语音重点，让学生在训练中加以注意。活动结束后，教师要及时对学生的表现给予反馈，对语音练习效果好的学生多表扬、鼓励，并帮助语音练习效果不好的学生纠正发音。

（六）单音教学与语流教学相结合

单音教学与语流教学的结合具体表现为分层次、有重点的教学。

1.语音层次教学

语音层次教学是入门阶段语音教学的主要内容。这一层次的教学方法以示范和模仿为主，发挥创造性只能在学习方法和技巧上。语音层次的教学重点在于使学生掌握语音和语调的简单标准或机械性标准。这种标准是纯粹语言学上的，是假设所有性别、年龄、职业、地位的人在任何场合说话都用同一种语音、语调。

2.语流层次教学

语流层次的教学着眼于使学生掌握语音和语调的变化规则或交际规则。这种规则反映不同性别、年龄、职业、地位的人在不同的交际场合和不同的社会关系中使用语言的自然变化。在实际的言语交际中，语音、语调同语义结合为一体，人们所听的和所说的并不是单个的词和句，而是一连串的语流。这时的语音教学方法就应由语义入手，音义结合，在情景和功能的背景下进行训练，使学生把握语音语调的变化规律，创造性地进行练习；这时的语音练习就可以和朗读、会话结合，相互促进。语音教学得法，可以使学生尽快适应真实交际，同时，克服英语学习中的僵化、呆板的思维方式，或不动脑筋的毛病。

（七）绕口令训练法

传统的语音教学通常使用机械、枯燥的练习方式强化学生的发音，这种教学方法很容易让学生丧失学习兴趣。因此，教师可以尝试一些新鲜的语音训练方法，如绕口令训练法。适当编排绕口令是一种目的明确、富有趣味的语音练习形式。绕口令不仅可以训练元音、辅音，还能训练特殊的语音现象。例如：

A flea and a fly were trapped in a flue, and they tried to flee for their life. The flea said to the fly, "Let's flee!" and the fly said to the flea, "Let's fly!" Finally both the flea and fly managed to flee through a flaw in the flue.

A bitter biting bittern bit a better brother bittern, and the bitter better bittern bit the bitter biter back. And the bitter bittern, bitten, by the better bitten bittern, said: "I'm a bitter biter bit, alack!"

Peter Piper picked a peck of pickling pepper. A peck of pickled pepper Peter Piper picked. If Peter Piper picked a peck of pickled pepper, where is the peck of pickled pepper Peter Piper Picked?

实际上，绕口令训练法实施的方式灵活多样，教师可以根据教学需要设计不同的教学活动。如教师可以设计比赛环节，激发学生争强好胜的心理，由此积极主动地投入语音学习中。

二、英语语音教学实践

（一）辅音 /s/ 与 /f/ 的教学实践

教学任务：学习辅音 /s/ 与 /f/ 的发音
参与形式：全班、两人小组。
教学目的：通过讲解辅音 /s/ 与 /f/ 的发音方法，使学生掌握二者的发音，并能正确地区分这两个音。

［教学过程］

第一步，教师教给学生辅音 /s／ 的发音方法。/s/ 音是舌尖齿龈摩擦音，在发这一音时，要使舌前端靠近上齿龈，但不接触，上下齿靠拢，但不咬住，气流由舌端与上齿龈之间的缝隙逸出，摩擦成音。/s/ 是清辅音，发音时送气，但声带不振动。

第二步，教师引导学生按照下述模式成串儿练习 /s/ 的发音。

Sssssssssspoonspoon

desssss   desssssk   desk

第三步，复习 /s/ 的发音，再把整个舌身抬起靠近上颚来发辅音 /ʃ/。/ʃ/ 是舌面齿龈后部摩擦音。

第四步，通过读单词来比较 /s/ 和 /ʃ/ 的发音。

sort/short, sew/ show, sell ／ shell, suit/shoot

最后，为了更好地练习这两个发音，让学生读下面的对话。

A: She comes from England, is she Scottish or English?

B: She's English.

A: Is Miss X Irish or Scottish?

B: She isn't Irish or Scottish! She's Swedish.

A: Is Mrs .Y from Turkey?

B: Yes。She's Turkish.

（二）句子重音教学实践

教学任务：句子重音的读法及用法

参与形式：全班、两人小组。

教学目的：通过练习句子的重音读法，使学生掌握句子的重读与弱读的区别用法，增强学生重读与弱读的意识。

［教学过程］

第一步，在练习之前，教师引导学生按照下述形式进行朗读。

watch

my watch

lost my watch

I've lost my watch.

第二步，通过重读不同的单词来分别读下面的句子（重读单词下面已划线），每读完一次就找出相应表达的意思。

例1：

(1) We drove to Brisbane.

(2) We drove to Brisbane.

(3) We drove to Brisbane.

(4) We drove to Brisbane.

例2：

A. The speaker wants to highlight direction,/6We drove to Brisbane, not from Brisbane."

B. The speaker wants to highlight place, "We drove to Brisbane, not Cairns, no Darwin, nor any other place."

C. The speaker wants to highlight who drove, "We, not you, or she or he drove."

D. The speaker wants to highlight how she traveled, "We drove to Brisbane, we didn't go by plane or by bus or cycle or walk there."

完成上述练习之后，教师可以让学生以两人小组的形式练习下面的对话，并划出应该重读的部分。

Peter and Sue are sightseeing. They are waiting for their city tour bus.

Sue: Have you got the money?

Peter: What money?

Sue: The bus money.

Peter: The bus money? I gave it to you.

Sue: Gave it to me? I thought you had it.

Peter: I thought you had it.

第三步，做完这些关于重读的练习后，教师可以向学生介绍弱读规则。在英语中，有大量的单词既可以重读，又可以弱读。请比较下面句子中的 can 和 from。

She can/kan/ swim faster than I can/kzen/.（The first can is the weak form, and the second can is the full form.）

之后，教师可以通过诗歌朗读的方法教会学生在句子中强调重要信息的方法，同时让学生理解在英语交流中使用弱读的原因。

This is the house that Jack built.

This is the malt that lay in the house that Jack built.

This is the rat that ate the malt.

That lay in the house that Jack built.

………

在朗读中，教师要提醒学生注意诗歌中的 that，and，of 等词，由于它们在句子中的作用不重要，因而不需要重读。

第二节　英语词汇教学新法与实践

一、英语词汇教学新法

英语词汇教学可以按照词汇呈现、词汇训练和词汇运用三个阶段来展开。为了充分调动学生词汇学习的积极性，提高词汇教学质量和效果，教师要因材施教，在不同的教学阶段运用适当的手段来开展词汇教学。

（一）词汇呈现阶段教学新法

在词汇呈现阶段，教师采用的教学方法主要有直观教学法、趣味教学法、情景教学法和构词呈现法。

1. 直观教学法

直观教学法是指利用实物、图像、动作表情等方式来展示词汇的意义，给学生以直观的印象。

（1）实物教学法

在英语词汇教学中使用直观的实物讲解词义可以使英语单词直接与实物建立联系，有利于学生理解所学单词的含义，加深对所学单词的印象。同时，也能够培养学生用英语进行思维的能力。英语词汇中存在大量的表示具体事物的词汇，这为我们采用实物教学法进行词汇教学提供了有利条件。所以在英语词汇教学过程中，尤其是对于低年级学生而言，应尽量多使用实物教学法，把所学单词代表的实物呈现在课堂上，帮助学生理解并记忆所学单词。

例如，在教 desk, chair, blackboard, book, pencil box, door, tree, flower 等名词时，教师就可以采用实物教学法。用实物呈现的方式将新单词呈现给学生，或利用教室内的实物，或在课前准备好这些单词所代表的实物，在课堂上边展示这些实物边说出相对应的英文单词，并让学生重复跟读。

需要指出的是，教师不仅要边说英语边呈现实物，还要将词义讲解与句型操练相结合，即将所学单词套用到句型之中。在学生掌握了这个单词和套用句型之后，还可进行单词扩展和句型扩展，练习其他单词和句型。

例如，在教 pear（梨）一词时，教师可以先不讲解它的读音和拼写形式，而是带领学生反复朗读 pear 的读音，接着教师问道："What's this in English?"学生就会脱口而出："It's a pear."然后，教师一边从纸盒里拿出梨，一边让学生分别说出："two pears, three pears, four pears……"。通过这种方式，可以让学生在不知不觉中既学会

pear 一词，同时又复习了有关的基数词。接着，教师可以趁热打铁，启发学生用 pear 一词组成句子，把 pear 套用到以前学过的句型中，比如："The pear is big. The pear is sweet. I like pears."这样可以促使学生边听边思考，边说边思考，并在反复听说这一单词的过程中有效地记忆所学单词。

（2）图画教学法

英语中的一些单词在现实世界中无法找到与之相应的实物，在这种情况下，教师可以借助图画或简笔画来教授词汇。在采用这种方法进行教学时，教师要充分考虑学生的年龄特点和教学内容。运用图画教学法进行词汇教学时，教师需要注意两点：一是教师的图画展示要配合词汇意义的讲解，引导学生运用画面所提示的信息或所展示的内容来辅助词汇教学；二是教师要合理掌控图画展示的时机，只有在适当的时候呈现图画，才能保证教学效果的实现。如果教师过早地将相关图画展示出来，会分散学生的学习注意力，降低学生对图画的兴趣，使图画教学方法不能发挥其应有的教学效果。

还有一点教师需要注意，如果教师在词汇教学过程中现场画简笔画，就要做到简、快、像，用寥寥几笔勾画出所学单词所代表的事物。例如，为使学生更好地理解频度副词的强弱，教师可以把频度副词用线标形象地画出来，使学生直观感受到词语的频度、强弱。例如：

当然教师也可以利用多媒体展示动态图画。从操作的简易性来讲，简笔画是最简便有效的教具。因此，教师应掌握基本绘画技能，这样才能在英语教学中成功地运用这一教学手段。

（3）动作表情教学法

在英语词汇教学过程中，为了调动学生的学习积极性和主动性，教师除了可以使用实物、图画、简笔画等直观教具进行词汇教学外，还可以用动作、表情、手势等来展开教学。借助动作、表情进行词汇教学既可以避免用汉语解释英语，又可创造出一种丰富多彩的语言环境，从而有利于培养学生的语感。

例如，教师可以边做动作边解释 sit、stand、run、listen、look、open、close 等动词的词义，还可以讲解 take away、take out、take down、take off 等动词短语中不同副词的意义等。对于一些表示表情动作的词汇，如 sad、angry、smile 等可以通过做表情的方法开展教学。又如，教师可以借用手势来解释 I、he、she、here、there、this、that 等指示代词的词义。

2. 趣味教学法

词汇呈现阶段最忌枯燥的展示和机械的记忆。词汇呈现活动如果不能引起学生的注意，激发学生的想象力，则会使学生从一开始就产生厌倦、畏惧情绪，更不利于词汇的学习和记忆。因此，教师应采用趣味教学法，开展形式多样的学习活动，以增强学习者对词汇学习的兴趣。

（1）唱童谣和歌曲学单词

对于英语初学者而言，通过童谣和歌曲呈现词汇是一种趣味性十足的教学方法。童谣、歌曲节奏轻快，朗朗上口，内容很容易被储存。因而，这种教学方法能够激发学生记忆单词的积极性，优化其记忆单词的过程，同时，也提高了单词记忆效果，从而有效地避免了学习者采用死记硬背的方法记忆单词。例如，教师可以通过以下歌谣来呈现所要教授的新单词 nose，turnaround, head, touch the ground。

Teddy Bear, Teddy Bear, touch your nose.

Teddy Bear, Teddy Bear, turn around.

Teddy Bear, Teddy Bear, touch your head.

Teddy Bear, Teddy Bear, touch the ground.

（2）互比竞争学单词

学生一般都具有争强好胜的心理，教师可利用学生的这一心理适当引入竞争机制，增加活动的趣味性，降低词汇展现过程中学生的抵抗情绪。例如，教师可先向学习者提供一组字母，共30个，并要求学生按照字母顺序在规定的时间内找出其中所包含的单词。找到的单词数量最多的学生获胜。

KNOWESTONEATHATCHAIRSPORTHISIT

学生查找完毕后，教师可呈现出上列一组字母包含的全部单词：know、no、now、owe、we、west、stone、to、ton、tone、one、on、neat、eat、a、at、that、hat、hatch、chair、hair、air、sport、port、or、this、his、hi、I、is、sit、it 等。

3. 情景教学法

所谓情景教学法是指创设生活中的各种情景进行教学，通过情景教学法呈现词汇就是将词汇置于各种情景之中进行教授。这种方法可以使学生既理解了英语单词，又学会单词的用法，将所学单词成功地应用于交流。

具体而言，教师可利用插图、动作表演、说童谣、唱儿歌、做游戏、列图表、找谐音等活动创设情景呈现单词。这种情景教学法可以使学生在愉快的课堂气氛中提高对单词的识记、保持、再认和再现效果。

（1）用情景造句教单词

教师可创设文字情景，如句子、段落等，然后让学生根据要求对教师所给出的文字情景进行改编。教师还可以创设动作情景，即由教师示范，边做动作边说单词，然后由学生模仿。例如，教师在教 run、walk、sing、dance 等词时，可以一边做动作一边说单词，再让学生根据要求进行模仿；或者让一部分学生做动作，另一部分学生回答教师的问题。此外，教师还可设定一定的情景，让学生围绕情景做口头作文。

（2）用情景对话教单词

用情景对话教单词就是由教师与一名学生示范对话，呈现单词，然后让学生以两人小组的形式来进行模仿，学习单词。例如，在教 excuse 时，教师可先同一名学生做如下示范对话：

Teacher: Excuse me. Would you mind if I use your ball pen?

Student: Of course not. Go ahead.

之后，学生自由结组模仿对话：

Student l: Excuse me. Can you tell me how to go to the cinema?

Student 2:Yes,it's a pleasure. Go straight and turn right at the traffic light.

（3）用情景录音教单词

这里我们用具体实例来对这种方法进行说明。例如，教师在教 noise（噪音）这一单词时，可以先播放在上课前所录下的学生课间的讲话声、打闹声、十字路口的喇叭声、叫卖声等，学生听过录音后，教师引导学生猜出所学单词，具体操作如下。

Teacher: What do you hear?

Student: 噪音！

Teacher: Some students, cars and other things made the great noise, didn't they7（由此引出英文单词 noise）

Student: Yes，they did.

4. 构词呈现法

虽然英语词汇量庞大，然而英语词汇的构成有着其内在的规律，即构词法。因而，教师教给学生一些基本的构词法能够帮助学生突破单词记忆的难关。构词呈现法主要有以下几种途径。

（1）词缀分析法

词缀分析法就是分析所学单词的构成。如在教 rewrite，retell 时，学生已经掌握了 tell，write 两词的含义，教师只需要向学生解释清楚前缀 re- 所具有的含义 again，学生就能据此推测出 rewrite，retell 的意思来。教师可以这样引导学生：

"Retell" comes from "tell"，"Retell" means "to tell again".

（2）同根词呈现法

同根词呈现法是利用以前学过的词根词汇来进一步推测新词汇的含义。例如，在学过 use 这一单词后，学生就可以推测出 useful，useless，user 的含义。教师可以按照以下方式引导学生：

"Useful" comes from "use". It means "of use". "Useless" comes from "use"，too. It means "of no use" or "not useful".

（3）合成词分析法

这种方法适用于呈现合成词，如 classroom, classmate, basketball, football, baseball, volleyball 等。

（4）转化法

转化法能够帮助学生了解更多词汇所具有的功能，如 warm, cool, head, dirty 等名词、形容词均可以转化为动词使用。

（二）词汇训练阶段教学新法

词汇训练阶段注重的是巩固学生所学单词。对很多学生而言，巩固词汇要比学习新词难得多。巩固词汇其实是帮助学生将所学单词牢记于心。教师可采用各种方法、通过形式多样的教学活动来引导学生复习、巩固、运用新学的词汇。下面我们介绍一些行之有效的巩固词汇的方法。

1. 词块教学法

词块教学法不仅适用于词汇呈现阶段，也适用于词汇训练阶段。由于单词在不同的短语、句式中具有不同的意义，因此，教师最好从词的意义、搭配、用法以及常用句型等方面对学生进行全面、综合的训练，帮助学生以词块为单位，提取和记忆所学词汇。

2. 归类教学法

教师在指导学生进行词汇训练时，可以引导学生将同类性质的事物归纳在一起记忆，一方面易于识记，另一方面也不容易遗忘。请看下面的归类。

（1）颜色词语归类：white、black、red、green、pink、yellow、gray；

（2）植物词语归类：tree、branch、grass、flower；

（3）动物词语归类：cat、dog、rooster、horse、cow；

（4）自然现象词语归类：sun、moon、earth、wind、raln、snow；

（5）学科名称词语归类：English、Chinese、Russian、Japanese、French、mathematics、physics、chemistry、biology、politics、history、geography、music、drawing、physiology；

（6）文具名称词语归类：pen、pencil、ball pen、fountain pen、pencil box、pen knife、ruler、ink、paper、book、exercise book、notebook、textbook、rubber、school bag、glue、carbon paper；

（7）体育活动和用品词语归类：track and field、high jump、javelin、throw、discus throw、race、marathon race、gymnastics、football、basketball、volleyball、baseball、table tennis、tennis、badminton、cricket、rugby、golf、swimming、diving、skiing、skating、weight lifting、boxing、wrestling、shooting；

（8）交通工具词语归类：car、train、bus、truck、ship、plane、bike；

（9）家庭成员和社会关系词语归类：parent、father、mother、grandfather、grandmother、brother、sister、son. daughter、aunt、uncle；

（10）职业词语归类：teacher、engineer、driver、actor、artist、worker、doctor、nurse。

3. 联想教学法

联想是建立在词汇之间的联系上的思维方式。通过联想，学生可以有效地提取和识记头脑中储存的单词。词汇教学中的联想教学法就是将发散性思维运用到词汇学习过程中的一种教学方法。根据词汇本身所具有的特性以及学习者自身的习惯，联想教学法主要包括三种：词汇图联想法、语法关系联想法以及事物关系联想法。

（1）词汇图联想法

词汇图是指利用词汇的范畴类别、话题归属、词义关系等制作的图示。词汇图的制作利用了词汇意义上的关联性，将相关词汇联系起来，通过联想帮助学生记忆单词的词义和用法。

词汇图可以按题材归类绘制，即将同一个话题下经常出现的词汇归集在一起。词汇图也可以按某一中心词归类绘制，即以某一词为中心，充分展开联想，尽量将与该中心词有关的词汇汇集在一起。

我们还可以根据词汇的语义关系来绘制词汇图，如同义词联想、反义词联想、上下义词联想。同义词联想就是在讲授一个特定单词时，联想到与它具有相同含义的单词或词组，并将这些词汇集在一起；反义词联想就是在讲授一个特定单词时，联想到与它具有相反含义的单词或词组，并加以讲授的方法；上下义词联想就是在讲授一个特定单词时，联想到上下位的单词或词组，并将这些单词或词组汇集起来的方法。

当然，我们在进行词汇的学习时，对同义与反义的要求并不像上面的实例中那么严格。因为我们的目的不是去确定它们到底是不是同义词与反义词，而是为了多记忆词汇。比如，教师在讲授 bad 时，没必要把反义联想限定在 good 上，完全也可以扩展到 excellent。

（2）语法关系联想法

语法关系联想法包括横聚合关系（syntagmatic relation）联想和纵聚合关系（paradigmatic relation）联想。

横聚合关系是指根据单词共现（co-occurrence）搭配功能所进行的联想，包括名词与形容词的搭配、动词与介词的搭配等，如 light/heavy traffic, friendly/charming nature, play games/basketball 等。

纵聚合关系是指依据句中词汇的纵向关系所展开的联想，相同句法功能、相同结构的词汇之间可以互相替换。例如，"The girl smiled." 一句中的名词短语 the girl 可以用同样结构的名词短语 the boy 替换，句子 "The boy smiled." 依然成立。

（3）事物关系联想法

事物关系联想法是按照事物之间的内在关系进行联想，比如因果关系、先后顺序或自然顺序、同位关系、类属关系、事物特征等。

① 因果关系。例如：

John has not taken his breakfast, so he is hungry. John has drunk a lot of water, so he is not thirsty now.

② 先后顺序或自然顺序。例如：

Monday comes before Tuesday.

Spring comes before summer.

③ 同位关系。例如：

Beijing is the capital of China. Washington, D. C. is the capital of the USA.

④ 类属关系。例如：

Trees are plants. Vegetables are plants. Plants and animals are living things.

⑤ 事物特征。例如：

It's warm in spring. It's hot in summer. It's cool in autumn. It's cold in winter.

（三）词汇运用阶段教学新法

词汇学习的最终目标是学会运用。即使学生的词汇量很大，但不会运用仍然是学生英语学习的瓶颈。因此，根据所教词汇的特点，教师应结合学生的具体情况设计丰富多彩的词汇运用活动。下面我们介绍几种在词汇运用阶段适用的教学方法。

1. 单词冲刺

单词冲刺适用于初学者和中等学生。需要注意的是，教师在采用这一教学方法时要将活动时间控制在 10 分钟左右。具体操作程序如下。

（1）教师选择 20 个单词分别写在不同的卡片上；

（2）教师将班内学生分成 A、B 两组，排在教室的一端，教师走到教室的另一端；

（3）每组派一名学生跑到教师处看教师手中的卡片；

（4）然后该学生跑到黑板处，将单词用简笔画的形式画出。不能写，不能说，只能画。先认出所画单词的一组得分；

（5）各小组另派组员跑到教师处看单词，两组这样依次进行，直到单词用完。得分多的一队获胜。

2. 看图描述

看图描述是指教师选择一些图片，让学生尽量用所学词语进行口头或笔头描述。学生在描述过程中使用所学词汇，这对复习和巩固所学单词、加深印象、减少遗忘极为有利。需要指出的是，所选图片要求内容丰富多彩，不能太抽象，否则将不利于学生的表述。

3. 组词成段

老师可根据当前词汇教学的重点，给出几个单词、词组，让学生据此编写一段话。例如：

给出词汇：confidence, self-evident, difficulty, complain, capable

输出文章：

Whatever one does, one should do it with confidence. If one has no confidence, there is little possibility that one can achieve anything when faced with hardships. This truth seems to be self-evident. In reality, however, we do see a lot of people who always complain that they lack the ability to do something or that their difficulties are too great to overcome. For some, this might be true. But for many others, this only shows that they have lost heart. Why do some people often feel frustrated even though they are capable of doing something? In the first place, these people don't have a correct estimate of themselves. Secondly, there is another possibility that they exaggerate the difficulties.

4. 词汇旅行

词汇旅行是指通过想象力将所学单词融入一个故事之中。这种方法能够给学生充分的想象空间，有利于培养学生的语言思维能力。在具体操作中，教师常用的方式如下。

首先选择五个学生比较熟悉的旅游景点作为参观地点，并将这五个参观地点用单词或词组表示出来，之后组织学生进行旅游参观。参观结束后，教师让学生根据所选旅游路线以及教师事先提供的五个单词或词组，以游客的身份叙述自己的旅行。

例如，教师提供 the Great Wall, the Palace Museum, the Summer Palace, Temple of Heaven, North Lake 五个词组，学生在参观结束后，据此叙述自己的旅行。例如：

On summer holiday my parents took me to Beijing. On the first day, we went to the Great Wall. The Great Wall is very long and old. It has millions of bricks. Each brick is very big and heavy. Lots of people from different countries like climbing the Great Wall. We felt very tired when we climbed to the top of the Great Wall.

We also went to the Palace Museum. The Palace Museum has 9,999 palaces. It has a very long history. I bought a lot of souvenirs of the Palace Museum. What nice palaces these are If you want to know more about the Palace Museum, you can go to Beijing and have a look.

The following days, we went to the Summer Palace, Temple of Heaven, North Lake and Xiangshan Hill. I now know more about the history of China. I really enjoyed the trip to Beijing. I like this trip!

5. 连锁故事

连锁故事法适用于中等以上的学生。具体操作步骤如下。

（1）选择与班内学生同等数目的单词，如果班内学生太多，可将学生分成几个小组，选择与各小组学生相等数目的单词，制作成卡片；

（2）分给每个学生一张卡片；

（3）教师拿起最后一张卡片，给故事开个头；

（4）各组同学按次序将故事继续下去。

需要注意的是，教师在采用这一教学方法时最好给每个同学一定的时间和内容限制,如每个人讲话不要超过一分钟,每人所说的话最好不要超过三句。

二、英语词汇教学实践

教学任务:掌握有关交通工具的词汇。

参与形式:结对子、小组。

教学目的:通过情景教学和游戏教学相结合的方式,激发学生的兴趣,让学生运用所学词汇,内化词汇知识,做到脱口而出。

[教学过程]

(1)热身阶段

这一教学环节主要通过以下两个步骤开展,一是欣赏英文歌曲 Ten Little Indians;二是引导全班同学一起跟唱。

One little, two little,

Three little Indians.

Four little, five little,

Six little Indians.

Seven little, eight little,

Nine little Indians,

Ten little Indian boys.

Ten little, nine little,

Eight little Indians.

Seven little, six little,

Five little Indians。

Four little, three little,

Two little Indians,

One little Indian boy.

(2)词汇呈现

这一环节包括以下三个教学步骤。

首先,教师和学生谈论外出度假,引出有关交通方式的词语。请看下例。

T: Where did you go on vacation?

Sl:1 went to Beijing.

T: How did you get there?

其次,通过猜词游戏,进一步学习单词。请看下例。

T: What kind of transport–is it?

Sl: It goes in the water.

Ss: A ferry.（教师板书）

S2: It is like a bike but goes much faster.

Ss: A motorbike.（教师板书）

S3: It is like a train but goes under the ground.

Ss: A subway.（教师板书）

S4: It takes you about two hours to go to Beijing from Yiwu by it.

Ss: A plane.（教师板书）

再次，学生齐声朗读黑板上的词汇，每词两遍，一遍升调，一遍降调。

（3）猜测游戏

教师呈现明星的照片，让学生猜测他们乘什么交通工具去工作。例如：

T: How does Wang Fei/Chen Kun/Yang Liwei...go to work?

S1: Wang Fei takes the car to work.

S2: Wang Fei goes to work by car.

T: How did Yang Liwei go to the space?

Ss: He took a spaceship to the space.

（4）练习

学生两人一组结成对子，根据下表进行对话练习。例如：

A: How does your father go to work?

B: He walks to work.

A: How long does it take?

B: It takes 20 minutes.

A: How does your mother go to work?

B: She rides a bike.

A: How long does it take?

B: It takes 15 minutes.

Father 7:00 ~ 7:20 walk

Mother 6:50 ~ 7:20 take a taxi

My sister 6:55 ~ 7:10 ride a bike

My brother 6:40 ~ 7:05 take a bus

（5）拓展

在拓展阶段，教师安排小组活动对其他同学的暑假安排进行调查、总结，并要求各小组将调查结果写成报告的形式向全班同学汇报。

分析：本案例的设计层次分明，经过歌曲热身—猜词导入—游戏操练—半机械操练—有意义交际—系列层层递进的教学过程，将学生引入正题。一方面，保持了学生的兴趣和参与的积极性；另一方面，让学生通过多种活动形式参与到词汇学习和语言交流过程中，从而营造了和谐、融洽的课堂气氛，保证了词汇教学的顺利进行。

第三节　英语语法教学新法与实践

一、英语语法教学新法

语法教学是英语教学中的一个难点，究竟采用何种教学方法才能使语法教学实现最大功效一直是教育、教学工作者探讨的关键问题之一。以下我们将介绍几种行之有效的英语语法教学法。

（一）演绎教学法

演绎法是用一般原理证明个别论断的一种方法。所谓的演绎教学法是指教师先引导学生对语法规则进行初步理解，然后举例验证所学语法规则的教学方法。采用演绎教学法进行语法教学是一个从理论到实践的过程。

传统的英语语法教学大都采用的是演绎教学法。这种教学方法操作简单，省时省力。演绎教学法采用的练习往往是替换或变换练习。例如：

教授将来完成时的时候，可以让学生运用所给短语仿造句子。

smartest, Bill, student, class

范例：He will have graduated from high school before his next birthday.

学生根据提供的范例，可能输出下列句子。

He will have left Beijing before his next birthday.

He will have got married before his next birthday.

He will have been promoted before his next birthday.

He will have saved $1,000 before his next birthday.

教师还可以讲解完语法规则和例句后，要求学生用给出的指示词将例句的语言结构变换为另外一种类似的结构，使学生在不断的实践中更深刻、全面地了解所学语法知识点。例如：

教授现在完成进行时时，可让学生运用所给词语对下列句子中的相应成分进行替换。

Tom has been digging in the garden.（read, classroom）

She's been expecting a long distance call all night long.（wait for her boyfriend, all day long）

They have been quarreling ever since they got married.（live here, 1980）

学生根据提供的范例，可能输出下列句子。

Tom has been reading in the classroom.

She's been waiting for her boyfriend all day long.

They have been living here since 1980.

（二）归纳教学法

归纳法的运用是从特殊到一般的过程，即通过具体的现象总结出本质和规则。在语法教学中采用归纳教学法就是让学生在接触一些具体的、含有要学习的语法规则的语言材料，在此基础上，进一步引导他们对语言材料中的语法规则进行归纳、总结。归纳教学法包括以下三个步骤：观察—分析和比较—归纳或概括。归纳教学法是一种发现型的教学活动。通过分析、归纳、总结语言使用规律，学生得以深化对语法的理解，提高发现问题、解决问题、归纳、类比等逻辑思维能力，这就避免了教师填鸭式教学的弊端。

归纳教学法认为，只要为学生提供足够的、包含目标语法项目的语言材料，并辅以实物、图片、动作、表情、影像等直观材料，创建一个包含目标语法规则的真实情景，就能够在激发学生的求知欲的同时，帮助学生建立起语法规则与语言情景之间的直接联系，理解语言规则所表达的意义，自动掌握这一语法规则。例如，学生在初、高中阶段已经学习了形容词、副词的比较级和最高级变化，但进入大学阶段以后，随着接触到的词语越来越多，有些词语的变化并不符合通用的语法规则。对于这些词语的变化，教师可先呈现包括这些不规则形容词、副词比较级和最高级现象的句子，然后让学生自己归纳出其变化方式，比较它们与通用规则的不同之处。例如：

Few people don't complain their work is monotonous and tedious, but if they don't work they will feel more bored.

Suddenly, I felt that l was a mere intruder; I became even shyer than Madame Curie.

For a while, this critique turned out to be more right than wrong.

What have you yourself been most wrong about?

If you upend the box it will take less space.

Most of my colleagues have gone down with flu.

根据上述例子，学生可能会注意到一些形容词、副词的不规则变化。教师应趁此机会，让学生将其总结并陈述出来，然后给学生鼓励，并补充学生未提及的变化规则，最后将一些常见的不规则形容词、副词的变化总结为表。

（三）语境教学法

目前我国英语教学普遍缺少一种外在的语言环境，语法教学也不例外。在实际生活中，学生没有说英语的需要，没有说英语的对象，更没有说英语的意识。针对这种情况，教师可以巧妙地设计与学生实际生活相关的情景，创造语境来进行语法教学，即采用语境教学法。这种教学法不仅可以克服非母语教学的缺陷，还可以激发学生的学习兴趣与热情，从而实现有效教学。此外，创立一定的语境教授语法可以使学生很好地掌握相关语法知识和结构，并且理解语法在实际中的运用。下面我们介绍一些常见的语境教学活动。

1. 图片案例

本活动通过图片来为学生创设语境，通常可用于多种时态的练习。下面我们以过去进行时的教学为例，介绍图片案例的具体操作流程。

（1）教师设定一个情景。例如：

Teacher: Morning, boys and girls. Today, we are going to learn about a murder. The murder happened at 8'clock last night. Here is the details of the story.

（2）教师展示情景图片。

（3）教师将学生分成人数相等的若干小组，让学生在小组内展开调查。调查开始之前，教师要将活动任务交代清楚。

Teacher: Now suppose you were the detective. Interview your classmates about what those people in the flat were doing when the murder happened last night. Write down what your interviewees say and report to the class.

（4）学生以对话的方式展开调查并记录下调查的情况。例如：

S1: What was Mary doing last night?

S2: She was reading newspaper.

S1: What was Barry doing last night?

S3: He was bathing，

S1: What was Johnson doing last night?

S4: He was watching TV with a friend.

（5）教师从每组中抽取一名学生做报告，然后总结学生的活动情况和语法使用情况。

2. 虚拟情景

虚拟情景活动主要用来训练虚拟语气的用法。这项教学活动是依据人们喜欢设想自己未来的心理而设计的，符合学生的心理特点，有助于提高学生参与的积极性。活动的实施既可以采用全班活动的方式，也可以采用小组活动的方式，其具体安排如下。

（1）教师将学生分成四人或六人小组。

（2）教师给出与学生实际生活、学习相关的问题，让学生运用虚拟条件句大胆做出假设。例如：

T: I can't sleep the night before an exam. What should I do?

S1: If l were you,1 would drink a cup of hot milk.

S2: If l were you, 1 would listen to light music.

S3: 1f l were you, 1 would count sheep.

S4: 1f l were you, 1 would chat with someone.

（3）教师对学生的语法使用情况加以总结，并鼓励和帮助学生归纳虚拟语气的结构、意义、功能和用法。

3. 模拟旅游

旅游活动中经常会用到多种语法项目，教师可以利用这一点，设计模拟旅游活动，让学生通过对话的方式练习目标语法项目。下面我们就以"疑问词十不定式"的教授为例，介绍模拟旅游活动的具体安排。

（1）教师将学生分成两人小组，或让学生自由组成两人小组。

（2）教师导入情景：游客旅游至某座小岛，但对该岛十分陌生，于是向当地土著居民询问详情。

（3）要求小组中的两个人分别扮演游客和土著居民，并根据上述情景展开对话。例如：

S1: Excuse me, but is there a bus to the downtown area from here?

S2: Yes. You see that alley back there? Head down it and afterwards you'll reach a large courtyard.

S1: Ok. And then?

S2: Then there are some escalators. Be sure to take the far escalators because the ones closer to this side of the courtyard take you down to the subway.

S1: Okay, take the far escalator down. After that?

S2: At the bottom of the escalator walk straight ahead until you see an ice cream stand.

S1: Thank you so much!

S2: You're welcome! Have a nice day!

（4）对话完成后，扮演游客的学生和扮演土著居民的学生互换角色，再次展开对话。

（5）全部活动完成之后，教师可挑几组学生上台表演，并对此进行总结和指导。

（四）语篇教学法

语篇教学法是指语法教学应以语篇为基础，引导学生对语篇进行整体的语法分析，解析语篇中涉及的语言使用情景的目标语结构及其语用目的，帮助学生强化语法形式和结构意识。

语篇教学突出语言结构在语言实践中的功能和意义。需要注意的是，教师在运用此教学方法时，要善于对学生进行启发和引导，让学生自己去发现、去思考，亲身体验在具体语篇中语法和词汇是如何结合并形成语义的。比如，教师在教授被动语态时，就可以使用语篇教学法。具体操作过程如下。

（1）教师在课前选用一篇真实的、含有很多被动语态的语篇。

DOG ATTACK

Jessica Johnson was out walking with her husband when she was attacked by an unsupervised Alsatian dog. Jessica's leg was bitten, and she had to have stitches in two wounds. Two days later, because the wounds had become infected, Jessica was admitted to hospital. Even after she was discharged, she needed further treatment from her GP and she was told to rest for two weeks.

Jessica is self-employed and her business was affected while she was sick. Also, the trousers and shoes she'd been wearing at the time of the attack were mined by bloodstains, and had to be thrown away.

Jessica told us, "I'm now trying to get compensation from the owners of the dog."

（2）教师将文章的标题（DOG ATTACK）告诉学生，组织学生分组讨论文章中可能会出现的单词，并将这些单词列出。然后教师把学生讨论得出的单词写到黑板上。在这一过程中，教师可补充一些文章中出现但学生没有提及的单词。

（3）将所选语篇分发给学生，让学生默读文章并小组讨论下列问题。

Who was attacked? Where? How badly?

Who was to blame?

讨论完毕之后，教师可核对并给出答案。接着，教师可以进一步提问下面的问题。

How long was she off work?

What other losses did she suffer?

（4）让学生把材料扣过去，然后在黑板上写下两个句子。

An unsupervised Alsatian dog attacked her.

She was attacked by an unsupervised Alsatian dog.

教师引导学生讨论这两个句子的不同之处，引出被动句的结构"subject +auxiliary verb to be+ past participle"。

教师让学生重读文章并小组讨论问题：为什么第二个句子在文章中更适合？学生讨论后，教师可根据学生的回答引出问题的答案：Because the woman is the topic, or theme, of the story, not the dog. Themes typically go at the beginning of sentences.

（5）要求学生找出文章中其他被动语态的例子，并用下划线标出。组织学生小组讨论被动语态使用的基本原理。教师检验学生的练习完成情况，并将被动语态的以下使用规则呈现给学生。

The passive is typically used:

① to move the theme to the beginning of the sentence, and/or

② when the agent is unimportant, or not known

Where the agent is mentioned, "by+ agent" is used.

（6）教师组织学生以组为单位重新构建故事，然后把学生的故事和原故事进行比较。

（7）组织学生用英语讲述与之类似的故事，并要求学生课下以作文的形式写出故事，以此来考核学生对被动语态的掌握程度。

（五）任务活动教学法

任务活动教学法并不等同于语法的任务教学模式，它只是语言训练的一种方式。而课堂操作未必遵循任务教学的理念。任务活动教学法是将语法教学融入听、说、读、写等各项任务活动的一种教学方法，它能使语法教学真正地为实现交际任务服务。任务活动教学法的显著特点在于，训练和应用某一语法现象时往往采用讨论、调查、采访、海报、粘贴画制作等多种形式，而不拘泥于常规的训练形式。

虽然语法教学和听、说、读、写等活动相融合，但任务活动的中心仍然是语法。因此，语法教学中的任务教学策略具有以语言形式为中心的特点。这类教学活动有两种，一种是具有显性特点的语法活动，一种是具有隐性特点的语法活动。

1. 显性语法活动

显性语法活动的任务内容为语法问题。如教师分别呈现一组错误的句子和正确的句子，然后引导学生对这两组句子进行阅读、讨论，并选出符合语法规范的正确形式，指出句子中的错误所在，最终将该语法规则的特点和注意事项等总结出来。

2. 隐性语法活动

隐性语法活动所设计的问题没有固定答案，学生可自由表达看法，从而产生参与的积极性和学习的兴趣，并在思想交流的过程当中逐渐内化语言规则。例如，在教授形容词、副词比较级时，教师可以让学生思考并讨论，同时鼓励学生发表自己的看法。

Cheap Healthy Tasty Fattening Important

Chocolate

Beer

Water

Fruit

Cigarette

Alcohol

Wine

Milk

Vegetable

Meat

Apple

Bacon

学生的观点不尽相同，可能输出如下句子。

A:I think milk is cheaper than chocolate.

B: No, no, I think chocolate is cheaper than milk, and is tastier.

需要指出的是，教师在采用任务活动教学法开始语法任务之前，可先通过阅读或听力材料引入即将教授的语法点，向学生布置学习任务。然后学生根据教师的指示，完成语法运用的任务。在语法任务执行的过程中，教师还应及时根据学生出现的语法问题有针对性地进行纠正讲解和训练活动。

二、英语语法教学实践

教学任务：学习形容词比较级的不同形式及用法。

参与形式：小组。

教学目的：通过谈论学生身边的老师和家人的外貌和性格特征这个话题，引导学生在交际中有目的地学习和运用形容词比较级。

〔教学过程〕

（1）导入

首先，教师向学生展示一张图片，然后采用顺口溜的形式引导学生对这张图片上的两个人物进行比较，包括外貌、性格特征等。

Two gentlemen meet in a lane.

One is short, and the other is tall.

One is heavy, and the other is thin.

One has a hat, and the other has a bag.

Bow most politely, bow once again.

其次，教师引导学生以两人对话的形式来讨论图片中的人物。

A: What can you see in the picture?

B: I can see two men.

A: Do they look the same?

B: No, they don't.

A: So the two men are very different. We know everyone in the world is different and special. Can you describe them?

在讨论结束后，教师抽取学生汇报他们的讨论结果。

（2）语法学习

在这一环节，首先，教师向学生展示两张照片。

I have two photos here. One is the photo of me when l was five years old and the other is that of my son when he was five. Can you tell the difference between us?

之后，教师引导学生用不同的形容词来描述照片中的人物。

最后，教师继续讲授更多的形容词的用法及其比较级。

（3）谈论与分享

教师引导学生与自己的同伴讨论课前准备的照片。对话形式如下：

A: Is that your father?

B: Yes, it is.

A: Is the man next to him your uncle?

B: Yes, it is.

A: They are tall. But your father is taller than your uncle.

A: Who is calmer, your father or your uncle?

在对话练习结束后，教师向学生出示更多的照片以便学生练习，并引导学生就不同形容词的比较级形式进行练习，如 –er，more +adjectives。

（4）练习

教师引导学生以两人对话的形式进行练习。示范对话如下：

A: Is that your cousin?

B: No, it isn't. It's my friend. My cousin is heavier than my friend. My friend is more athletic than my cousin.

教师随机安排几组学生在课堂上展示他们的对话。

（5）拓展训练

教师引导学生以小组活动的形式讨论"心目中的老师"这一话题。在讨论过程中，教师要尽量保证每个同学都有发表自己观点的机会。

T: What do you think a popular teacher should be like?

讨论结束后，教师安排每个学习小组派代表汇报本小组的讨论情况。

（6）巩固

在巩固阶段，教师要求学生完成以下练习：

① Who is（鲁莽的），Ruth or Rose?

② Li Ping was the（镇定的）of the two when the teacher asked them the questions.

③ He is very funny.He usually makes us laugh.

④ I like staying at home, but my sister is more outgoing.She likes playing with her friends.

⑤ He is more than me. He is really good at sports.

（7）家庭作业

教师给学生布置如下家庭作业：

Write a short paragraph about your family members using the comparative degrees of adjectives.

分析：本案例用一个有趣的英语顺口溜来导入学习，从一开始就紧紧抓住了学生的兴趣点。由于本课设计的话题贴近学生生活，谈论的都是学生比较熟悉的人，因而学生学习的主动性都比较强。另外，本课结合语境来设计各项活动，综合训练了学生的听、说与写的能力，避免了纯语法教学，达到了学以致用的目的。

第七章 英语技能教学策略

第一节 英语听力教学策略

一、英语听力教学存在的问题分析

听力包含人的听觉力以及能达到理解程度的各种认知能力。英国语言学家 Mary Underwood 将整个听力过程分为三个阶段：第一阶段是声音进入听觉储存阶段；第二阶段为短期记忆处理信息阶段；第三阶段是把理解了的信息转入长期记忆阶段。这三个阶段都必须把握好，否则任何环节的缺失都会影响听力教学的效果。下面我们就从学生与教师层面具体探讨制约听力教学的主要因素：

（1）受母语干扰。汉语是我们的母语，所以我们在语言的接受上肯定会先入为主，在学习英语时难免会受母语的影响。在听英语时，也很容易受到母语的干扰。英语作为我们的第二语言，理解英语的一些思维和学习母语的思维是不相同的。在听力过程中，学生会很自然地用汉语的思维来理解英语，总是将听到的材料先用汉语翻译出来再去理解英语的意思，而不习惯用英语直接进行思维，这必然会影响听力理解的速度和效果。

（2）语言的基础。语言基础知识包括语音、语调、语速、词汇、句型、语法等等，这些知识如果不扎实，训练再强化，也是没用什么效果的，因为没有这些基础知识，听力训练就如同"空中楼阁"。在听力训练中，一旦弱读、重读、语调、连读、意群或是标点等发生了变化，即便是相同的单词组成的一句话也会有不同的意义。例如下面两组句子用词相同，却表示完全不同的意思。

A 1.Jerry said, "the boss is stupid."

A 2."Jerry," said the boss. "is stupid."

B 1.John said, "My father is here."

B 2."John," said my father, "is here."

（3）学生的兴趣。兴趣能激发人的积极性，积极主动学习产生的效率要比消极被动学习产生的效率高得多。然而很多学生对英语听力课并不感兴趣，加上自身词汇量的缺乏以及语法知识的欠缺，使得很多学生觉得听力课难度很大，根本听不懂其中的听力材料，从而产生了抵触情绪。这种抵触情绪又进一步削弱了学生的积极参与性，对一些活动大多数学生被动应付，敷衍了事。造成的后果就是学生的抵触情绪愈发高涨，学习兴趣愈发低落，听力水平自然也就很难提高。所以激发学生学习听力的兴趣是教师在教学中值得注意的问题。有的教师为了提高学生的兴趣，采用听力课放电影的模式，这样的确能激发学生的兴趣。但如果教师缺乏正确的引导，那么听力课就有可能变成电影课，学生的学习效果也是收效甚微的。

（4）心理的问题。在课堂上，教师需要学生的积极参与。有的学生一听说要播放听力，心里就紧张，大脑一片空白，这是心理焦虑紧张的具体表现；有的学生由于成绩不好，于是缺乏自信，产生了自卑心理。缺乏自信的学生在上课的情况下总是感到紧张不安，焦急害怕，担心被老师提问，自己回答不出来，或是回答得不正确会被老师批评和同学笑话，并且更惧怕考试，担心不及格会被老师训斥，家长责骂。这种长期的压抑状态，导致学生心理压力极大，情绪不佳，也很难提高英语听力水平。

（5）重视的程度。尽管现在很多学生感到英语听力在考试中占的分值越来越多，可是在平时的学习中还是没有引起足够的重视。总是觉得把语法、写作等一些知识学好了也可以考高分，甚至有的学生把听力当成阅读理解来做，认为可以进行主观猜测，说不定还能猜对几道题。这种对听力不重视的心理因素使一些学生在听力教学中和测验中存有侥幸心理，直接影响了听力水平。可是如果时间长了，猜测的机率很低，已经影响了英语的整体成绩，到那时他们会对听力产生恐惧感，形成严重的心理障碍。

（6）短时记忆能力不强。心理学研究表明，短时间内人们平均只能回忆所看到的六至十个任意摆放的物体、数字或字母。由此可见，短时记忆的信息量十分有限，如果不有选择地获取信息，那么信息就会很快被遗忘。在短文听力理解中，一篇长度为280—300词的短文，包含许多信息，如果缺乏一定的技巧，即使能全部听懂，也不一定能记住所有的信息。这就是为什么有些学生反映能听懂但记不住，因而答题有困难的原因。

（7）听力习惯。英语听力的提高需要一个好的听力习惯，因为一个好的听力习惯对学生听力水平的提高有很多帮助。然而，很多学生没能养成一个良好的听力习惯，不知道在听的过程中主要听什么，也不知道听力主要考查的是什么，具有很大的盲目性。在听的过程中，很多学生常常因为听不懂一个词或一句话，就停下来琢磨这个词或这句话具体是什么意思，而对后面更重要的内容置之不理，从而影响了听力的效果。其实，听力的目的不在于弄懂每个词、每句话的意思，而在于弄懂文章的大意，抓住文章的主旨。所以在听的过程中，没有必要停留在一个词或一句话上，即使听不懂其中的一个词、一句话也不用紧张、苦恼，这并不影响对整篇文章的理解，也不代表不能理解整篇文章。因而，学生在学习的过程中要充分认识这个问题，养成良好的听力习惯。

（8）听力环境。听力环境也是影响学生听力水平提高的一个重要因素。陈旧的听力设备、室外的噪声、距离音源远近的不适度等，这些因素都会影响学生听力的效果、学生的心情，以及学生的积极性。所以为了提高学生学习听力的兴趣和英语听力教学的水平,教师应尽可能地创造条件,如运用多媒体,去语音室等,安排一个良好的听力环境。

(9)教学的计划。在听力教学中,教师应该对不同学期、不同阶段学生应达到的训练目标有一个合理、科学的规划,并进行系统的安排。这样在教学过程中才不至于盲目、没有方向。学生的听力能力不仅受到自身因素的制约,也和教师的教学计划有很大的关联。过易或者过难,过于分散或者过于集中的计划安排都会影响到学生的注意力和积极性,进而产生负面影响,降低听力教学的水平。

(10)时间的安排。时间安排不合理主要涉及两个方面:一方面,是学校对于听力教学不重视;另一方面,是教师的时间安排不合理。这两种因素都会导致听力教学的时间安排不充足。如果是学校不重视,那么在做教学计划安排时,分配给听力课的课时就不充分,也就是说把听力教学放在了从属地位,那么学生的听力也很难在不充足课时的情况下得到提高。教师如果对听力教学的时间安排不合理,有可能会造成集中训练时间过长,而且训练模式单一,大多只是听一两遍录音,对对答案而已。互动式教学不突出,课堂气氛不活跃,学生容易产生疲劳感,听力课的效果也会下降。

(11)教材的选择。教师在选择听力教材时,要针对学生的学习程度、学习内容、学习目标的不同进行严格的挑选,使听力教材在内容、目标上既有针对性、提高性,又有巩固性、衔接性。另外,听力教材在内容的选择上要新颖、多样化,调节不同学生的兴趣和口味。

(12)应试心理素质差。无论什么考试,心理素质好的学生往往比心理素质差的学生发挥得更好。在听力测试中,心理素质尤其显得重要。因为声音是一种看不见摸不着的东西,有些学生一戴上耳机,心跳就会加快,十分紧张。一旦耳机出现故障或录音质量不好或听到不熟悉的单词,就更紧张,以至于影响整个听力过程。有些学生求胜心切,导致考试时心理过分紧张。这种情况不仅会发生在英语基础差的考生身上,也会发生在英语基础好的考生身上。

二、英语听力教学的策略研究

(一)利用各类信息

1.增强语言基础知识

词汇记忆的多少直接影响到听力能力的高低,要扩大学生的词汇量,还要注意积累一些常用句型和习惯用语。同时,有必要分析一些重要语法知识。此外,克服语音障碍有助于提高学生听力理解的能力。一定的语音知识及正确的发音是提高听力理解能力的前提。提高听力理解能力应该从音标入手,熟知并掌握连读、省音、同化、弱读、爆破等语音知识,在语流中把握词、句的重音、节奏及语调。使学生不仅能听懂讲话人所说内容的表面意思，同时，还能听懂由连读、句子重音、语调变化等朗读技巧所引起的隐含意思。

2. 利用文字、图片等视觉信息

听力理解的主要信息是听觉信息，所以大部分学生的精力都放在了听觉信息上。实际上，与听力相关的文字、图表等视觉信息给学生的听力理解也会带来很大的帮助。例如，英语电视节目的画面对内容理解就有很大的帮助。有时候很多英语新闻节目在播报新闻时，屏幕的下方往往会显示新闻内容的关键词，这些关键词对新闻内容的理解十分有帮助。所以教师要在教学过程中充分利用与听力相关的信息，并鼓励学生自己采用不同的方式和信息来提高听力水平。

3. 了解文化背景知识

语言是文化的载体，二者不可分割。学生平时要多阅读一些有关英美国家的课外书籍来扩大文化知识，教师在课堂上也要尽可能结合所学的课文，给学生提供一些有关英美国家的社会制度、风土人情方面的背景知识，使学生对特定语言环境中言语表层意思外的内涵理解敏感性大大提高，从而提高听力理解水平。

（二）基于学习任务的教学策略

学生一般在有一定任务的情况下会更加积极主动地去学习，因此，教师应把握这一点，设计各种基于任务的教学活动。此外，基于任务的教学法强调听力学习任务的真实性，通过完成真实的听力任务达到提高学生听力理解能力的目的。

1. 任务教学策略的三个阶段

任务听力教学法一般包括三个阶段。

（1）任务前阶段（pre—task）。任务前阶段主要是根据听力材料布置听力任务。

（2）任务中阶段（while—task）。任务中阶段由学生集体和个体准备听力任务，并展示成品。

（3）任务后阶段（post—task）。任务后阶段是结合学生听力任务展示所反映的问题进行词汇、语法以及听力策略的专项训练。

2. 学生听力任务的类型

学生的听力任务可以分为课堂小型任务和课外项目任务，具体来说有以下几种类型：

（1）问题解决型任务。如听完一段材料后，学生根据听力材料和已有的知识来解决听力材料和现实有关的问题

（2）列举型任务。如听完一段材料后，让学生根据一定的顺序或关系，将有关的事实列出来。

（3）比较型任务。如听完一段材料后，要求学生对比一些类似的东西、物品等，找

出它们之间相同点和不同点。

（4）排序、分类型任务。如听完一段材料后，让学生把物品、动作或事实按逻辑、时间顺序排列。

在听力教学过程中，教师要恰当利用上述各种类型的听力任务，培养学生的合作意识和探索精神，提高学生对听力学习策略的应用能力。

（三）基于学习策略的教学法

该教学法是指在听力教学过程中应把培养学生听力策略作为教学内容的一个重要部分。自从20世纪90年代以来，在听力课的教学过程中教师开始关注学生听力策略的教学，有意识地进行听力策略的教学对提高学生的听力水平非常重要。学生在听力学习过程中不是被动地听教师准备的材料，而是主动地吸取信息。左焕琪认为听力学习的策略包括元认知策略、认知策略和情感策略三部分。认知策略直接与听力过程联系在一起，而元认知策略则是指计划、调整和组织安排听力活动。情感策略是指控制情感的策略，即让学生学会控制情感，使它成为自己的要求和行为。

元认知策略包括计划、监控和评估三部分。①计划：在进行听力练习前，学生应对听力活动的目标、过程、步骤做出规划与安排，包括找出听力学习的特点及难点所在，同时制订短期或相对长期的目标。在此过程中，教师应给出具体的学习任务，使学生明确听力的目的，从而为听时有选择地集中注意力做好准备。②监控：监控是指学生依据学习目标，对学习计划中的学习进程、方法、效果、计划执行情况等进行有意识的监控。具体来说，学生需要做到两点。首先，要排除干扰，集中注意力听完听力材料，有选择地注意某些信息，掌握主次信息，有效提高听力效率。其次，要积极思考，善于速记。听力过程中，应该把握语篇的衔接手段，找出中心句以抓住整个听力材料的逻辑关系。在此过程中，学生可以利用速记符号或缩略词等勾画语篇框架，使信息更加条理化、系统化。④评估：评估策略是学生自我检查、自我反省的过程。学生进行自我检查，反思学习的过程和成效，并据此适当调整学习计划和学习方法，能更有效地提高听力水平。在听力学习过程中，学生在完成某一阶段的学习任务后，应该对自己学习计划的完成情况进行一个客观全面的评价，通过评价不仅可以看到自己的进步，还可以分析自己未能完成听力任务的原因，并找出解决问题的方法。只有这样，学生的听力水平才能不断提高。

在具体做听力练习时，认知策略包括通过识别关键词和关键句来把握主题；根据上下文、语调、主要句重音和语篇标志来推断词义；记录重要的人物、时间、地点、数字等听后容易忘记的内容；有意识地将已有的各种社会文化知识和他们掌握的外语语音、词汇和句法规则与所听语言材料联系起来。

学生在学习过程中的情感状态会直接影响其学习行为与学习效果。这些情感因素主要包括学习过程中的兴趣、动机、自信、意志力、态度等积极情感，也包括焦虑、内向、含羞、胆怯等消极情感。因此，教师要充分发挥情感因素的积极作用，从而激发学生的英语听力兴趣，使之积极地参加课堂教学活动，提高教学与学习效果。具体地来说，在学生听的过程中，教师要对学生情感有所控制，如帮助他们提高兴趣、克服焦虑等。如果学生中出现一些不利的情感问题的现象，如自主学习策略实践的程度不够，听力的自我效能低等，教师应该及时地运用正确、积极的心理情感策略来帮助学生解决这些问题。

（四）实用听力策略

1. 听新闻

听新闻是一种很好的培养学生听力能力的方法，因为听英语新闻不仅可以使学生了解国家大事，还可以锻炼学生的英语听力，所以教师应该在课堂上培养学生听新闻的爱好和习惯，还应鼓励学生在课外也要经常听英语新闻。学生在听新闻时，不需要对每一个细节都准确把握，对自己感兴趣的东西可以用心去听，而有些东西则只需有一个泛泛的了解。所以学生在听新闻的时候不要有心理负担，要保持一个轻松的心情，这样才能取得好的效果。当然，如果是怀着训练英语听力的目的去听新闻的，那最好还是用心听。如果新闻内容不是自己很感兴趣的，那么可以听大致的意思。这时，要注意听一些关键词，将这些关键词串联起来，新闻的大致内容也就出来了。例如：

BEIJING.Dec.21（Xinhua）--Chinese President Hu Jintao has called on the country's enterprises to recruit more talents and strengthen research and innovation in order to facilitate the transition from "made in China" to "created in China".

Hu made the remarks during a two—day inspection to Zhuhai, a coastal city in China's southern economic center of Guangdong Province, from Sunday to Monday.

The president also visited two local technician training schools, where he encouraged the students to devote themselves to their studies in order to become talents needed by the country。

在听这则新闻时，至少要听出下面一些内容：President Hu Jintao, enterprises, recruit, talents, facilitate, transition, created in China, made the remarks center of Guangdong, from Sunday to Monday, visited, technician training schools, encouraged, devote, talents.

在听的过程中如果能抓住以上信息，那么新闻的大致内容也就掌握了。

2. 听广播或通知

听广播或通知也是训练学生听力能力的一种方法。旅行时，我们往往离不开机场或车站的广播通知。我们从中获取大量的信息，了解航班或车次的到港（站）的时间、晚点情况等，更重要的是了解登机或上车时间，登机口或候车站台。听这类广播，要求听者必须听懂大部分或所有的细节，进而听力能力能有一个迅速的提高。例如：

This is the final call for Air France to Paris, flight number AFS 14.Any remaining passengers must go immediately to gate 4 where the flight is now closing.Air France flight number AF814 is closing now at gate 4.

在听这则通知时，尤其要听懂的是下列一些信息：final call：最后一次通知（广播）。了解这一点是至关重要的，听到后就要马上登机，否则，将延误登机时间。

这样的训练对提高学生的听力水平有着显著的作用，所以教师在日常的教学中应多为学生播放一些类似的广播，或是鼓励学生在课下多听广播，以培养学生的听力能力。

（三）应试方法

1. 听前预览

教师在听力教学之前要教会学生进行听前预览，即在做每个小题之前，把要做的各个选项通读一遍。学生通过预览可以事先掌握一些数字、人名、地点之类的特别信息，并可以预测要听到的句子、对话或短文的内容。对于关于人名、数字、地点的问题来说，听前预览尤其重要，因为在不预览的情况下，一旦题中提到两个或两个以上的相似信息，就可能对听者产生极大的干扰作用。

例如：

A. In the dormitory. B. In the classroom.

C. In the restaurant. D. In the library.

当读完这四个选项后，我们大致可以猜测到，问题肯定是有关场所的。有了这种猜测，心理上便有所准备，于是在听问题时，就会对有关的词语特别注意。

M: I'm exhausted today. I've been here in the classroom all day reading and doing my homework. What about you?

W: Not too bad. But I'm hungry now. Let's go to the restaurant, shall we?

Q: Where does this conversation take place?

当我们听完听力材料后，发现该题果然是有关场所的。然而，材料中却出现了两个地点，不过提到 restaurant，用的介词是 to，表示方向，是干扰项。因此，正确的答案是 B。由此可见，听前预览的重要性。

2. 关注关键词

信息词是解题的钥匙，抓住了信息词，问题即可迎刃而解。解题信息可能是一个词、一个短语、一个句子，甚至是一个标点；也可能是语音、语调或语气。听时要注意快速捕捉，仔细辨析。话语中的实义词（名、动、形、副、数词等）都是重读词，在语流中读得重而慢，通常都能听清楚，实义词是产生意义的关键词。抓住关键词，就能大大加强对语义的理解。除此之外，根据对话中的语气、语调、重音、句子中的语法结构（否定式、比较句、虚拟语气句、让步和转折、情态动词＋现在完成时态）等可以推测对话某一方的意图、态度、要求及说话的内容；通过双方所谈话题或者说话口吻可以推测他们的身份以及彼此之间的关系；根据说话者之间的相互关系可以推断对话发生的场所等。尤其应注意对话中表示转折、让步意义的关联词如 but、however、although、in spite of 等和暗示句子是虚拟语气，跟真实情况相反的词或短语如：if only、but for、without、wish 等。这些都是重要的解题信息，听音时抓住这些信息点并善于利用，才能选出正确的答案。例如：

M：Would you please give Mr. Jackson a message?

W：Sorry. Mr. Jackson is having a holiday in Chicago.

Q：What can we learn from the conversation？

a. The woman is busy working.

b. The woman can't take the message.

c. Mr. Jackson is in his office.

d. Mr. Jackson will be back soon.

解析：本题测试考生理解明示信息以及抓住关键词的能力。作为对这位男士所提请求的一种委婉拒绝，sorry 成为解题的关键。所以答案是 b。

又如：

M: Is there anything I can do for you, Madam?

W: I'd like to see some bed linen, please.

Q: Where is the conversation probably taking place?

选项：

a. At a supermarket.　b. In a hotel room.

c．At a department store.　　d．In a lost and found department.

解析：这段听力材料中，我们听到一个关键词"bed linen"和一句反映职业特点的重要句"Is there anything I can do for you"。听完之后，我们很快就可以从四个选项中选出正确的答案 c。

所以，教师在听力教学中应该经常训练学生抓听关键词，这是克服听力理解过程中的记忆问题的有效方法之一。

3. 注意所提问题

弄清楚所提出的问题在听力训练中也是十分关键的。有时候听懂了听力材料中的问题，往往正确答案也就很容易确定了。例如：

W: John, I called you yesterday evening, but you were not in.

M: I went to the cinema with a friend of mine.

Q: Where did John go?

  a. He went with Linda. b. He went to the cinema.
  c. He went last night. d. He went by car.

  在上述听力材料中，所提的问题是 where，只要弄清楚了问题，判断出正确答案也就不难了。正确答案是 b。

  4. 边听边记录

  在一个英语听力的测试中，测试的题型不是一种，而是有很多种，如选择题、短文理解等。听力除考查学生的听力能力外，还考查学生的记忆力。有时学生虽然听懂了，但由于要记忆的内容太多，很难记住需要听的全部内容，由于没能记住重要的内容，很容易产生急躁的情绪。所以教师要引导学生养成边听边记录的习惯。所记录的内容可以是数字，也可以是关键词等信息。但是记录的速度要快，单词可以采用缩写的形式，以便不对听下面的内容造成影响。做记录时应注意以下两点内容：

  （1）要有选择地做笔记。在做笔记时，有的学生试图把听到的内容全部记下来，这是不正确的。记的内容应该是重要的信息、容易忘记的内容，比如时间、地点、数量，或者自己特别感兴趣的内容。

  例如：

  Here's a recipe for delicious dumplings, which you can eat on Chinese New Year. Here's what you do.

  Take a cabbage. Chop it into fine pieces. Squeeze the cabbage so as to take away all the juice. Mix the chopped cabbage with minced meat. Then you add salt and vegetable oil. Then you must make the dough. To make this, you mix flour with water. And then you divide the dough up into small pieces. And you roll out each bit with a roller into thin round pieces of dough. Then on each small piece of dough you put a spoonful of the mince. And you wrap it up like a little packet. And then you put it in water and boil it for ten minutes and then you eat it. It's delicious!

  在听短文时，可以做如下记录：dumplings、Chinese New Year、cabbage、chop、squeeze、minced meat、salt、vegetable oil、make dough、mix flour with water、round piece of dough、put a spoonful of mince、wrap it、boil it、ten minutes。这些记录可有效加深学生对文章的记忆，在遇到与上述记录相关的问题时，就很容易选出正确答案了。

  （2）有效地运用缩写、符号。要有效地运用缩写、符号等形式，减少记录的负担。有的学生在做笔记时总是写完整的句子和单词，甚至还记那些无关紧要的冠词、介词等。要培养学生有效地使用那些通用的缩写和符号，并且还可以建立自己的符号和缩写体系，因为笔记是给自己看的，建立自己的系统也是非常有效的。比如，数字就用阿拉伯数字表示，遇到比较长的单词，比如 vocabulary，就用 VOC 代替；difficult，就用 diff 代替。

第二节 英语口语教学策略

一、英语口语教学存在的问题分析

（一）中英思维的差异

思维如同一个人的灵魂，它在英语听说中起到了中枢控制的作用；中英思维上的差异也是影响交流深度的最大障碍。中国人的思维模式含蓄委婉，呈螺旋型，而英美人表现出单刀直入、开门见山的"线性"思维模式。英美人的思维模式和我们有很大的差异。如果对两种不同思想表达方式和思维逻辑关系把握不准，就达不到交流的目的。只有掌握英语思维并将其应用于日常的思考与交流中，我们才能真正地与英语国家的人接触、沟通。但多数中国人容易陷入中国式语法思维、浅层思维、片面思维的误区，从而背离了英语国家本族人的思维，失去了口语本来鲜活的色彩。

（二）口语教材和教学方法相对滞后

传统的英语教学只是一味地给学生灌输词汇和语法方面的知识，对语言应用能力的培养重视程度不够，从而使得很多学生不能流畅地用英语进行交流。目前普遍存在的一种现象是学生的读写能力都还可以，但是会话和交际能力却不尽人意，直到大学毕业还有许多学生学到的英语依然是"哑巴"英语，导致这种现象产生的根本原因是我国英语口语教材教学方法的相对滞后。在运用教材方面，只是一味使用学习教材，而没有根据不断变化的社会需求进行适当的调整，进而使得语言知识与社会实际应用相脱节；在教学方法方面，教师大多采用讲解、联系、运用的传统教学模式，表面上体现了教学的规律，但实际上却压抑了学生的积极性。在这样的教学模式下，学生只能被动地接受教师所讲授的内容，不能成为课堂上主动的学习者。

（三）重视程度问题

首先，就我国《大学英语教学大纲》而言，它规定了大学英语教学目的是培养学生具有较强的阅读能力，一定的听的能力以及初步的写和说的能力。我们认为，虽然《大纲》提出了学生应具有初步"说"的能力，但在"听""说""读""写"四项能力中，《大纲》更强调"读"和"听"。其次，我国大学英语口语教学的观念普遍较为陈旧。目前，虽然许多英语教育工作者和专家学者对大学英语教改提出了很多有现实意义的意见和建议，许多院校也采取了一些改革措施，但应试教育模式仍然存在。长期以来中考和高考不考口语，英语教学只重视听力和笔试能力的培养。中学阶段对于英语口语的忽视是造成大学生口语基础差的一个重要原因，也是学生不能真正提高英语水平的原因。此外，大学生为过级而学英语的现象比较严重。尽管从1999年开始全国大学英语四、六级考试已经在几个院校试行口试，但长期以来，四、六级考试还是注重听、读和写，对口语几乎不做要求。许多学生在考试指挥棒作用下忽略了口语的训练，而高校为了追求过级率，也对提高学生的口语能力关注不够。

（四）教师素质问题

培养满足当前社会需求的大量人才对英语教师提出了新的挑战。坦率地说，现有的大学英语教师队伍的整体素质很难满足大学英语教学改革和提高学生语言交际能力的要求。实施英语口语教学首先要提高教师的综合素质，没有高素质的教师队伍就培养不出高素质的人才。作为一名大学英语教师必须具备扎实的业务基础和语言功底、渊博的知识、较好的教学组织能力、因材施教能力、口头表达能力和科研能力。然而，在我国的英语口语师资队伍中，这样高素质的教师十分匮乏。再加上长期以来我国外语教学的标准化倾向，严重限制了英语教师主动性和能动性的发挥。

（五）语音不够标准，词汇匮乏

在大学阶段，学生大都来自全国各地，每个人的生活环境也各不相同，所以每个学生都带有一定的乡音，这就直接影响到他们英语口语语音语调的标准性。再加上中学时期灌输式的教学方式，学生大多听得多，说得少，使得许多学生在中学时就没有打下良好的口语基础也使得大多数学生的英语口语不够标准。个别学生对于有些音标不能准确发音，句子语调缺乏高低起伏，说英语时含糊不清，很难使人理解。

根据语言学家调查，交际中常用的词汇在2000个左右。对学习英语的中国学生而言，词汇量并不是问题，但为什么美国人有时听不懂中国人讲的英语呢？关键在于学生对书面用语和口头用语的差异不太清楚，在口语表达中用书面化的单词表达。学生掌握的英语词汇含义，有时与实际的地道用法脱节。由于不知道如何使用英语的地道表达法，结果交流时陷入词不达意的困境。这也是学习英语口语的一个普遍问题，忽视了口语的本质是简单。英语口语表达的最高境界应该是"simple but elegant"。越是地道的口语，越是简单。可用一个单词"great" "super" "marvelous" "wonderful"表达"好极了"，而不必使用完整句。简单的词汇就能表明讲话人的心境，起到交流的作用。

（六）句型方面的问题

口语的句子大多较短而结构简单。解决语音、词汇问题的同时，还要积累大量实用、简洁的英语口语句型。由于受传统英语语法教学的定式影响，很多人一开口就是结构复杂的句式，从句套从句，一会儿独立主格，一会儿定语从句。学生自认为创作出了引以为自豪的句子，然而这样讲话，英国人、美国人是无法听懂的。因为这样的表达太麻烦、太复杂，令听者疲惫。口语是交流的工具，其目的是让别人迅速明白你的观点，因此，不必表达得太复杂。口语的惯用表达句型需要长期的运用积累。平时大家在操练口语时，一定要学会使用口语化的句型。

（七）存在心理压力，缺乏自信心

在学校中，大部分学生都会觉得自己英语水平不高，口语很差，即便有些学生的口语能力并不像他们想象的那么差，这些都是缺乏自信的表现。学生在进行口语交流时，总是有种紧张感和恐惧感。总是担心自己说错，担心被教师批评，担心被同学耻笑，因此不敢开口。尤其是一些发音不好的学生，更是不敢在教师和学生面前开口，怕暴露自己的"缺陷"，本能地产生了心理障碍，以沉默来应对口语练习，甚至排斥整个外语学习。即便经历很长时间，他们的口语能力也得不到锻炼。

二、英语口语教学的策略研究

口语教学的目标就是要发展学生的口头交际能力，而口语教学的成功与否很大程度上取决于教学的策略性。本节主要从展示策略、文化导入策略、创境策略和功能评价策略等四个方面，论述具体的教学策略。

（一）展示教学策略

展示策略主要涉及两个部分，即展示的方式和展示的原则。

1. 展示的方式

依据不同的分类标准，一般可将展示方式做如下分类：

（1）按照材料的使用分类：①演绎展示。演绎展示是指教师根据教学的需要直接介绍，然后举例说明表达的方式，设计语境进行练习；②归纳展示。归纳展示是指对文本材料、视频材料等进行分析、呈现的表达方式。一般情况下，先听对话、观看视频，然后根据对话和视频的话题呈现功能，进而组织学生分析对话语言，找出表达的语言形式。

（2）按展示主体的不同分类：①教师展示。教师展示是指从教师的角度出发，由教师进行展示。一般说来，演绎展示多属于教师主体展示，另外，归纳展示中如果是教师根据材料归纳讲解，同样，属于教师展示；②学生展示。学生展示是指展示由学生完成，多属于归纳展示。与教师主体展示不同，学生展示可以更好地发挥学生的主体作用，训练学生的分析能力。在展示中，学生通过对材料的分析，发现表达方式，自己总结规律，从而提高自学能力。

（3）按照展示所用材料分类：①多媒体辅助展示。所谓多媒体辅助展示，是指在展示功能时借助多媒体设备，如幻灯片、动画、视频、网络等展示对话材料，将所要展示的功能，所使用的语言和副语言呈现给学生。②无辅助展示。无辅助展示是指在教学中使用纸介文本，或者是现场的对话，利用黑板等设备呈现功能以及表达方式。无辅助展示通常在不具有现代教育技术，不具备使用多媒体、网络等现代教育技术的学校使用，而且是十分常用的手段。

2. 展示的原则

展示的方式很多，然而要想保证展示方式的效率和效益，必须遵循以下的原则：

（1）简易原则。简易原则是指展示应该尽可能地简单明了，不要把简单的事情复杂化。在多媒体技术高度发达的时代，尽可能使用多媒体技术已经成为人们追求的目标，然而我们在展示中应该注意，不要为了使用多媒体而使用。简易原则就是要求我们如果能够用无辅助展示展示得比较清楚，就不用多媒体展示，要尽量地少用一些设备，不必无端地增加设备应用量。

（2）经济原则。经济原则要求展示用最少的时间、最小的精力投入、最低的财力投入获得最佳的展示效果。教师在对学生进行材料展示时，如果出版社有配套的视频材料，最好选择多媒体，如果没有配套的视频，教师可以自己制作动画；如果教师不能自己制作动画，可以选择纸介文本，这样既省时又省力。

（3）效果原则。所谓效果原则，指的是展示方式的选择应以能够保证达到最佳展示效果为标准。如果多媒体展示的效果要优于无辅助展示的效果，而且学校也具备配套的设备，那么从效果原则考虑，就应使用多媒体展示。

（二）文化导入策略

语言是文化的组成部分，也是承载文化信息、反映人类社会文化生活的工具。任何一种语言都与某一特定的文化相对应，然而由于观念、信仰、思维方式、历史文化、社会背景等因素的差异，针对同一交际场景，不同文化背景的人会有不同的认识体验，从而产生社会文化的差异。口语教学应加强文化因素的导入，培养学生跨文化的交际能力，帮助其构建和完善跨文化交际的目的。

1. 文化导入的内容

文化对语言的影响和制约主要体现在两个方面：一是词语意义，二是话语组织。因此，教师在口语教学中应从词语文化和话语文化两方面进行文化导入。词语文化的导入内容主要包括：习语、词语在文化含义上的不等值性、字面意义相同的词语在文化上的不同含义，以及民族文化中特有的事物与概念在词汇语义上的呈现。而话语文化的导入内容主要包括：话题的选择、语码的选择、话语的组织。为了让学生能够在跨文化环境中成功进行交际，就必须弥补他们在社会认知上的缺省。因而，在口语教学中加强词语文化和话语文化内容的导入就显得尤为重要。

2. 文化导入的方式

文化导入可以结合教材导入。教师在教学中可根据每堂课的教学目标，结合教材向学生介绍一些与之有关的文化背景知识，扩充学生的文化知识信息。例如，在一节关于日常食物的口语课上，教师可以向学生介绍与西餐文化有关的文化知识，并扩展与之相关的词汇及餐厅用语。这种方式是最直接、最自然的导入。

其次，文化导入还可以结合多媒体。中国学生是在汉语的环境下学习英语的，缺乏真实环境下对目的语文化的感受，而多媒体可以为学生创设真实的情景，使学生产生身临其境的感受。有的多媒体还可以与学生进行互动式交流，能有效激发学生的学习热情。可以说多媒体的运用对口语教学中文化的导入起着积极的促进作用。

另外，在口语教学中将主体文化与客体文化进行对比分析，是一个帮助学生构建客体文化行之有效的方法。这种导入策略应充分发挥学生的主动性与积极性，可以提前给学生布置任务，让学生在课前查阅相关资料，然后让学生在口语课上轮流讲解，其中教师可以给予补充。这种方法对于激发学生的积极性以及培养学生的自主学习能力十分有利。

（三）创景教学策略

学习本身就是一种真实情境的体验，只有发生在真实的情境中，学习效果才会更好，所以学生学习的场景应该是具体的、真实的、生动的。所以教师应将真实的社会语言情景引入口语课堂，加强语言与情境的紧密结合，使抽象的语言教学具体化、情景化、形象化，更贴近日常生活中自然交谈的形式。实践证明，在课堂中营造出真实的语言情境，不仅可以激发学生学习口语的兴趣，还可以使学生更快速地掌握英语口语。

情景教学的形式多种多样，下面我们详细介绍其中的两种。

（1）配音。教师可以节选一部电影片段，让学生先听一遍原声对白，接着对其中的语言难点进行讲解，之后再让学生听两遍原声并尽量背诵，然后把电影调至无声，由学生模仿电影中的角色进行配音。这种方式不仅缓解了学生说英语时的焦虑感，增强了学生的自信心和成就感，还能让学生学到最地道的语言，并掌握不同情境下应该运用哪种语音语调。

（2）角色表演。角色表演这种教学方法深受学生的喜爱，也是情景教学最为主要的教学手段。例如，教师可设置一下情景：

Mary Brown left teaching fifteen years ago in order to devote her time to her family. Now her daughter is old enough to look after herself, and Mary seems to have much more time on her hands, so she is thinking of going back to teaching. She wants to discuss this with her family in order to find out their views and seek their advice.

角色：

Mary Brown: You are interested in your family's attitudes towards your going back to teaching, and you do not want to do anything against their wishes. Decide what to do.

Michael Brown: You are Mary's husband. You think it is a good idea for her to go back to work. Try to convince her to go back and try not to let your father advise her not to.

Mr. Brown Senior: You are Mary's father—in—law. You are not very well, and it is your daughter who has helped you along. You are seriously worried if she goes back to work. Try to find ways to persuade her not to go back to work, without sounding selfish. Try to remind her about the stress of teaching and the importance of her place in the home.

角色表演把学生从机械、重复、单调的练习中解放了出来，给学生提供了在不同的社会场景里以不同的社会身份来交际的练习机会。学生可对自己进行角色分工，学生排练结束后进行表演，教师则尽量不要干预其中，进行适时的指导即可。表演结束后，可先让学生表达一下自己的感受并对自己的表演技巧、语言运用等方面发表一下建议，最后由教师对学生的表演情况进行点评。

（四）功能评价策略

口语教学中的功能评价策略，有终结性评价与形成性评价之分。终结性评价是学期结束时的口语能力评价，也包括水平测试中的口语部分语言功能应用能力的评价。形成性评价是学习者在整个学期中口语发展的历程性评价。

1. 终结性评价

口语教学中的终结性评价必须根据课堂的口语交际能力目标设计，至于口语教学中的目标达成评价可以采用应用性活动。也就是说，应用阶段的产出性活动本身就可以作为目标达成评价活动。终结性评价可以根据学习者的具体情况采用不同的评价标准。

2. 形成性评价

形成性评价是指在教学过程中为了获得有关学习的反馈信息，对学生所学知识掌握程度所进行的系统评价，要求教师能够把课堂教学的功能目标分解成几个阶段性评价目标，然后根据每个阶段性目标的特点设计相应的评价活动。形成性评价反映学生的进步情况，对学生的学习尝试做出肯定，以促进学生的学习积极性。如果学生的学习目标没有达成，找出其影响因素是什么，下一步活动应该如何开展。根据形成性评价的要求，课堂教学过程中教师要通过自己的课堂观察与学生之间的对话诊断学习者的学习进展，为学习者功能方面的发展提供自我建构的环境。

3. 口语评价标准

语音、总体可理解度、语法、流利性这四个方面通常是英语口语评价的着手点。

（1）Pronunciation

0.0—0.4 Frequent phonetic errors and foreign stress and intonation patterns that cause the speaker to be unintelligible.

0.5—1.4 Frequent errors and foreign stress and intonation patterns that cause the speaker to be occasionally unintelligible.

1.5—2.4 Some consistent phonetic errors and foreign stress and intonation patterns, but the speaker is intelligible.

2.5—3.0 Occasional nonnative pronunciation errors, but the speaker is always intelligible.

（2）Overall comprehensibility

0.0—0.4 Overall comprehensibility too low in even the simplest type of speech.

0.5—1.4 Generally not comprehensible due to frequent pauses and/or rephrasing, pronunciation errors, limited grasp of vocabulary, and lack of grammatical control.

1.5—2.4 Generally comprehensible with some errors in pronunciation, grammar, choice of vocabulary items, or with pauses or occasional rephrasing.

2.5—3.0 Completely comprehensible in normal speech, with occasional grammatical or pronunciation errors in very colloquial phrase.

（3）Grammar

0.0—0.4 Virtually no grammatical or syntactic control except in simple stock phrases.

0.5—1.4 Some control of basic grammatical constructions but with major and/or repeated errors that interfere with intelligibility.

1.5—2.4 Generally good control in all constructions, with grammatical errors that do not interfere with overall intelligibility.

2.5—3.0 Sporadic minor grammatical errors that could be made inadvertently by native speakers.

（4）Fluency

0.0—0.4 Speech is halting and fragmentary or has such a nonnative flow that intelligibility is virtually impossible.

0.5—1.4 Numerous nonnative pauses and/or nonnative flow that interferes with intelligibility.

1.5—2.4 Some nonnative pauses but with a more nearly native flow so that the pauses do not interfere with intelligibility.

2. 5—3.0 Speech is as smooth and effortless as that of a native speaker.

总之，标准并非一成不变，它会随着评价理念的变化而变化。英语口语的评价标准也是如此，它也会随着观念和内容的不同而发生变化。

第三节　英语阅读教学策略

一、英语阅读教学存在的问题分析

（一）教学观念上的问题

许多教师重视对知识的传授，轻视对阅读理解能力的培养。在阅读教学中，教师往往是讲解生词、逐句逐段分析，然后对对答案，没有培养学生的阅读理解能力。事实上，阅读是语言技能的一部分，阅读能力的培养有助于学生提高分析、思考以及判断能力，拓展视野，激发学习兴趣，提高人文素养，进而提高学生综合语言运用能力的重要意义，因而有必要对该问题引起重视。

（二）应试教育问题

可以说应试教育渗透在学生学习的每个阶段，对学生的学习产生着巨大的影响。例如，大学英语四、六级考试皆为笔试，尽管对英语教学起到了一定的正面反拨效应，但是在语言的表达上也仅仅是做出判断。在进行各类水平的测试时，只要抓住其中的几个重点词，问题就能解决了，以至于学生的阅读能力只停留在粗略理解的水平上，当真正地置身于具体的环境中时，理解表达往往与实际相差很远。由此可见，在应试教育中，学生的理解表达能力的培养没有受到重视。

（三）课程设置不合理

目前，非英语专业英语课可以说就是精读课，兼顾听、说、读、写、译五种技能的培养。英语课程的平均学时才200左右，要想在有限的学时内用传统的教学法来传授语言知识和技能，让所有学生都达到大纲所规定的阅读能力要求有些不太现实，老师上课只能对教材进行筛选，课文不能不上，那就只能把课文后面的阅读和写作部分练习舍去不讲，让学生自己课后看。

（四）教学方法上的问题

目前的教学方法没有很好地体现英语课程标准，突出学生的主体作用，使得学生没有参与的热情，很难使学生形成良好的阅读习惯。尤其是在学校教研氛围不浓的老师，对阅读教学研究不够，实践也不多，很难形成科学有效、易操作的教学方法。总的来说，由于教学方法单一、陈旧，很难激发学生的阅读兴趣，于是学生的阅读能力也很难得到提高。

二、英语阅读教学的策略研究

有效的教学方法应用是阅读教学顺利进行的有利保障，下面就来介绍英语阅读教学中的一些常用策略。

（一）语篇阅读教学策略

语篇教学法是英语阅读教学中一种重要的教学方法。根据图示理论，当学生对某一体裁、题材的语篇材料有所了解之后，就会对其可能涉及的内容、遣词造句、框架结构有一个整体的认知，以后再遇到这类阅读材料时，就能调出脑海中对应的图式来辅助阅读理解。因此，英语阅读教学应该从整体入手，然后到局部，最后再回归到整体，这种教学模式就是语篇分析教学。下面就对语篇分析教学在英语阅读教学中的应用进行具体说明。

1. 分析语篇体裁，掌握篇章结构

了解不同语篇体裁的特征，有助于对文章内容有一个合理、快速的预测。从某种意义上来说，篇章结构的语篇分析是语篇分析教学的关键，因为通过语篇分析可以培养学生的阅读理解能力，而且还可以提高学生的语言综合运用能力。因此，在英语阅读教学过程中，教师要针对不同体裁的文章，指导学生对各类语篇的特征进行准确的判断和分析。例如，就叙事型语篇而言，教师应该指导学生抓住叙事的要素，即以时间、地点、人物、情节为基础，找出作者是通过哪些要素来组织和发展语篇的；就议论型语篇而言，教师则要指导学生找出作者的观点，进而对文章论据的组织和论证的技巧进行分析；就描述型语篇而言，教师应指导学生密切关注语篇中某个事物所用到的不同描述性语言。

2. 激活背景知识，拓宽理解视野

在了解了语篇的体裁和结构之后，就要激活背景知识，为阅读的顺利进行做准备。背景知识是理解特定语篇必须具备的外部语境，所以它对语篇的正确理解有着重大意义。背景知识的激活有助于学生对文章的深层理解，也有助于掌握文章的中心思想和把握作者的写作目的以及思想倾向。其中，激活背景知识的一种有效手段就是提问。

需要注意的是，在对背景知识的提问问题里要以学生为中心，要让学生的能动性在问答中得到充分的发挥。在问答结束后，教师可以将课文的关键字写在黑板上，让学生根据这些关键字来预测语篇的内容。在问答和预测的过程中，学生背景知识就彻底被激活了，而且通过教师的引导，学生的知识面会进一步被拓宽，学生的阅读信心也会随之增强。

3. 词句融入语境，获得整体理解

词句知识是语篇学习的基础，更是培养语篇阅读理解能力的基础。因此，语篇教学除了包含篇章结构、相关背景知识，还包括词句知识。我们都知道，英语中常有一词多义的现象，句子也是如此，同一个句子处于不同的语篇中也会表达不同的含义和交际功能。因此，我们对句子进行考察时，也必须将其放到具体的语境中去，否则脱离了语境的句子就无法确定其交际功能，也不能起到应有的交际功能。因此，英语阅读教学不应仅局限于句子层面，而应突破句子的范围，着眼于句子在整个语篇中的作用。总体而言，只要不影响阅读理解，在处理词、句子和语法时没有必要逐句释义。此外，还要注意培养学生依据上下文揣测词义的能力，使学生能够在语篇的基础上把握词句含义，将词句回归到语篇语境中去。

4. 逐段消化吸收，把握段落结构

教师要将课文中的语言点如常见短语、句型以及固定搭配等指示出来，指导学生造句练习，以使学生能够熟练掌握和运用。但这一环节的实施要遵循精讲多练的原则，并且教师还要有意识地向学生说明段落主题句经常出现的位置、段落的构成、每一段在语篇中的作用等，以使学生对各个段落的意义和作用有一个整体的了解和把握。

5. 围绕阅读教学，进行综合训练

语篇教学的主要目的是将所学知识内化为语言技能，将语言技能转化为英语交际能力。所以当学生对语篇的内容、结构以及融合的知识有了一定的了解和掌握之后，就要有意识地引导学生进行整体吸收和运用，鼓励和指导学生根据篇章所提供的信息进行交际活动。如转述、缩写等，围绕作者观点进行讨论，围绕重点词汇和句型进行说写活动等，让学生处在交际的情景中训练学生的语言表达能力，培养学生的实际交际能力。

综上所述，在英语阅读教学中，语篇教学法有着诸多优点，如强调学生的主体地位和主体参与性；体现了学习方法与技巧的作用；明确了阅读教学的目的，注重学生能力的全面培养等。值得一提的是，语篇分析教学对教师的要求比较高，它要求教师在教学过程中要学习和吸取新的教学理论，注重研究教材内容，讲究课堂教学方法，提高自身教学水平和整体素质。

（二）合作阅读教学策略

合作阅读是在应用心理学交际理论、层次理论、图式理论的基础上，通过合作的方式帮助学生扩充词汇、培养阅读技巧的一种有效教学策略。这种教学策略特别适用于水平参差不平的班级。通过这种策略，学生的词汇量不仅会得到大幅度的增加，阅读理解能力以及合作意识也有很大的提升。合作阅读策略的具体实施步骤如下：

1. 读前准备

进行阅读前活动的目的是使学生在尽可能短的时间内了解与所要阅读材料相关的信息；激活有关话题的背景知识；使学生尽快进入文章角色；激发学生阅读的兴趣，为下一步的阅读做好准备，打下基础。包括引出主题、提出问题、交代任务等。以下是几种阅读前的具体活动。

（1）清除障碍。对学生而言，词汇可以说是造成其阅读困难的最重要的因素，所以教师应在阅读教学的过程中通过对话、故事、图片等形式给学生灌输词汇，扫除词汇障碍，从而更好地帮助学生阅读。此外，教师还可以在课前指导学生进行预习，并布置一些适当的预习题，这样不仅可以使学生明确预习的目标，做到有的放矢，还可以培养学生的自主学习能力和自主学习习惯，同时，能为课堂教学的顺利进行做好心理和知识的准备。这种具有针对性的预习不仅加快了课堂的节奏，加大了课堂的容量，而且也加快了学生理解的速度，增强了理解的深度。

（2）以旧引新。俗语说，字不离词，词不离句，句不离篇。一篇文章是由无数句子组成的，而句子又是由单词通过语法结构构成的。一般说来，一学期的英语课要教授的语法不是很多，并且语法的难度呈现的是递进的趋势。有的时候是几个单元共同呈现一个语法点，教师在教授的时候，就要经常重复这些语法点。当学习新的语法点时，教师通过重复旧的语法知识，引出新的语法点，通过对旧知识的复习，实现知识的再现和滚动，从而加深学生的印象。

（3）激活背景。语言是文化的载体，学好一门外语，不只是多背单词，更要了解异域的文化。因而，教师在阅读教学之前，有必要介绍一些与文章有关的社会文化背景知识，让学生对将要阅读的内容有一定了解，从而激发学生进一步阅读课文的欲望。比如，教授与 Easter 有关的课文，教师就有必要提前从网上下载一些文字资料进行展示，最好是在阅读前与学生谈论相关的节日信息，唤起学生已有积累的知识与生活经验，同时，放映一段万圣节的图片或影像资料，并提问：What do you know about Halloween，让学生交流观后感，得出一个大致的结论：It's an autumn festival，进而引出学习的目的，而后通过进入课文，一步步地解决问题，这样课文中的难点也就迎刃而解了。

（4）预测情节。情节的预测对阅读的顺利完成十分有利。所以教师可以在课前让学生根据题目或一些关键词大胆地想象，预测故事的情节，从而激发学生的好奇心，引发学生阅读的积极性。对文章情节的预测不仅有利于巩固学生已有的知识，还有利于学生逻辑推理能力的培养，而且对学生准确把握文章的主旨能起到很好的作用。题目通常是一篇文章中心的体现，所以教师可以根据课文的题目引导学生去预测课文的内容，预测的内容正确与否对理解文章的内容都会有帮助。此外，教师还可以引导学生抓住关键词对课文内容进行预测，让学生充分发挥自己的想象力，然后通过阅读课文来验证自己的预测。

2. 阅读中的策略

传统的阅读课通常是通过判断正误、提问、解释句子以及翻译等几种活动来进行。心理学家古德曼认为阅读是一种"心理语言学的游戏"。学生在阅读中可以了解课文中的一些语言现象，进而获取较详细的篇章信息。阅读的过程，实质上是认识层次的推测与验证相互交替的过程，因而，这里所要谈论的阅读中的策略是强调阅读过程的分析，而不是针对传统的阅读结果。阅读中要讲究略读、跳读、速读以及预测的技巧。

（1）略读。略读是一种选择性阅读，对于信息也是有选择性地获取，因而，并不要求学生逐词逐句地阅读。略读的目的是尽快了解文章的大意或中心思想，所以学生可以有意识地略过一些词语、句子，甚至段落。这种策略注重的是文章的大意，而不是细节。在略读中，我们首先要关注的是文章属于什么题材，涉及了什么内容，然后在阅读的过程中，要注重文章的第一段和最后一段，以及各段的第一句和最后一句因为，第一段是一篇文章的大概，有助于我们抓住主要情节和论点，而各段首句和末句则给我们提供了文章的线索。具体说来，略读时应该注意使用以下技巧：

第一，着重阅读文章的第一段和最后一段，在段落中则注意常在段首的主题句和段尾的结论句。许多文章的第一段是对全文主要内容的概述，而最后一段作为结论。段落的首句也往往是主题句，而末句常常是结论句。掌握文章段落的这种结构有助于有效地略读。

第二，利用文章的题目和文章的小标题以及黑体字、斜体字和划线部分。文章的标题常常是文章内容的高度浓缩和概括，利用标题常能预测文章的主旨文章。黑体字、斜体字和划线部分通常是作者提醒读者加强注意的重要信息，是文章的重点。

第三，注意关键词语。文章对关键词的选择可以反映在特定的场景下讨论什么话题，即文章所用的词汇，尤其是实义词汇大多同文章的主题有关。因此，略读中利用关键词，便可推测文章的主题。

第四，注意关联词语。表示顺序、递进、转折、原因、结果等逻辑关系的关联词语，对了解作者的观点和语气至关重要，因为这些词常常引出作者的观点和思想。

（2）跳读。跳读的目的主要是根据问题去寻找答案，尤其是在时间来不及，不可能进行通篇阅读，而对选择题的几个选项又无法判定时，宜采用这种策略。跳读是为了准确定位详细而又明确的信息,在采用该种阅读方法时,一般需要采取以下步骤:①读懂问题,并大致了解四个选项,确定所要寻找的是哪类信息以及这种信息以何种形式出现。例如:如果你想知道是谁做了某事,你就会特别关注人物;你想知道某事的发生时间,你就会寻找日期。②根据问题提供的线索,快速回到原文中去,明确到哪里去寻找所需的相关信息。③快速搜寻,找到你所需的信息后,认真阅读上下句,并对其进行加工处理。对于阅读问题中要求选出的时间、地点、人物、做事的方式、事情的起因、结局之类的信息,可以边读边划下来。④对于与本题无关的信息,可以略过。⑤再返回到阅读问题中,比较问题的四个选择项,然后确定哪一个和文章中的信息是一致的。无论在平时的训练时还是临考时,教师应该注意对学生这方面技能的培养,以提高学生的跳读能力。因为这种阅读方法,不仅可以快速地进行语言信息的比较、筛选,还能提高解决问题、信息处理和语言评价能力,最终达到高效准确的实用效果。

(3)速读。如何在纷繁复杂的信息流中迅速找到自己需要的信息,这是时代人的必备素质之一。因此,以信息搜索为特征的泛读不再是精读的辅助手段,而是需要切实掌握的阅读能力。一般来说,高效快速的阅读需要把握好文章的"两点一线"。"两点一线"分别指文章的主题句和信号词。抓住文章的主题句和信号词,便可能把握作者的整体思路,其余部分一扫而过。但这并非意味着完全忽略细节,所以要抓住"一线"。因此,在平时的训练中应注意以意群进行阅读,有针对性地训练分析长句的能力,快速准确理解文章大意,不能总是将注意力集中在每个单词上。快速阅读是一种学习的技能,是信息社会发展对英语学习者尤其是大学生提出的能力要求。教师应在教学中加强篇章教学法,指导学生克服阅读中的不良习惯,培养学生科学有效的阅读方法,最终实现英语阅读速度和质量的完美统一。

(4)预测策略。美国学者 Goodman 指出:"有效的阅读并不在于对于全部语言成分的精确的知觉辨认,而是取决于读者选择最少的最有生产力的和对首次预测的最必要的语言提示。"读者能具有预测到尚未读到的下文的能力,犹如听者能预测到尚未听到的话一样,这种预测能力对阅读是非常重要的。因此,在阅读课教学中应鼓励学生利用上下文和构词法进行预测。预测不仅在听力理解中有着不容忽视的作用,也是阅读过程的重要一环。阅读不是被动地接受和理解信息的过程,而是不断地预测、验证、修正及进一步预测的循环过程。阅读过程中,读者经常要借助逻辑、语法、文化等线索,对文章的主题、体裁、结构以及相关的词汇进行预测。对文章内容和体裁的预测,可以借助文章的标题。对主题框架的预测,是对下一步阅读与理解的一个导向性的铺垫。对于没有题目的篇章,作者往往通过开篇或结尾来锁定文章的主题。对文章结构的预测,可以在篇章层次上、段落层次上以及句子层次上进行。在篇章层次上的结构预测可以使读者通过语篇连缀词、关键词等过渡承转手段,轻松地跟踪作者的思路。在段落层次上进行的结构预测是利用段落的结构特点,把握作者的思路和重要信息的位置，熟悉段落的扩展方式对于捕捉主题句和划分段落层次十分有利。句子层次上的预测可以帮助读者忽略冗余信息，从而大大提高阅读效率。

3. 巩固理解

巩固理解环节主要是为了加深学生对材料的理解程度，同时，扩展学生的知识面。在巩固理解阶段，教师可让学生根据阅读材料进行提问。由于学生一直都处于被提问的地位，并不擅长提问，提出的问题可能会脱离重点。为避免发生这些情况，使学生提出切实有用的问题，教师可先提出几个问题给学生做示范，以使学生明白如何提问。

4. 合作学习

经过以上几个环节，学生对阅读材料以及阅读的策略有了一定的了解和掌握，此时就可以开展合作学习活动了。具体做法是，教师对学生进行分组，每个小组成员都扮演一定的角色。角色分工如下：

组长。组长在活动中的主要任务是确定合作阅读的具体任务，组织和保障合作阅读活动有效开展。

问题专员。问题专员在活动中的主要任务是在学生猜测词义时用问题卡片提示操作步骤。

激励员。激励员在活动中的主要任务是激发组员的参与积极性，评估每个组员的参与程度。为小组下一步活动提供建议。

监控员。监控员在活动中的主要任务是监督组员的参与情况，并维持组内的秩序。

发言人。发言人在活动中的主要任务是作为本组代表宣布讨论结果。

记时员。计时员在活动中的主要任务是掌控合作阅读各阶段的时间。

小组合作学习可以为学生创造轻松的学习环境。在这种环境下，学生可以轻松地学习和交流，而且通过实践活动，学生能更加深入地了解和认识文本，从而提高听、说、读的综合能力。

（三）提问阅读教学策略

提问是指将整体教学方法细化到段落和章节中，并针对不同的阅读材料和教学目标，进行不同形式的提问。在采用提问法时，教师要注意提问的层次性。教师应根据学生的不同情况把握问题的频率和难度。

1. 提问的类型

针对学生需掌握的信息而言，提问具体包含以下五种类型。

（1）表层理解，也就是问题的答案可以在课文中找到。

（2）深层理解，要求学生根据文章提供的信息以另一种形式组织或解释。

（3）推理性理解，要求学生对文章中隐含的意思进行阅读和思考，并作出准确推理。

（4）评价性理解，要求学生认真分析阅读材料中所给出的信息，并作出正确的判断。

（5）个人理解，这源于学生对课文内容的理解和反应。

当然，上述问题可能都会同时涉及，教师可依据具体情况选用不同的提问形式。问题的提出根据不同的情况也有不同的提出方式。

2. 提问的形式

提问也要采取不同的形式，具体包含以下几种形式。

（1）就主旨提问，常见的形式有"This article is mainly about…；The main idea of this text may be…；The authors purpose in writing this text…"等。

（2）就细节信息提问，常见的形式有以 who，why，what，where，when，how 开头的提问；"Choose the right order of the events given in the passage；According to the passage which of the following is not a statement?" 提问等。

（3）就信息归类提问，常见的形式有"The conclusion of the text is…；We can summarize the main idea that…"等。

（4）就作者观点提问，常见的形式有"The author gives his opinion that…；The authors attitude toward this topic is…；The author believes that…"等。

（5）就推断提问，常见的形式有"The author suggests that…；The author implies that…；It can be inferred from the text that…"等。

当学生对提问的类型和形式有了一定的了解之后，必然会提高阅读的速度和准确度，那么阅读能力也会随之提高。

第四节 英语写作教学策略

一、英语写作教学存在的问题分析

在对中国英语学习者的听、说、读、写、译五种能力的培养中，写作是最难培养的能力之一。就现在英语教学的情况而言，写作能力的培养是一个极其重要的方面，也是英语教学的目标之一。但是英语写作也是英语教学中一个最薄弱的环节，尽管教师尽心尽力，效果却不明显，学生的写作水平也一直没有达到预期的效果。究其原因，是因为英语写作教学中存在着很多的问题。

（一）教学改革相对滞后

随着新课程改革的全面推进和不断深入，英语教师对新课程指导下的写作教学有了一定的认识，然而在实际的英语教学进程中，写作教学的改革相对滞后。很多教师还没注重对学生的英语思维能力进行多方位、多角度的训练，没有采取各种方法训练学生英语思维的发散性、创造性、广阔性和深刻性。英语教学是个整体工程，写作教学和阅读教学、口语教学以及其他形式的教学之间具有互动互补与彼此关联的整体性。然而，在实际的英语教学过程中，教师并没有真正把写作教学置于这个整体性框架之中，于是就存在着为写作而写作的现象。

我国的英语写作教学滞后也有教育决策部门的责任。虽然我国的各级学校外语教学大纲几经修改，提出要全面培养学生听说读写四项外语技能，但是在实际教学过程中差不多百分之九十的时间都花在"阅读"这一项接受性技能上，对于像"写"和"说"这类运用技能的培养却放在微不足道的位置。这不是教师的错，这是国家制定的各级考试"指挥棒"指挥的结果。翻开各类外语笔试试卷一看便知，最能反映语言运用水平的写作所占比重不超过四分之一。再者，国家教育当局主持编写的外语教材，除专业外语教材外，一般都没有将写作教材分类编写。这样编排教材非常容易造成写作时间被阅读课文语言点和语法难点的时间挤掉，使写作得不到系统训练。外语写作技能培养已成了被人遗忘的角落。要扭转我国外语写作教学滞后的问题，必须下大力气才行。

（二）课程设置不合理

在英语教学中，由于课时有限，完成每单元的课文讲解、听力理解、阅读理解等耗时较多，几乎没有多余的时间留给写作教学，从而使大部分人忽略了写作的重要性，也使得写作变成可有可无的教学内容。一般的学校都没有设置专门的写作课程，于是写作教学效果也得不到保障。

（三）缺乏相关的教材

虽然目前的教材都有相应的"听、说、读"等配套练习，但是关于"写"的教却非常少。尽管在教学中，每个单元都设有写作专项练习，但这些练习多是被动的，配套教材的短缺使得写作技能的训练是零碎的，不连贯的。在这种缺乏系性的写作教材的情况下，写作整体教学的质量也就难以保障。

（四）教师方面

在写作教学方法方面，由于学时限制，四、六级写作教学基本上都采用结果教学策略。教师在有限的课堂教学中为学生提供不同类型的范文，在对范文稍加讲解之后就要求学生参照范文模式，在规定的时间内利用课外时间完成写作任务，最后由教师进行批改和讲评。这种教学方法基于行为主义理论，整个教学过程就是从刺激到反应的过程。这一教学方法把写作教学的重点放在了写作结果上而忽视了写作过程中本应具有的创造性过程，从而以应试为目标，采取短期突击强化的做法，放弃了写作的正常训练。此外，教师对于学生写作练习的批改也存在较大的问题。大部分教师在批改学生作文时把注意力主要集中在学生的英语表达错误上，批改中往往指出学生作文中的语法错误、拼写错误、词语用法错误等问题，却未能做好对作文中的内容结构及篇章结构作出必要的点评。这种批改方式在一定程度上造成了学生过于注重语法、拼写、标点，而在表达思想内容时被上述问题束缚了手脚，从而谈不上文章的篇章结构及内容质量上的提高。

（五）教学方法缺乏创新

传统的教学只是一味地注重词汇和语法知识的传授，却忽略了分析语篇的内容、结构等方面能力的重要性。这种重语言知识的讲解，轻言语和表达技能的训练的知识性传授模式，似乎使学生学到了很多知识，但却不利于学生写作能力的提高。于是当学生提笔要写作时却无话可说、无事可写，即使写出了文章，文章也是空洞的，无条理性的。重结果的教学方法一直被沿用，教师在写作教学中的作用也仅限于打分和评判，却对学生的写作过程指导得很少，重视程度也不够。这种重结果的教学模式也导致了师生之间、生生之间的交流互动严重匮乏，忽视了在写作过程中对学生兴趣的激发和培养。久而久之，学生逐渐失去了学习写作的动机和兴趣，写作教学的提高也就无从谈起。

（六）学生方面

在传统的写作教学中，学生所接受的基本上都是词汇、语法、句型等知识技能的训练。学生习惯于汉译英的模式，不少学生一看到作文题，就先用汉语打一草稿，继而逐句翻译，按汉语句子的模式生搬硬套。写出来的作文大部分是中国式英语，并进而慢慢地形成了固定的表达模式。由此写出的文章结构不清，句型单一，内容缺乏连贯性，更谈不上并列、转折、让步、因果关系等连接手段及修辞手段的使用。有的学生即便是灵活掌握了词汇、句型和写作技巧，但思维较为混乱，想到哪写到哪，文章逻辑关系松散，文章内容缺乏思想，深度不够。

（七）批改方法缺乏有效性

在实际写作教学中，教师缺乏科学和系统的批改方法。学生交上作文后，教师往往会忽略学生在整个写作过程中思维能力的培养，而是把评改的重点放在纠正拼写、词汇以及语法等句子水平上的错误，甚至有些老师并不让学生进行独立的写作，而是用下课抄写、背诵范文的形式训练写作能力。这种批改方法使学生变成了被动的接受者，而不是积极的参与者，不能够主动地认识和改正自己的错误，因而出现了教师反复改，学生反复错的局面，导致学生对写作消极应付，望而生畏，写作水平难以得到提高。

（八）应试教学倾向明显

现在社会普遍认为，学生的写作表达能力远远落后于其语法、词汇和阅读能力，究其原因是因为应试倾向明显，因为写作在考试中分值明显要比阅读、词汇少得多。另外，目前英语考试中的作文多是提纲式命题，这就造成了学生几乎采用清一色的归纳式结构，不利于克服母语文化思维的负面影响，不利于培养学生有意识地使用衔接手段。

此外，中国的教育传统几千年来一直强调正规的学问，并不热情鼓励学生的独创性活动，对学生的学习表现总是持批评态度，对学生学习发展过程中出现错误的容忍度非常有限。中国这种教学传统培养出来的学生最习惯的课堂就是老师讲学生听的模式。对于交际法或过程法等学生活动较多的教学方法，要是短期内未见成效，学生就会认为教师是在浪费他们的时间和不负责任。学生的意见还可能反映给家长和学校领导。所以迫于社会和学校等方面的压力，很多教师宁愿墨守成规也不愿探索使用那些担风险的新教学模式。

二、英语写作教学的策略研究

要提高学生的写作能力，教师既要引导学生对词汇、语法等语言知识的积累，打好基础，还要增强学生的写作策略意识。英语写作教学应以培养学生的英语写作能力为本，将教学重点置于英语写作能力提高的动态过程之中，而写作教学的成功与否很大程度上取决于写作的策略。

（一）结果教学策略

传统的写作教学大都是采用结果教学策略，以传统技巧的讲授和作品为中心，强调正确的语言用法和形式，强调文章的传统修辞模式，如记叙文、描写文、说明文、论说文或诗歌等。这种教学法的理论基础是行为主义理论，该理论认为教学过程就是教师给予刺激，学生做出反应的过程。因此，教师在训练学生的写作技巧和技能的过程中，往往侧重于引导学生观察和思考自己所写的结果，而忽视了如何培养和提高学生语言思维的能力。在这样一种反复演绎、讲解，甚至生硬注入的教学中，学生的学习是被动接受，没有主动地创造和探索，结果教学策略的课堂以教师为中心。首先，教师讲授修辞手法、语法规则、文章发展模式和写作技巧等。然后，教师提供一篇范文，进行课堂分析，重点放在修辞形式和结构模式的选择上。最后，教师布置一道写作题目，要求学生模仿范文的形式写一篇类似专业作者水准的文章。整个写作过程全部都是在教师支配下完成的，学生毫无自由创作的空间，写作成了机械的输入和输出的过程。这种教学方法的结果是：学生只为教师而写作，只注意形式而忽略内容，写出来的作品不是矫揉造作，就是空洞乏味。另外，大多数作文题目脱离现实，没有考虑到学生作为写作主体的交际需要，使他们对写作失去信心。写作不仅成为应付差事，也影响了学生创造性思维的发展和写作技能的提高。20世纪60年代起，人们逐渐认识到这种传统写作教学法的弱点。同时，很多研究表明：语法掌握的好坏和写作能力之间并没有必然的联系。针对这种教学法的不足，写作教学的研究者和教师们纷纷从多层面探索写作教学的新方法和新路子。于是，各种教学法应运而生，如"过程法""环境法""范文法""体裁法""社会文化法""认知法""功能法""评论法"等。影响较大的有20世纪70年代开始出现的写作过程教学策略（process approach）和近几年出现的体裁教学策略（genre approach）。

结果教学策略是我国目前使用最为广泛的一种英语写作教学方法，国内许多的英语写作教材也是按这种教学法设计的。结果教学策略在具体实施中存在着很大的差异。总体来讲，这种教学法注重语言知识的运用，强调文章中要使用适当的词、句法和衔接手段。就段落来讲，强调主题句、段落的组织与结构，即通过所谓的模式来展开段落，常见的模式有：事情发展过程、对比与比较、因果关系、分类、下定义等。

结果教学策略一般把写作分为四个环节：

（1）熟悉范文（familiarization）：教师选取一篇范文进行讲解，分析其修辞选择模式和结构模式，介绍修辞特点和语言特点。

（2）控制性练习（controlled writing）：教师就范文中所体现的相关常见句式要求学生进行替换练习，学生在教师的指导下渐渐过渡到段落写作。

（3）指导性练习（guided writing）：学生模仿范文，使用训练过的句式，尝试写出相似类型的文章。

（4）自由写作（free writing）：学生可以自由发挥，使得写作技能成为自身技能的一部分，用于现实的写作之中。

结果法忽视了写作过程本身的复杂性，从而缺乏对学生在写作过程中所遇到困难的了解和认识。而学生的整个写作过程都是在老师的完全控制下完成的，没有自由创作的空间，学生只关心分数的高低，写的文章常常是内容空洞无物、结构生搬硬套、表达平淡无力。

（二）读写结合教学策略

读写结合教学策略进行教学，以阅读引导写作，以写作促进阅读，使一项教学活动同时收到多方面的效果。根据Krashen于1984年提出的可理解性输入假说，认为决定二语习得的关键是接触大量可理解的、有趣而又关联的目的语。阅读可以说能为写作提供所需的输入。马广惠、文秋芳通过研究发现阅读能力对写作能力有影响作用。因为阅读能力强的学生，更有能力从阅读中获取表达词汇。英语表达词汇水平对英语写作能力起至关重要的作用。学生词汇量越大，他们可写的内容就越多，文章就越长，主题思想得到充分发展的可能性也越大，文本的质量也就越高。这里指的主要是评判性阅读（critical reading）。大量的阅读能帮助学生扩大词汇量，通过上下文语境掌握词汇的准确用法和句法知识；其次，阅读各类题材和各种内容的文章，可以增强学生的文化背景和百科知识，提高他们的认知能力；再者，阅读培养学生细致观察语言、假设判断、分析归纳、推理验证等逻辑思维能力。通过阅读，还可使学生了解地道的外语书面语特点，避免在写作中将书面语和口语体混淆。如果将写作与阅读融为一体，就能把语篇结构的分析、语言知识的传授和写作技能的训练结合起来，使之成为一个相得益彰的统一体，达到以读促写、以写带读的目的。这样既能从更高层次上对阅读材料进行准确、深入的理解，又使每一篇阅读材料成为学生写作的良好范文，从而保证学生在大量阅读中有充分的写作模拟训练。"读写结合"强化了语言本身的整体性，缩短了语言知识和应用能力之间的距离。具体地说，通过阅读，学生与作者的思想感情相沟通，并且可以学习写作技巧，获取写作经验，领悟见解，掌握信息，从而激发学生去思考、感悟，并开拓思路、扩大视野。阅读培养的思维分析、推理习惯和能力以及学到的语言知识、语法规则等使得写作成为表达思想的自然愿望，使学生不再从心理上畏惧写作，把写作看作是被动应付的苦差事。阅读对写作的好处还在于：①通过阅读可以培养语感。学生写作时之所以感到力不从心，就是因为他们语感差，没有形成英语的思维定式。②通过语篇分析能培养建构篇章的能力。根据建构语言学理论，外语学习者必须在言语中掌握语言现象，不断地建构自己个体的语言体系，同时学会利用语言体系中的材料建构话语。在学生通过阅读对英文写作特点和技巧有了初步认识之后，让学生进行大量的写作实践，如写读书报告、读书札记和书评或所阅读文章的提纲等。也可以让学生写作与所阅读文章题材类似的文章。"读写结合"的写作教学模式比较适合课时少、写作内容和课程没有单列的非外语专业学生。

（三）过程教学策略

写作的过程教学策略开始于20世纪60年代美国的第一语言教学，它是在发生认识论、信息论、控制论以及各种语言理论和教学法的影响之下所形成的一种写作教学方法。经过教学法专家的探索和实践，特别是经过美国写作协会（National Writing Projects）的大力推广后，过程教学策略一度成为最有影响的教学方法。Rodrigues 曾评论说，过程教学策略行之有效，有人对它到了"崇拜"和"狂热"的地步。从20世纪80年代开始，从事第二语言教学研究的学者将"过程法"应用于第二语言的写作教学。在理论上，过程教学策略强调思维在写作活动中的重要意义，强调作者的主体意识和能动作用。而在实践上，它改变了以往的写作教学片面强调语法结构、修辞手法和机械模仿的倾向，把实际交际能力和智能的培养放到首位，因而它强调的是写作过程，提倡学习者的合作。

过程教学策略更强调运用语言进行创造性思维，并运用语言达到交际的目的。同伴互评是过程写作教学法在修改和编审阶段最常用的一种协作学习手段。行为主义心理学认为一切学习行为都是刺激、反应和强化的过程，因此，以此为根据的听说教学法特别强调机械操练的作用。这反映在写作中便是注重分析和模仿文章的语言因素和结构形式，而忽视了作者作为写作主体的思维活动和实际的交际活动。20世纪60代初，以瑞士心理学家皮亚杰的发生认识论为基础，语言学习的认知理论逐渐形成。认知理论强调创造性思维在学习活动中的主导作用，认为学习不仅仅是掌握一门技艺，而是高级的智慧活动，因而反对学生消极、被动地接受知识，主张让学生积极主动地去探索原理。在认知理论的影响下，过程教学策略把写作看成是一个发现、适应、同化的认知过程，因而，强调学生要独立思考、收集材料、组织材料，对材料加以内化，并从中发现规律、掌握原理。只有这样，学生才能够创造性地运用语言知识，写出好的文章。除了认知理论之外，交际教学法也对过程教学策略产生了积极的影响。它把写作教学的内容从单纯的语言知识扩大到语义、文体、语域、甚至社会文化等方面。写作一方面，要培养学生外语表达的能力；另一方面，要培养他们分析社交场景、读者心理以及交际目的和效果的能力。同时，过程教学策略还强调写作的根本任务是交际，是培养实际交际能力。因而，要尽可能使教学过程生动化、情景化、以创造出适当、自然的交际环境。

过程教学策略把写作过程分为构思（planning）、初稿（first draft）、同伴互评（peer reviewing）、修改或写第二稿（second draft）、教师批阅（commenting）、定稿（final draft）等具体步骤。在过程教学策略的指导下，教师和学生都参与写作的全过程。同时，由于教学过程引入了多层次的反馈机制（feedback mechanism），学生成为教学主体，参与写作的每个过程，他们"既是作者，又是读者；既是被评论者，又是评论者；既是被反馈者，又是反馈者"（张坚，2000），而绝非是消极等待中做出反应（response）的被动体。这种教学法克服了学生在结果教学策略中所形成的认为写作可以"一次成稿"的心态，从而使学生的写作通过多层反馈或多方式反馈，经过多次修改，变得越来越完美。另外，在传统课堂上写作教学活动往往比较单一乏味，而过程教学策略使得这一活动变为生生之间、师生之间轻松自然的信息交互和信息输出活动。学生在写作过程中的主动性及独立思维能力得以提升。

与结果教学策略相比，过程教学策略最明显的特征就是尊重学生的主体性。通过分组讨论实现的学生积极参与及相互交流，通过教师对学生的初稿、一稿……直至成稿的多次评改实现的教师监控作用以及师生间的充分交流。因此，教师是否组织、如何组织学生进行小组讨论以及如何对学生的作文做出反馈是过程教学策略能否成功的关键。过程教学策略自诞生以来，一直是受人欢迎并被广泛采用的教学方法，但是自 20 世纪 80 年代初，过程教学策略也受到了许多学者的质疑。Rodrigues 指出，过程教学策略看似能让学生自由发挥，而学生确实需要语法结构，需要模仿，需要提高各种写作技巧。Horowitz 也提出类似的批评，认为过程教学策略只强调写作过程，不像结果教学策略那样让学生一次性完成作文，这使得学生没有足够能力应对各种写作考试，而过多进行小组评阅会使学生不能正确评估自己的写作能力。

（四）写作综合教学策略

传统的成品法虽然不注意充分考虑学生的认知过程，但是它对语言基础知识的关注以及它充分利用范文介绍各种文体的篇章结构和修辞手法的做法确实值得借鉴。过程教学策略注重思想内容的挖掘和学生作为写作主体的能动性，体现以人为本，有利提高写作者分析能力和逻辑思维能力。过程教学策略还可以通过师生合作、同学合作学习讨论的方式使令人生畏的写作活动变得轻松愉快。体裁教学策略虽然对写作的看法基本与成品教学法类似，都认为写作与语言知识密切相关，但是它的优点在于把写作活动作为受特定社会语境制约的、为特定目的服务的交际活动。不同的社会语境要求文章具有与之相适应的语篇结构。Badger 和 White 于 2000 年集合了上述三种教学法的优点，提出了"过程体裁教学策略"。认为这种综合教学方法值得借鉴。

（五）体裁教学策略

体裁教学策略认为，写作教学首先是帮助学生提高体裁意识和提高学生对与体裁密切相关的修辞结构和语言特征的认识，这与结果教学策略有点类似，因为两者都注重对语言应用能力的培养。不同的是，体裁教学策略认为写作因社会语境的不同而有所变化，应尽可能多地让学生接触不同的体裁。体裁教学策略注重语境和写作目的，提高学生对不同体裁语义框架的认识，学会写作不同体裁的文章和整体写作能力。同时，又较好地处理了写作任务必须解决的三个问题：

（1）确定由某个题材限定的内容；

（2）选择语言表达方式；

（3）用什么样的修辞方法组织选择内容和语言表达方式。

体裁教学策略可以克服过程法的某些不足，但其缺陷也很突出：

（1）体裁的规约性可能导致教学活动呆板和枯燥，学生写作出现千篇一律现象；

（2）课堂教学容易出现以语篇为中心的倾向，教师容易偏重对语篇的描述和复制，忽略学生创造性写作活动的开展，学生的学习显得有些被动；

（3）由于体裁种类繁杂，课堂教学难以穷尽学生将来可能遇到的所有体裁；

（4）对写作技巧不够重视。

在写作教学中，体裁教学策略与结果教学策略有一定的相似之处。两者都把写作看成是以语言为主导的行为。不同的是，体裁教学强调社会环境对写作的影响。体裁教学策略的倡导者认为交际的目的是体裁的决定因素，不同的体裁（如求职信、道歉信、收据、法律文书等）是用来实现不同的目的的。受到交际内容、方式、媒介和读者等多种因素的影响。

（六）译写结合教学策略

英语写作既是语言活动，也是思维活动，思维模式影响修辞方法和谋篇布局的基本规律。中国学生英语写作中的语言失误主要是由于汉语思维对英语的支配作用造成的。王文宇、文秋芳通过有声思维的方式研究发现中国大学生的二语写作过程普遍存在双语特点，即母语与二语同时参与思维。低年级学生用母语组织进入脑海的每一个想法，然后逐字逐句地译成二语，这种做法在二语写作水平低的学生中相当普遍。不过，他们发现随着二语水平的提高，学生运用二语的思维能力会逐步增强。大学生甚至包括中学生，由于是在一个完全汉文化的环境下成长起来的，其汉语思维基本已成定势。他们的母语思维方式和文化语言习惯无时无刻不在阻碍其英语写作能力的提高。这种现象可以从学生作文中比比皆是的汉式英语表达方式、句法和语篇结构错误得到验证。既然母语思维的干扰不可避免，就必须采取措施促使母语在二语写作中的负面影响向正面影响的方向转移，使学生认识到两种语言和思维模式的差异，并在英语写作中有意识地加以避免。实践证明通过翻译练习指导学生开展英、汉两种语言的对比研究可以增强学生的英语语感，增强识别能力，使其熟悉英、汉两种语言的表达方式和篇章结构的特点。

（七）利用计算机技术教学策略

为了提高广大中国学生的英语写作能力，最佳途径就是利用计算机开展网络写作教学。在我国，网络写作教学不仅符合我国的国情和教情，与传统的教学策略相比他还有自己独特的优势：①由于外语学习受学习者情感因素的影响很大，有时学生会因为害怕不能成功地交际而产生一种焦虑感。写作是一个复杂的心理过程，涉及多方面的知识和能力的综合运用，同时，也受情感因素的影响。在网络这种虚拟环境下写作可以消除学生的写作心理障碍。②由于学生可以在网络上直接与教师或同学进行充分的沟通和交流，学生可以得到比传统教学模式更多的来自教师的个别辅导和同学的帮助。③利用计算机进行文档处理使文章的修改和校对变得非常容易。学生可以免除反复抄写的劳役之苦，从而变得乐意修改，进而提高文章质量。④网络写作教学能以人为本，体现以学生为中心的教学模式。学生可以根据自己的实际水平选择学习写作的起点和侧重面，实现个性化教学和异步教学。⑤学生可以充分利用因特网和本校教师编写的网络写作教材提供的资源，从而非常容易地找到写作中所需的材料，写起来得心应手，轻松愉快。

第五节　英语翻译教学策略

一、英语翻译教学存在的问题分析

（一）教学大纲存在的问题

虽然翻译十分重要，但翻译教学在英语教学中并没有引起足够的重视。首先，作为大学英语教学的纲领性文件《大学英语教学大纲》，对翻译教学并没有给予充分的重视。1999年版的《新大纲》在其教学目的中提及了培养学生的翻译能力，但其重点仍然是培养学生具有较强的阅读能力和一定的听、说、读、写、译能力。2004年版《大学英语课程教学要求（试行）》的教学目标集中在培养学生的英语综合应用能力，特别是听说能力方面。因此，可以看出翻译教学在大学英语教学中并没有受到重视；其次，大学英语一直是一门基础课程，高校大都开设有精读、泛读和视听说课程。然而翻译教学一直备受冷落，处于可有可无的地位。在1996年的四级考试中首次出现英译汉题型后，直到2002年的12次考试中，翻译题只出现了两次，对大学翻译教学的指导作用不大。2004年的《全国大学英语四、六级考试改革试行方案》将翻译列入考试项目，由改革前的英译汉变为汉译英，在试卷的综合测试部分与篇章问答轮流出现，试题分值占试卷总分的5%。在举国瞩目的四级考试中，翻译终于有了一席之地，但所占分值却微乎其微。

（二）学生翻译中常见的问题

翻译能力是语言综合运用能力之一，从目前的一些被公认为可以衡量英语学习者水平的大型标准化语言测试（例如大学英语四、六级）中可以看出，目前学生的翻译能力还存在着很多的问题。

1.方言和口语词汇使用严重

在我国多地都使用方言，所以在翻译的过程中也常有方言俚语出现，这些方言俚语的出现有时会使人觉得十分别扭。例如：

（1）"But, Papa, I just can't swallow it, not even with honey.''

原译："可是，爹，我受不了，就是拌了蜜也咽不下呀。"

改译："可是，爸，我受不了，就是拌了蜜我也受不了啊。"

（2）The children lived in terror of their stepfather, who had borne down on them so often and so hard that there was little left.

原译：孩子们对他们的继父怕得要死，继父经常整他们而且整得很重，简直把他们整瘪了。

改译：孩子们对他们的继父怕得要死，因为继父时不时就狠狠地教训他们一顿，他们已经无力应对了。

所以，我们在翻译中要尽量使用普通话。至于英语原文的古今雅俗之别，可适当选用一些在今天仍具生命力的文言词语和已经融入普通话并被各方言区读者普遍接受的方言俚语加以表达，但要格外慎重。

2. 不能正确选择词义或者根据上下文引申词义

（1）The aim of this course is to develop the students' reading skills.

译文：这门课的目的是发展学生的阅读技巧。

（2）They have developed an interest in gardening.

译文：他们对园艺发展了兴趣。

解析：例（1）、（2）译文不太精确，意思还能理解。develop在一般情况下译为"发展、开发"除此之外，还具有许多其他意义。例（1）中的develop可解释为"培养"，翻译成"这门课的目的是培养学生的阅读技巧"比原文更好。例（2）中的develop应解释为"产生"，正确的译法是：他们对园艺产生了兴趣。由此可见，学生在确定词义时，必须根据该词在行文中的搭配、组合关系来判断。英语单词的词义比较灵活，同一个词、同一词类，在不同场合往往会有不同含义，必须根据上下文的联系、逻辑关系或句型来判断和确定某个词在特定场合下应具有的词义，甚至还要将词义加以引申。如果脱离上下文，孤立地译一个词，就很难确切表达句子的深层意义。

3. "的的不休"

很多学生在翻译过程中过于频繁地使用"的"字。一看见形容词，就机械地翻译成"……的"。例如：

（1）It serves little purpose to have continued public discussion of this issue.

译文：继续公开讨论这个问题是不会有什么益处的。

（2）The record has been considered soft ever since it was set last May.

译文：自从五月份创造了这个纪录以来，人们一直认为它是很容易被打破的。

（3）The decision to attack was not taken lightly.

译文：进攻的决定不是轻易做出的。

余光中先生认为少用"的"字是一位作家得救的起点。我们认为学习翻译者首先也得学会少用"的"字。于是我们就尝试着对以上这些例句进行了修改，翻译如下：

（1）继续公开讨论这个问题没有益处。

（2）人们一直认为去年五月创造的纪录很容易打破。

（3）进攻的决定经过了深思熟虑。

4. 不善于增减词量

不善于添加或减少词也是在译文过程中常见的错误。学生在翻译过程中通常是英文原文中有几个词，其译文就有几个词，不善于根据汉语译文的需要而改变词量，这种译文常出现错误甚至过于累赘。例如：

（1）Women screamed, and kids howled, but the men stood silent, watching, interesting in the outcome.

原译：女人尖叫，小孩欢闹，男人们静静地站着看着，对结果感兴趣。

改译：只听到女人们在尖叫，小孩们在欢闹，男人们则静静地立在那儿袖手旁观，饶有兴味地等着看结果。

（2）Her grace was a delight.

原译：她的优雅是一种快乐。

改译：她的优美风度，令人欣悦。

5. 语序处理不当

学生汉语译文的词序或句序，拘泥于英语原文的词序。在英汉表达习惯不同的情况下，常出现一些牵强、别扭的译文。

（1）It is simple that different people do the same things in different ways.

译文：只不过是不同的人做同样的事以不同的方法。

解析：例（1）译文的词序显然不符合汉语表达习惯。英语中短语状语可放在被修饰动词之前或之后，而译成汉语时，大多数放在被修饰动词之前，当然也有放在后面的，应灵活翻译。这句应译为：只不过不同的人用不同的方式做同样的事情而已。总之，由于英语和汉语表达习惯不同，在不少情况下，译文必须改变词序或句序。这一问题应当引起广大学生的重视。学生通常不善于根据汉语译文的需要而改变词量，添加词或减少词也是在译文过程中常见的错误。英语原文中有几个词，其译文就有几个词，这种译文常出现错误甚至过于累赘。

（2）Matter can be changed into energy.and energy into matter.

译文：物质可转化为能量，能量进入物质。

解析：这句译文，让人看了莫名其妙。英语中常因惯用法或上下文关系，省去不影响理解全句意义的词语。但汉语译文中必须增译这些省去的词语，否则译文就不够清楚。此句英文的后半句省去了动词 change，但在翻译成中文时却要添上。正确译法是：物质可转化为能量，能量也可转化为物质。

6. 模式固定

英语中被动语态使用较广，学生翻译这种句型时经常译成"……被……"，使译文生硬。例如：

It is considered of no use learning a theory, without practice.

译文：脱离实践学理论被认为毫无用处。

解析：这样翻译虽然并没错，但很勉强。由于汉语中被动句的适用范围很狭窄，所以在翻译被动句时，除一些可以保持被动态外，很多情况下可译成主动句。这句话可译为：人们认为脱离实践学理论毫无用处。

7. 长句处理不当

长句在英语中经常出现，学生在译这些长句时，往往不善于将长句中的前置词、短语、定语从句等转译成分句，从而在译文中出现我们不习惯的外语式长句。例如：

Think of ways to turn a trying situation into a funny story which will amuse your family and friends.

译文：想办法把不愉快的处境变成一个能逗你的家人和朋友的有趣乐事。

解析：例子中含有定语从句，译文语法虽然没错，但不符合汉语的习惯。当英语定语从句的结构较为复杂时，可以将句中定语部分译成分句。这句可译为：想办法将令人尴尬的处境变成一件引人发笑的趣事，给你的家人和朋友带来一点快乐。

学生在学习翻译的过程中，发现自己的不足后，有的非常重视，对翻译学习也持认真的态度，然而他们却没有找到适合自己的学习方法，以致事倍功半，并且产生了畏难情绪；还有些学生，学习态度不端正，往往是看看答案，或者是大致地翻译后便去对答案，这种学生的依赖心理和惰性都比较强，一旦发现自己的翻译能力总是不能提高，就产生了盲目焦虑的情绪。以上两类学生的心理和情绪都不利于翻译知识的学习和翻译能力的提高。

（三）教师翻译教学存在的问题

翻译是有效进行口头和书面交流信息的重要技能，翻译教学是英语教学的重要组成部分，教学的好坏在很大程度上取决于教师。但教师在翻译教学的过程中存在诸多的问题，影响着翻译教学的提高。

1. 翻译教学形式单一

目前，教师在翻译教学过程中常常采用如下步骤：先布置学生做翻译练习，然后批改练习，最后讲评练习，而且后面的两个步骤往往由教师包办，采用"满堂灌"的教学方式，没有留给学生自主思考和合作探究的时间。这种单一的教学形式不利于学生积极参与课堂活动，从而达不到良好的教学效果。

2. 对翻译教学重视不够

目前大学英语教学大纲对翻译能力培养的要求不够具体，在教学中教师往往不注重翻译基本理论的学习、技巧的传授和技能的培养，只是把翻译当作理解和巩固语言知识的教学手段，注重的是语言形式而非语言内涵。对于教材中的翻译练习也只是简单地一笔带过,常常只强调一下翻译材料中重现的课文关键词和句型,对对答案,缺乏对学生进行系统的翻译训练,对于翻译技巧的讲授缺乏整体的规划,往往有时间就讲,没时间就不讲,随意性很强。

3. 一言堂

大多时候翻译课堂的气氛沉闷,教学效果不好,不符合"以学生为中心"的现代教育理念。这是因为,在课堂上教师成为主体,一味地在课堂上讲,学生一味地听,却没有发言的机会。所以英语翻译教学应一改过去以教师为中心和"一言堂"的做法,发动学生同桌互改,或小组讨论、集体修改,或者针对某一学生的作业,由全班同学讨论修改。这样的教学方法,可以开阔学生思路,培养他们主动学习、自己发现问题并解决问题的能力,还能活跃课堂气氛,提高教学效果。针对上述情况,教师首先要明确翻译教学是英语整体教学中一个必不可少的重要组成部分。然后要确立把翻译作为语言基本技能来教的指导思想,把翻译知识和技巧的传授融入精读课文的教学中,有意识地培养学生的翻译能力,从而促进学生其他能力的提高。

二、英语翻译教学的策略研究

在英语教学中,"译"为最高阶段。翻译教学的任务是引导学生在一定翻译实践的基础上总结出理论,然后用理论去指导实践,并在实践中检验理论的正确性;培养学生在理论的指导下正确翻译的技能。因此,翻译教学既不同于翻译理论,也不同于翻译实践,它是二者的中介,是实践的理论和理论的实践两个环节的相融活动。在翻译教学中教师采用一定的策略,对于学生如何学习翻译,促进翻译知识的自动化有很大的帮助。在这里我们主要介绍一些常用的翻译教学策略如下:

(一)图式策略

图式实际上是一些知识的片断,它以相对独立的形式保存在人的大脑记忆中,对言语的理解其实就是激活大脑中相应的知识片断的过程。人从生下来开始就在同外部世界接触的过程中开始认识周围的事物、情景和人,同时在头脑中形成不同的模式。围绕不同的事物和情景,这样的认知模式形成了有序的知识系统。图式是人的头脑中关于外部世界知识的组织形式,是人们赖以认识和理解周围事物的基础。如果在面对新的信息时,我们的大脑没有形成类似的图式,就会对理解产生负面的影响。因此,将"图式"引入翻译教学当中意义十分重大,这样可以成功地激发学生头脑中与文本相关的图式,使学生对原文有一个正确的理解。

在翻译时,教师可以为学生提供一些需要激活图示才能正确理解的语言材料,然后要求学生根据这些材料进行翻译。同时,教师要帮助学生记忆语言的形式和功能,帮助学生调动相关的图式,以帮助他们修正和充实对事物的认知图式。

（二）语境策略

语境即言语环境，它既指言语的宏观环境，也指言语的微观环境。在翻译中既要考虑微观语境，又要考虑宏观语境，两者相互结合才能确定话语意思。宏观语境是话题、场合、对象等，它使意义固定化、确切化；微观语境是词的含义搭配和语义组合，它使意义定位在特定的义项上。翻译中译者除了利用自己的语言知识获取句子本身的意义之外，还必须根据原文语境中提供的各种信息进行思辨、推理，找出原作者隐于明说之后的意图，以形成自己对原作意义的认知心理图式，进而确定相应的译文形式，准确发达原义。

语境在翻译中起着至关重要的作用，翻译中的理解和表达都是在具体的语境中进行的，语义的确定、选词造句、篇章结构以及语体形式均离不开语境，因此，语境构成了正确翻译的基础。教师在指导学生翻译实践时，不但理解原文必须紧扣语境，反复琢磨，译语表达也必须密切联系语境，准确达意传神。

（三）猜词策略

一个学生在词汇贫乏时，对词句、段落形不成概念；在对关键词在原文中的含义不甚理解的情况下，得不到文字信息的反馈，就会陷入对内容的胡乱猜测。所以要指导学生使用猜词方法。翻译中的猜词方法包含以下几种：①根据意义上的联系猜测词义。句子的词语或上下文之间在意义上常常有一定的联系，根据这种联系可以猜测词义。②利用信号词。所谓信号词就是在上下文中起着纽带作用的词语。注意这些词语对猜测生词词义有时能起很大的作用。③根据词的构成猜测生词词义。这是比较常用的一种方法，它要求学生掌握一定的构词法知识，特别是词根、前缀、后缀的意义。④通过换用词语推测生词词义。在文本中常会使用不同的词语表达同一种意思，难易词语交换使用的现象，据此可猜测生词词义。⑤结合实例猜测生词词义。有时，在下文中给出的例子对上文中提到的事物加以解释，可以结合例子中常用词猜测所要证明的事物中的生词词义；反之，也可以猜测例子中的生词含义。

（四）推理策略

推理是从已知的或假设的事实中引出结论，它可以作为一个相对独立的思维活动出现，经常参与许多其他的认知活动。这里的推理并非译者凭借想象所做出的随意行为，而是文本结构的内在特征。翻译时，人们在看到文本的内容后，往往会根据已有的知识经验作出一系列推理，这些推理为译者提供了额外的信息，把文本中的所有内容联系起来，使人能充分理解每一个句子。因此，在翻译教学过程中，教师要有意识地介绍给学生一些常用的推理技巧，如利用逻辑词进行推理，根据作者的暗示进行推理，根据上下文进行推理等,以培养学生的推理能力。

(五)方法策略

(1)直译法。直译是一种基本上保留原文的语法结构形式,在语序上未作大的变动;在词语处理上未作引申和转换,保留原来字面意义的一种翻译。因此,原文和译文无论在内容上还是在形式上都非常贴近,凡是能直译的都应该直译。例如:

Work banishes those three great evils: boredom, vice, and poverty.

工作撵跑了三个魔鬼:无聊、堕落和贫穷。

If you wish to succeed, you should use persistence as your good friend, experience as your reference, prudence as your brother and hope as your sentry.

如果你希望成功,当以恒心为良友、以经验为参谋、以谨慎为兄弟、以希望为哨兵。

(2)音译法。所谓音译法,就是用相同或相近的语言翻译另一种词语的方法。随着科学技术的发展和国际交流的增多,许多外来语已经被汉语广泛吸收采纳,并逐步被汉语融会贯通,发扬光大。这些舶来语不仅为汉语增添了新鲜的血液,而且也丰富了汉语的内涵。音译法在翻译过程中起到的作用是举足轻重的。音译法常使用于人名、地名、河流、山川、货币单位和计量单位等的翻译。例如:

George Bush 乔治·布什

Canada 加拿大

Hollywood 好莱坞

pound 镑

joule 焦耳(能量单位)

(3)反译法。由于英汉两种语言表达否定意义时在形式上存在着差异,因此翻译时就有必要采用反译法。所谓反译,就是指将原文的肯定形式译成否定形式或者把否定形式译成肯定形式,反译的目的是在保持原文内容不变的情况下,使译文的表述尽量符合译入语读者的思维习惯。反译法包括两个方向的互相转变:一是正话反说,即把肯定形式译成否定形式;二是反话正说,即把否定形式译成肯定形式。

正话反说:由于英汉两种语言和思维方式之间的差异,英语中由肯定形式表达的句子在汉语中找不到与之对应的表达形式。因此,翻译时有时要转换成否定形式,才符合汉语的表达习惯,反之亦然。例如:

The value of loss is so small that we can overlook it.

译文:损耗值很小,我们可以忽略不计。

I was more annoyed rather than worried.

译文:与其说是着急,不如说是恼火。

反话正说:英语中有些否定,翻译成汉语时也找不到与之对应的表达形式,只有在把它转换成肯定形式后才符合汉语的思维习惯。例如：

Sunlight is no less necessary than fresh air to a healthy condition of body.

译文：阳光和新鲜空气一样对身体的健康是必要的。

You will never fail to be moved by the romance of the love story.

译文：你一定会被那浪漫的爱情故事所感动。

（4）意译法。意译法是指当原文和译文在词汇意义、句法结构、文体风格上相差悬殊时，应当不拘泥于原文的形式和发音，从而使译文能正确表达原文的思想内容。这时需要根据两种语言的特点，对原词所表达的具体事物和概念进行仔细推敲，将原文的精神实质融会于心，把不宜或不能进行直接翻译的原文采取一种既能表达其英文的含义，又不拘泥于其形式的方法进行翻译。这种方法要求在功能等值的前提下，在消除语言上的差异的同时，对单词进行增减、重复，对词性和句型加以转换，对句子有拆、有合、有正说、反说，还可以对语序进行颠倒等。这样的译文词义明显，易于理解和接受。例如：

Don't cross the bridge till you get to it.

译文：不必自寻烦恼。

如果按原文字面直译为"到了桥边才过桥"，就会让人费解，故采用意译法处理。

Do you see any green in my eye?

译文：你以为我是好欺骗的吗？

这句如按原文则直译为"你从我的眼睛里看到绿颜色了吗"，更是让人不知所云，所以只能意译。

After that, the special missions became frequent occurrences.

译文：从此以后，特殊任务就司空见惯，习以为常了。

（5）分译法。分译也叫拆离，是指为了使译文行文合乎译入语的表达习惯而将原文中个别的词、词组或句子分解开来单独译出。分译法有两种，一种是词的分译，一种是句子的分译。

词的分译是指原文中的某个词内集合了两个或两个以上的语义成分，在译入语中找不到一个对应的词来完整地表达其全部内涵，这时可将其词义进行分解，再按译入语的表达习惯分别译出。例如：

In all or most of our dealings with other states, the Charter will be our guiding star.

译文：在处理我国与其他国家之间的全部或大部分事务时，宪章将成为我们的指路明灯。

Imagine that you step into a shopping mall and a spy immediately begins tracking your every move.

译文：想象一下：当你步入商厦，一个间谍立即尾随而来，监视你的一举一动。

句子的分译多指长句的分译，即把一个由多个成分盘根错节地组合而成的长句分译成若干个较短的句子，使表达尽量符合译入语的行文习惯和译入语读者的审美情趣。由于有时把英语长句原封不动地照搬过来，会违背汉语的行文规范，使译文显得冗长乏味，有时甚至会令人感到费解，不知所云。因此，遇到这种错综复杂的英语长句时，往往需要进行分译。例如：

That is a NATO matter and any comment on it should appropriately come from NATO.

译文：这是北约组织的问题，关于这个问题的任何意见都应由北约组织来发表，这才合适。

（6）释义法。释义，顾名思义，就是解释词语的意义。当原文中某个词语在译入语中无法找到与之对应的词语，而运用上述其他译法也无法奏效时，便可考虑放弃原文的表面形式而尝试释义法，对该词语进行适当的阐释。这种方法是英汉互译中不可缺少的一种译词技巧，最终目的是为了使译文在风格上保持前后一致，上下连贯；采用释义法要注意两点：一是释义要准确，要有理有据，不能胡乱解释；二是应保持译文行文简洁，不能把译文搞得拖沓臃肿。例如：

Fight shy of the theoretical method of approach to the learning of English.

原译：从理论上讲，学英文的方法，就是要战胜害羞。

改译：学英语要避免只讲理论（而不去实践）。fight shy of 是个习语，意为"回避、躲避"。

The sun sets regularly on the Union Jack these days, but never on the English language.

原译：现在太阳从英国国旗上有规律地落下，但是英语却不是这种情况。

改译：现在，英国已不再是个"日不落"的国家了，但是，英语却广泛流行使用着。

I have let the cat out of the bag already, Mr.Corthell and I might as well tell the whole thing now.

原译：我已经让猫从口袋里出来了，科塞先生，我干脆现在把全部情况都告诉你吧。

改译：我已经泄露了秘密，科塞先生，我干脆把全部情况都告诉你吧。

（7）英汉同义。在古老的汉语文化中，有一些在意义上、形象上、表意形式上与英语谚语相同或基本相同的汉语谚语。这是因为各民族之间通过文化交流，一些外来语被汉语吸收和消化，成为了汉语的一部分。还可能由于人们在社会生活、劳动实践中对同一事物或现象所产生的感受和理解相同，反映到谚语中便出现了英汉谚语中的"巧合"现象。此时就可以采用英汉同义这种方法进行翻译。这种翻译方法要求译者不仅能准确地理解原文的意思，还要有较深厚的文学功底，掌握一定数量的中、英文谚语，并能熟练地运用这些谚语。例如：

add fuel to the flames/pour oil on the flames 火上浇油

go through fire and water 赴汤蹈火

burn one's boats 破釜沉舟

strike while the iron is hot 趁热打铁

Great minds think alike 英雄所见略同

（8）综合法。综合法是指兼用直译和意译，事实上，这两种方法的最终目的都是为了忠实表达原作的思想内容和文体风格，既不排斥，也不矛盾。一部好的译作总是既有直译又有意译，在一个句子中检视，这种情况也屡见不鲜。例如：

Ruth was upsetting the other children, so I showed her the door.

译文：鲁丝一直在扰乱别的孩子，我就把她撵了出去。

解析：这也是在一个句子中同时兼用直译法和意译法处理的译例。前一部分是直译，后一部分是意译。如把后者 so I showed her the door 直译为"我把她带到门口"或"我把门指引给她看"，都不能确切表达原意。

教师在日常的翻译教学中应该不断地寻找更好的翻译教学方法，并对学生进行有步骤、有计划的引导，使他们能够迅速地吸收和掌握知识及方法，提高翻译水平。另外，课堂上所引用的例子要尽量和社会热点相联系，或者引用名著，进而拓宽学生的知识面。

第八章　英语课外活动教学改革与实践

课外活动是相对于课堂教学而言的，实质上是课堂教学的延伸。丰富多彩的课外活动有助于培养学生的智力、能力，不仅可以为每一个学生提供施展自己才华的机会，还可以激发、培养学生对英语学习的兴趣；不仅有利于教师因材施教，而且可以为学生提供更多的语言实践机会，让学生在课外活动中获得成就感。因此，在英语教学中，英语教师要引导、组织学生积极开展多种课外活动，发展学生的语言学习兴趣。下面，我们就来讨论英语课外活动与课堂教学的关系、英语课外活动的意义与作用、英语课外活动教学的原则以及教学新法与实践。

第一节　英语课外活动与课堂教学的关系

英语学习在我国是非母语学习，绝大多数学生的英语学习依靠课堂教学。因此，课堂教学的质量对整个英语教学质量的影响至关重要。而英语课外活动作为整个英语教学过程的一个有机组成部分，它与课堂教学紧密相连，是英语课堂教学的延伸，是使学生掌握英语所不可缺少的辅助形式。

一、课堂教学

任何教学工作都是通过一定的组织形式来实现的。课堂教学是英语教学的基本形式和主要途径，也是整个英语教学过程中比较集中地反映教学质量的环节。不管是教师的教学水平，还是学生的学习质量，都会在这个环节比较集中地反映出来。

在我国，英语学习是外语学习，而我国学生生活于以汉语为母语的环境中，缺乏使用英语的真实语言环境。因此，在我国英语教学中，课堂教学是英语教学的基本形式，是教师向学生传授语言知识、进行言语训练、培养学生运用语言的能力的主要形式，也是学生学习英语的主要途径。所以在我国英语课堂教学的质量关系到整个英语教学的质量。

由此可见，英语课堂教学意义重大。英语教师在课堂教学中应该根据教学安排的目的，遵循英语课堂教学原则，精心安排教学步骤，灵活使用各种教学方法，充分调动学生的积极性，充分、有效利用每一分钟，使学生在有限的课堂时间里吸收到更多的知识，言语和思维能力得到快速提高。

二、课外活动

　　课堂是一个为学生提供学习场所和学习手段的最佳环境，它对英语教学有着重要且直接的影响，决定着绝大多数学生英语学习的成败。但是，课堂教学时间毕竟是有限的，因此，教师还应该引导学生积极开展课外活动，以提高英语教学的效果。

　　课外活动是指学校在正式课程以外对学生所实施的各种有意义的教育教学活动。具体而言，课外活动是指学校在国家统一规定的教学计划和统一编写的教材之外，为了发展学生的个性、兴趣、爱好和特长，开发学生的智力，根据学生自由选择参加的原则，在课余或节假日中组织学生开展的、有目的、有计划的教育活动。而英语课外活动是指为了促进、巩固英语课堂教学内容，在课堂之外由学校、学生、家庭以及社会以各种手段共同开展的、方式多样的、富有个性的接触、使用和实践英语的活动。

　　随着社会生活和教育的不断发展，课外活动已经成为有目的的教育活动的组成部分。当前，我国教育界提倡课外活动，这是对传统教育的重大改革，不仅反映了现代社会发展对人才素质的要求，而且反映了现代社会对个性得到充分的自由发展的需要。课外活动以学生自愿选择为原则，活动内容和形式灵活多样，并且学生在课外活动的组织、方法上具有独立自主性，这就决定了课外活动在教育过程中，特别是在英语教育过程中能够发挥其特有的作用。

　　我国新课程改革强调学生用英语做事情，在做事情的过程中发展语言能力、思维能力以及交流与合作的能力。在英语教学中，通过真实而丰富多彩的课外活动，学生能够更贴近自己的学习实际，贴近生活的信息资源，其参与意识随之不断增强，交流方式也将由课内活动的单、双向交流转为多向交流的方式。

　　开设课外活动的目的在于弥补课堂教学中存在的客观局限性，使学生通过活动课拓宽知识，培养能力。英语课外活动与课堂教学有着密切的联系，它与课堂教学的目的是一致的，是英语课堂教学必不可少的的辅助形式。开展好课外活动可使学生储存一些学好英语的潜在能量，对课堂教学会有很大的促进作用。

三、课外活动与课堂教学的关系

　　课外活动作为学校教育的一个组成部分，与课堂教学一样，都是正规的教育活动。两者的方向是一致的，都服务于教学目的，并且两者都是通过一定途径、内容、方法、手段，对学生的身心影响，为社会培养人才。两者存在以下区别和联系。

（一）区别

　　课堂教学与课外活动虽然都是教学的重要组成部分，但是两者仍然存在一些区别。课堂教学与课外活动的区别角度统一要求和发展个性是学生尽可能同时达到教学大纲上的要求，使学生在全面发展的基础上发展各自的个性特长强制与自愿学生被统一编入一定的班级上课、具有强制性学生自愿参加内容与形式内容受课程计划、教学大纲的限制；形式主要是班级授课制内容不受或不完全受教学计划的控制，有灵活性；形式多样性学习方式以接受、练习为主以自主探索为主教师在活动中的地位教师起主导作用，学生既是教师教的对象，又是学习主人教师起主导作用，活动由学生自主进行。

（二）联系

课堂教学与课外活动既存在区别，也存在一定的联系。课堂教学与课外活动是一个完整的教育系统。课外活动是在课堂教学活动之外对学生进行多方面教育的有效形式，它是对课堂教学活动局限性的弥补手段，与课堂教学相互作用、相辅相成。课堂教学与课外活动二者没有主次之分，二者对完成教学任务、实现教学目的具有同样重要的作用，对解决受教育者的全面发展与因材施教、一般发展与特殊发展、间接经验与直接经验等矛盾具有重要的意义。

第二节　英语课外活动的意义与作用

学生如果仅仅依靠每周的几节英语课学习英语，而在课外没有接触英语的机会，不主动进行英语练习与实践，那么学生的英语学习成绩是难以提高的。因此，学生除了在英语课堂上认真学习英语之外，还要开展、参与多样的英语课外活动，以便巩固课堂上所学的内容。英语课外活动作为整个英语教学过程的一个有机组成部分，主要具有以下意义与作用。

一、将英语课堂教学与课外活动相结合

开展课外活动教学有利于将英语课堂教学与课外活动相结合。英语教学不应该仅仅局限于课堂教学中，而要引导学生积极开展丰富多彩的课外活动，充分利用课外时间开展各种英语实践活动。开展英语课外实践活动，有利于避免课内与课外人为的割裂，加强课内外的联系，加强校内外沟通，加强学科间的融合。开展课外活动，可以给学生创造更多使用英语的机会，有助于巩固、扩大学生课堂上学到的英语知识，从而加强听、说、读、写、译各项基本技能的训练，培养学生的综合英语应用能力。

将课堂教学与课外教学相结合，实际上也是将理论与实践相统一。课堂教学往往以书本为基础，限于书本知识的传授与学习。不可否认，书本知识的教学是十分必要的。但是，将教学局限于书本也存在一定的缺点，学生很少接触到实际，缺乏感性知识，在书本上所学的不是完全的知识，而开展课外活动，可以弥补课堂教学的这个缺点。通过有效的课外活动，学生可以把在课堂上学习到的知识与实际生活联系起来，

应用到课外实践活动中去，并从中获得感性知识。这样，通过课堂教学与课外活动的结合，学生就能够将理性知识和感性知识统一起来，从而促进理论与实践的统一，使学生感到学有所用。

二、调动学生学习英语的积极性

托尔斯泰说："成功的教学，所需要的不是强制，而是激发学生学习的兴趣。"兴趣是学习的动力，当学生对英语学习产生兴趣时，学生的心情就会处于愉快的状态，学习效率也较高。因此，教师应该为学生提供更多的用英语进行交际的机会，以激发、增强学生对英语学习的兴趣。

教师为了激发、培养学生的英语学习兴趣，发展学生的英语知识能力，需要多方面、多渠道地进行教育和影响。虽然课堂教学是一个重要方面，但是要提高学生的英语学习效率，仅仅依靠课堂教学是不够的。

课外活动方式灵活多样，内容丰富，范围广泛，为学生提供了将所学知识运用于实践的机会，使学生能够认识自我，可以充分发挥学生的主动性、创造性，并在实践中取得成就感，从而增强信心，增加学习英语的兴趣和乐趣，使"要我学"转变为"我要学"，进而对英语学习保持长久兴趣。此外，由于课外活动是学生自愿参加的，积极性较高。因此，教师只需要稍加引导，就能够把学生的学习兴趣激发出来。所以，教师在把握好课堂教学的同时，还要指导学生开展丰富的课外活动，以激发、培养学生的学习兴趣，为学生的智力发展提供更多的机会。

三、培养和发展学生的自主学习能力

课外活动固然需要教师的指导，但主要依靠学生自己的努力学习、实践。课外活动通常需要学生自己读书、观察、动手，自己去发现问题、分析问题、解决问题。这是一个自学的过程，是锻炼学生自学能力的有效途径。因此，开展课外活动有利于培养和发展学生的自主学习能力。课外教学活动的丰富多彩，不仅可以为学生提供轻松愉悦的学习环境，而且可以为学生提供自主学习与探究的机会和条件。与课堂教学不同，课外活动教学中没有严肃紧张的气氛，因而，学生可以无拘无束、积极主动地完成教师分配的任务。此外，在完成活动任务的过程中，学生学会独立思考问题，独立解决问题，同时，学生实际运用语言的能力也得到提高并获得成就感。由此可见，英语课外活动不仅能够激发学生的学习兴趣、调动学生的学习积极性，而且有利于培养学生的自主学习意识，真正体现了学生在英语教学中的主体地位。

四、培养学生良好的文化价值观

开展课外活动有利于培养学生良好的文化价值观。文化价值观是体现一个社会的意义、价值、风俗、规范、概念与符号的总体,文化价值观包括人文精神和科学精神两种含义。开展丰富多彩的英语课外活动,可以提升学生的文化品位、审美情趣和人文素养,从而很好地培养学生良好的文化价值观,包括人文精神中思想道德素质层面的社会价值标准、有关个人的价值标准、有关国家和世界的价值标准和认识世界的价值标准等方面。另外,开展英语课外活动还有利于培养学生的爱国主义、国际主义以及共产主义思想。

五、提高学生的整体素质

学生在课堂上接触、接收的知识是十分有限的,而这些有限的知识,不利于对学生的整体素质的提高。而课外活动由于不受现行教学计划和教材的限制,活动丰富多彩,形式灵活多样,具有很强的社会性、实践性,为学生提供了一个很好的实践机会。课外活动不仅能够培养学生的观察力、想象力、思维力以及实际操作能力,使学生学会将课堂上获得的知识运用于实际,从而在实际应用中加深对知识的理解以及对技能的掌握,开阔视野,并且有助于培养、锻炼学生实事求是的科学态度、百折不挠的探索精神以及严谨细致的科学作风,促进学生整体素质的提高。

此外,英语课外活动教学的开展还可以促进英语学科与其他学科的相互渗透和联系,扩大学生的知识面。例如,通过参加公益劳动,不仅可以锻炼学生的劳动能力、体力,还可以掌握一些基本的生产技能;让学生独立主持一些活动,可以锻炼组织管理能力,还可以培养学生良好的心理素质。

总之,要经常开展英语课外活动。英语课外活动的开展不仅有助于学生加深、巩固和扩大课堂上所学到的英语知识,而且还有利于学生不断地获得课堂以外新的知识。对于提高学生整体素质十分有帮助。因此,教师在英语教学中有必要开展丰富多彩的课外活动教学。

六、促进学生的个性发展

学生由于在各自不同的遗传素质的基础上,生活实践和教育不同,具有不同的心理个性差异。这种个性差异是客观存在的,具体表现为兴趣、能力、性格、气质的差异。这些差异既是教育的结果,又是教育的依据,教师只有针对这些差异进行因材施教,才能取得较好的教学效果。

但是,我国传统的课堂教学,使用统一的教材、统一的教学方法、布置统一的作业,难以使每个学生的聪明才智得到充分的发展。而课外活动教学由于不受大纲、教材的限制，允许学生按照自己的兴趣、爱好、特长以及才能等参加各种活动，一方面，可以充分发挥学生个人的兴趣、爱好、特长以及各种才能；另一方面，教师可以在课外活动中发现在某一方面有特殊才能的人，对其加以训练、培养，从而促进学生的个性发展和人才的早期培养。教师在组织学生开展课外活动时，要考虑学生的年龄特点、个性特点和英语知识水平，选用适当的形式和方法，有计划、有目的地开展课外活动。这样，不但可以使课外活动有利于促进学生的个性发展，而且不会加重学生的负担，同时，还可以提高英语教学的效果和质量。

七、培养学生的合作精神

很多的英语课外活动是集体活动，如小组之间的英语游戏、班级或者年级之间的英语竞赛活动等。在准备课外活动的过程中，有许多的工作需要不同学生之间、学生和教师之间相互配合来进行。在活动进行过程中，许多任务都是需要参加活动的每个成员相互协作来共同完成。因此，开展英语课外活动对于培养学生的合作精神、集体荣誉感、班级凝聚力十分有利。

八、增进师生感情

课外活动的主体是学生，但是在开展课外活动的过程中，有许多的活动都离不开教师的参加和指导。毫无疑问，教师在课外教学活动中仍扮演着重要的角色，他指导、监督着学生的课外活动，但不再扮演权威者的角色，而是融入到学生当中，和学生成为一体。因此，英语课外活动能有效地促进和加深教师与学生之间的感情交流，增进师生感情。

由上述英语课外活动的意义与作用可知，积极开展多样的课外活动教学是当代英语教学发展的必然趋势。因此，教师应大力开展英语课外活动教学，在课外为学生创造良好的英语学习环境，为学生提供使用英语进行交际的机会，并且在活动当中要选用适当的形式，有目的、有计划地开展，以促进学生的英语语言能力的不断发展。

第三节　英语课外活动教学的原则

为了提高英语课外活动教学的质量和效率，教师在进行英语课外活动教学时需要遵循一定的原则。

一、自愿性原则

与课堂教学不同，课外活动不是每个学生都必须参加。教师不能强迫学生参加课外活动，学生自愿参加是课外活动的特点。兴趣是自学的动力，学生对英语有兴趣，才能自愿参加课外活动。因此，教师应通过生动活泼的形式，丰富多彩的内容，灵活多样的方法，激发学生的兴趣，以吸引更多的学生参加英语课外活动。学生参加课外活动的人数越多，越能发挥课外活动的作用。

二、个性化原则

不同的学习者，学习风格、学习方式等不尽不同。而英语教学课程设置的工具化、教材的统编化、教学方法的统一化以及考试的一体化，都不利于英语教学质量和效率的提高。

近年来，个性化教学得到了学者专家的关注与提倡。个性化教学是指针对每个学生的个性心理特征和个性学习特点确定教学内容，并灵活选择教学方法，即因材施教。

英语课堂教学的培养目标、教学大纲、教学计划、教材都是依据学生的整体素质和学习水平来制定的，难以照顾不同学生个体的智力、能力等差异，因此，不利于学生的个性发展。而课外活动不限时间、空间，活动形式丰富多样，学生可以根据自己的兴趣、爱好、特长、能力水平等自由选择参加哪一种活动。可见，课外活动是一种充满个性化、创造性、趣味性的活动。由于学生是自由选择活动，因此，学生在活动中具有较高的积极性和较强的主动性。此外，当学生在活动中遇到困难时，他们也首先自己想办法解决问题，而不是一旦遇到问题就找老师帮助解决。

三、计划性原则

作为课堂教学的辅助形式，课外活动教学应该与课堂教学紧密联系，但不能够仅对课堂教学进行简单重复。因此，教师在组织课外教学活动时，必须考虑学生的年龄特点、英语知识水平，采用切实可行的教学方法，有组织、有计划、有目的地开展课外活动。总之，课外活动教学要遵循计划性原则。

为了有效开展英语课外活动教学，教师在每个学期制订个人教学计划时，必须根据教学计划内容有目的、有计划、有组织地制订课外活动计划。英语课外活动教学计划一般包括以下两个方面。

1. 较大规模的课外活动计划。由于制订这类计划要以调动全体同学的活动积极性为前提，所以这类活动不宜过难，要少而精，并且要制订出活动的具体时间、地点、参加人数，并在开学初就向学生公布，以便学生做好准备。

2. 英语课外小组的活动计划。一般而言，教师要挑选各班英语成绩好的学生组成英语课外小组，并且小组成员往往是不固定的，可以根据学生的期中、期末考试成绩而变动。这样一方面是为了让小组成员产生危机感；另一方面是为了调动其他同学的积极性，以此增强学生的竞争意识。英语课外小组的活动时间一般是固定的。活动内容不仅包括必要的课外辅导，还可以穿插一些层次较高的英语游戏、智力测试、比赛等。

每次开展课外互动时，教师要事先做好充分准备。当然，准备工作可以由教师和学生共同完成。准备工作包括备齐活动所需要的材料，制订比赛规则、评分标准以及奖励办法。此外，还应该设想到活动中可能出现的问题及其解决办法。

四、分别组织原则

分别组织原则，是指教师在组织英语课外活动时，要根据不同年级与学生的英语水平分别组织不同形式的活动。

外语课外活动有个人、小组和大型集会活动三种形式。其中最常用的是小组活动形式。外语课外活动小组，一般是按学生的外语水平分年级加以组织。同时，还要考虑学生的兴趣和爱好，分别编成不同的小组，如语音小组、阅读翻译小组、会话小组、歌咏小组、戏剧小组等，以利于发挥学生各自的特长。

组织外语课外活动，必须把个人、小组、大型三种形式的活动有机地结合起来，力求在个人活动的基础上开展小组活动，在小组活动的基础上开展大型集会活动。大型集会活动（如外语文艺会演）的效果取决于小组活动，而小组活动的效果则取决于个人活动的质量。

五、思想性原则

英语课外活动的内容在政治思想上必须是健康的，也就是要有利于学生思想品质和道德情操的培养，有利于精神文明的建设。教师在引导和组织学生开展英语课外活动时，千万不能因为要照顾到活动的趣味性而削弱活动的思想性。一切形式的课外活动必须保证具有高度的思想性，寓德育于以语言为中心的英语课外活动之中，起到潜移默化的作用。

六、趣味性原则

克拉申（Krashen）的"情感过滤说"指出，在传统的课堂教学中，由于受到教学形式、课堂氛围、课本内容等因素的制约，学生的"情感过滤层"很容易升高，导致他们的心理在课堂上处于焦虑、畏惧、逃避等状态，从而没有多余空间接受可理解性语言的输入。而课外活动教学是在自愿的宽松环境下进行的，有利于学生降低其"情感过滤层"，从而有利于吸入和内化可理解性语言。因此，从某种意义上看，趣味性是课外活动的关键。

七、课内外活动相配合原则

课内外活动相配合原则是指教师必须将课外活动和课堂教学相配合。

课堂教学是外语教学的基本组织形式，教学大纲所规定的外语知识和技能，主要是通过课堂教学来掌握。课外活动是外语教学的辅助形式，是课堂教学的补充，目的在于巩固课堂上所获得的知识和进一步发展听、说、读、写技能。外语课外活动是以课堂教学为基础，为课堂教学服务，但是，它又不是课堂教学简单的重复，而是课堂教学的发展。两者相辅相成，相互促进，共同为实现教学大纲的目标服务。

八、教师指导和学生创造相结合原则

教师的指导作用，不仅体现在课堂教学上，而且也体现在课外活动之中，教师是课外活动的组织者和领导者。教师的指导主要体现在课外活动的制订，课外活动小组的组建，辅导学生选材，介绍活动方法，检查计划完成的情况和总结经验等方面。但是，课外活动归根结底是学生的独立活动，凡是学生自己能做的，教师都要放手让学生独立去完成。只有把教师的指导作用与学生的主动性、创造性有机地结合起来，才能发挥学生的聪明才智，才有利于培养学生的独立工作能力。

第四节 英语课外活动教学新法与实践

英语课外活动教学方法是多种多样的，英语教师可以根据教学内容的特点和学生的兴趣、爱好、特长、性格、实际英语水平等，选择采用哪一种课外活动方法。本节介绍几种课外活动教学方法。

一、英语课外活动教学新法

开展课外教学活动的方法有多种，教师可以根据学生的实际情况和需求，采用不同的教学方法。通过这些方法，不仅可以减轻学生的负担，培养学生的英语能力，而且还能有效地提高英语教学的质量。下面我们介绍一些常见的英语课外活动教学方法。

（一）英语兴趣小组活动

英语兴趣小组活动是一种常见的英语课外活动方法。组织英语兴趣小组的目的在于培养学生对英语的浓厚兴趣，根据学生各自的特点发展学生的英语才能，综合训练学生运用英语的能力。

参加英语兴趣小组需要有一定的条件，那就是必须是对英语特别感兴趣的学生。课外活动小组一般可按班或年级组织，因为同班、同年级的学生，英语水平相近，便于开展活动。英语兴趣小组一般是根据学生的兴趣和自愿及其英语水平进行编组。每组人数的多少取决于小组活动的性质和特点，如会话小组人数不宜过多，以 2~3 人一组为宜，阅读翻译小组人数可稍多一些。课外活动小组分长期性和短期性两种。阅

读翻译小组、会话小组通常都是长期性的，至于短期性的小组，如戏剧小组，在完成了它的演出任务之后便可解散，以后需要时再重新组织起来。

小组的活动按计划进行，小组活动计划由学生自己制定，但教师要给予指导，教师主要在选材方面发挥自己的作用。小组活动一般每周一次，每次活动前，应使每个组员明确活动的内容并认真做好准备，以保证小组活动的质量。

英语兴趣小组可以包括读书小组、会话小组、书法小组、朗诵小组、表演小组、办报小组等。英语兴趣小组通过组织多种多样的活动，可以使学生在与同伴的交流中形成学习英语的良好氛围，在学习中互相帮助、解决问题、共同进步，还可以激发其他学生对英语的兴趣，吸引他们加入到英语兴趣小组中来。

下面我们介绍几种最常见的英语兴趣小组。

1. 阅读翻译小组

英语教师可以引导和组织学生成立英语阅读翻译小组。英语阅读翻译爱好者可以自愿参加，制订出阅读翻译计划，在教师的指导下开展英语阅读翻译的活动。

英语阅读翻译小组的目的是培养学生独立阅读英语原著、直接理解英语原文、进行标准翻译的能力。这一小组的活动能否坚持下去，能否取得成效，关键在于阅读翻译材料的挑选是否得当。课外阅读翻译材料的选择，应该是学生在教师的指导下进行。选择阅读翻译材料应该遵循一定的原则，既有一定的难度，又适合学生的水平，能为学生所接受和理解。课外阅读翻译的材料，基本上与所学课文的难易程度相当，应完全选自原著，或者是经过改编的原著，其中的难点可采取加注释的办法解决。课外阅读课文的体裁应该力求多样化，既要有故事、童话、小说等文艺读物，还要有社会政治、科普方面的读物，以便培养学生对各种不同文体的阅读和欣赏的能力，扩大他们的视野，吸取其中有用的知识。

课外阅读的方法，以采用泛读为主、精读为辅，精泛读相结合的方法为宜。因为泛读要求直接理解，阅读的速度快，而这种能力正是需要通过课外阅读来培养。但是，学生在泛读中遇到的难点仍需要进行分析和翻译，这时就需要利用精读的方法。另外，阅读方法还取决于读物的性质和阅读的目的，如阅读科普读物，是为了吸取它的全部信息，这就需要搞清它的每一个细节，这类读物也可采用以精读为主的方法。

学生每读完一篇课外读物，都应该系统地写读书笔记，以巩固阅读的成果。读书笔记一般可以包括以下内容：作品的名称、作者；作品内容提要；习惯用语、成语、特殊的句子结构；难句和部分段落的标准译文等。

在个人阅读的基础上进行小组活动，小组活动的方式有：朗读部分段落；讨论难句，对难句进行语法分析和标准翻译；介绍作者生平和作品的时代背景；座谈读后感等。

2. 英语会话小组

英语会话小组的目的是发展学生的英语听说能力。英语会话小组可定期活动，每1～2周围绕一个中心题目进行活动，每次以不超过一小时为宜，活动的中心题目应以日常生活的题材为主,相应地配合学过的课文的题材。会话小组的活动方式有如下几种。

（1）讲故事。

（2）按关键词叙述。

（3）按指定的题目编写对话。

（4）按图（反映一定的情景）叙述。

（5）就日常生活的某一题目的即兴对话。

（6）现场对话（如参观动物园、公园的现场对话）。

（7）听教师或录音机讲故事,然后就故事内容互相对话。

另外,英语会话游戏也是英语会话小组可以使用的活动方式。英语游戏不仅可以增进学生学习英语的兴趣和信心,而且可以训练学生的英语发音、练习学生对词汇的运用、巩固学生语法知识、发展学生的口语技巧等。此外,它还可以缓和课堂上的紧张气氛,有助于消除学生的疲劳。因此,英语游戏不但是课外活动的主要形式,有时也可在课堂上应用。由于英语游戏通常具有比赛的性质,参加游戏的人都抱着渴望获胜的心理,因此,采用英语游戏开展英语课外活动可以促使学生积极思维,并有助于学生克服腼腆羞怯的心理障碍。做游戏时,由提出游戏的学生用英语说明游戏的做法,接着就可以开始做了。

下面介绍十种常用的英语会话游戏。

（1）拼词

教师预先选好一些单词,并把学生分成两组。由各组学生依次轮流向对方发问,要求被问者迅速、准确地口头拼出单词,如：people/p-e-o-p-l-e。拼对一次得一分,拼错一次扣一分。拼完一定数量的词后,计算每组的积分,确定胜败。教师可以事先制订出奖惩规定,对胜利的小组进行表扬奖励,或对失败的那一组进行惩罚,例如,为胜利的小组唱一首歌。

（2）重新组词

重新组词就是将单词中的字母顺序打乱,构成新单词,但是字母数与原单词的要一样。例如：

tea–ate–eat

now–own–won

rat–tar–art

are–ear–era

stop–post–tops

meat–mate–team

（3）记忆游戏

教师先在讲桌上摆许多东西,这些东西的英语名称都是学生知道的。教师叫一个学生到讲桌前仔细看看,并尽量记住讲桌上所有的东西,然后让学生转过身,回答教师的问题："What's there on the table?"学生回答："There's a book on the table.""There's a pencil on the table."

这项游戏可以逐步加深。比如，教师问："What do you see on the table?"学生说出他所见到的东西，然后教师再提问："What did you see on the table?"学生先要说看到了什么东西，然后再接着说出这些东西的位置。例如："The pen is under the book.""The book is between the pen and the ball……"教师改变东西的位置，学生再说："The pen was under the book and now the pen is on the book."

（4）寻物

开展寻物游戏时，教师先把参加游戏的人分成两组。同时，把几件东西放到平时不常放的地方，但是，这些东西学生都能看得见。让学生考虑几分钟，然后每组学生轮流说出他（她）看见了什么东西、这个东西放在什么地方。例如：

There is a pen on the chair.

There is a hairbrush on the floor.

There is a book on the top of the door.

There is a bag in the waste-paper basket.

There is a piece of paper on the recorder.

每说对一个句子，小组得一分。

（5）谁最快

教师先把全组学生分成两队，要求两队相向而坐，并要求两队之间保持2~3米的距离。假定全组有20个学生，则甲队的第一名学生面向乙队的第10名学生，甲队的第2名面对乙队的第十名，依此类推。在两队之间的中心位置上放一小凳子，上面放一只球。教师指定两队中同一个号码的队员抢球，抢得球的次数较多的那一队获得胜利。例如，教师说"No. Five"，两个队的第五名学生立即跃起，抢凳子上的球。抢得者所在队伍得一分。教师在指定队员时，既可以用基数词，也可以用序数词。

（6）二十个问题

这个游戏由全班人参加，并不需要分组。先由一个人想出一件物品，并告诉大家它属于动物、植物、日用品、交通工具或其他方面的东西。然后，大家依次向他发问。所提的问题总数不能超过二十个。提问者只能用一般疑问句发问，而被问的人只用yes或no回答。每次提问的目的在于缩小所猜物品的范围，最后确定是什么物品。例如：

A: I'm thinking of an animal.

B: Does it live in the forest?   A: No.

C: Can it work for people?   A: Yes.

D: Can it help plough the land?   A: No.

E: Is it very big?   A: No.

F: Does it have two legs?   A: No,

G: Is it in your house?   A: Yes.

H: Does it like to eat fish?   A: Yes.

I: It's a cat. A: Yes.

（7）侦察

首先，由参加游戏的人当中一人当"侦察兵"。他环顾四周，暗自确定一件物品，然后说：I spy something beginning with...（我侦察到一个东西，第一个字母是……）接着，其余参与者环顾一下四周，猜测可能的答案，依次向侦察兵提出。谁猜对了就当下一次的"侦察兵"。例如：

I spy something beginning with B.

A: Bed?   Scout: No.

B: Book?   Scout: No.

C: Box?   Scout: No.

D: Bottle?   Scout: No.

E: Bell?   Scout: No.

F: Bookshelf?   Scout: Yes.

（8）发命令

教师先将参与者分为两组，两组学生轮流发命令，互相指定对方的一个学生执行命令。例如："Open the book. Shut the door.","Come to the blackboard.","Put your book in Li Wei's schoolbag.","Draw a picture on the blackboard.","Touch your nose.","Hold up your left hand. Mop the floor."，"Comb your hair…"与此同时，其他学生做裁判，说"Right."，或"Yes."，或"No."。

命令发对的得一分，执行对的也得一分。发错的或对方一时难以执行的（如"Go to the cinema."），或不合逻辑的（如"Write a pencil."），扣一分。做错的也扣一分。得分最多的小组为优胜者。

（9）讲故事

参加讲故事的学生围成一个圆圈，每人讲一句话，这些话要连成一个故事。一个人先起个头，下一个人接着讲，依次不断讲下去。谁犹豫时间过长，或讲的句子不接上文，或使故事中断，谁就算输。所讲的内容应是已学过的材料。这样，学生不仅能讲出很有趣的故事，而且能够起到复习课文的作用。

（10）集体组句

首先把游戏参加者分成两组，同时，把黑板也分成两部分。每组在已学词汇的基础上造一个句子，每人在黑板上只许写一个词。事先规定造句的具体要求，例如，用多少个词，使用哪种句型等。游戏开始后，两组分别派出一个人跑到黑板前，分别写上各组的第一个词，然后回到座位上。接着，两组再分别派出下一个人跑到黑板前，写上句子的第二个词，以此类推。如果单词写错了，要叫该组下一个学生来改错。写完一个句子后，要让全组朗读这个句子，句子错误少的小组为优胜者。

3. 英语歌唱小组

各班都可以组织英语歌唱小组，学唱英语歌。唱英语歌有助于训练语音，有助于记忆单词，而且很容易引起学生的兴趣。因此，是一种很有益的课外活动形式。

英语歌唱小组学唱外语歌曲的方法：学唱之前，先要理解歌词，翻译成汉语，朗读几遍，然后，主要采用模仿法，或由教师教唱、或跟唱片、录音机学唱，直到学会为止。低年级还可以在课堂上用适当的时间教唱英语歌曲，这样，既能使学生学习英语，又能活跃课堂气氛。低年级（初学者）学习唱歌时多采用模仿法，这时以教些简单容易的歌曲为宜。可先用一点时间教歌词中某些生词的读音，然后再由教师教唱或跟录音机学唱，一般唱上几次，学生就能学会一首歌。还要利用早读或上课前五分钟进行练习，以便巩固。英语歌唱小组集体的合唱或个人的独唱，是外语文艺会演节目的主要来源。

4. 英语广播小组

由于大部分学校都设立了广播站，因此，英语教师可以充分利用广播站开展英语课外活动，即组织学生形成英语广播小组。各年级都可以组织英语广播小组。从英语广播小组成员中选出语音、语调比较好的学生，作为学校英语广播站的播音员，根据学校的统一安排向全校做英语广播。教师要审查他们的广播稿，并给予指导，以使学生通过英语广播小组在英语方面获得更大的进步和提高。

5. 英语戏剧小组

英语戏剧小组的目的是培养学生有表情说话的能力和表演技巧。选择合适的剧本是英语戏剧小组活动的关键。简单而言，合适的剧本应该是：动作较多，易于理解，易于用动作表现，情节生动的故事（需改编成对话）。

参加英语戏剧小组的学生应该具备一定的条件：一方面，在语音、语调、朗诵、对话这几方面必须具有较好的素质；另一方面，还必须是戏剧爱好者，具有一定的表演才能。

在排练戏剧的过程中，教师要像导演对演员那样，对演员的台词、语调、表情、手势、动作给予精心指导，更重要的是，教师要注意发挥学生的创造性。因为表演的主要目的在于学习语言，当然，学生也会从中受到一定的美育和思想教育。

（二）英语课外阅读

创造条件指导学生进行课外阅读，并采取多种形式让学生交流读书心得，是课外英语活动的主要形式。

开展课外阅读活动，首先需要教师的指导。市场上的书籍多种多样、良莠不齐，学生难以选择适当的、有益的图书进行阅读。因此，教师首先要向学生推荐有益的读物。

推荐的读物应该是思想内容正确健康、适合学生知识水平和理解水平的读物。教师推荐读物，应由浅入深、由易到难，同时，兼顾学生阅读题材的广泛性和体裁的多样化。另外，教师要努力为学生创造课外阅读的条件、环境，通过多种渠道增加学生的阅读量。比如，指导学生建立图书角，动员学生把个人的图书存入图书角，让学生借阅，从而为学生提供更多的阅读资源。

教师除了要在选择书籍、拓宽学生阅读资源上帮助学生之外，还应指导学生写读书笔记，从而帮助学生从课外阅读中吸收到更多的知识，获取更大的进步。教师指导学生写读书笔记，不但有助于学生习得语言知识，更有助于学生巩固所学知识。当然，并不是所有的学生都具备写读书笔记的水平，教师需要考虑学生的英语水平，再选择是否要求学生写读书笔记，要求学生如何写。读书笔记没有固定的格式，写法也多种多样。教师可以要求学生摘录精彩生动的词句段落，也可以要求学生按照书中的故事情节、段落层次进行综合提炼，选择恰当的词句写梗概，或者要求学生用自己的话把书中的主要内容归纳出来，当然也可以写自己阅读后的心得体会。学生阅读书籍之后，教师还可以采用学生喜闻乐见的方式组织学生进行阅读交流，例如，读书报告会、故事会、演课本剧、英语演讲、展览读书笔记等。

（三）英语角

英语角是我国学生较为熟悉的英语课外活动形式。英语角活动的开展对场地的要求低，适合不同水平的学生参加，可以有效锻炼学生的英语交际能力。但是应当注意，在英语角中，教师要注意监督学生是否用英语进行交流，防止学生在用母语进行交流而使英语角失去其活动意义。教师可以组织学生定期开展英语角进行口语训练，并划定一个场地作为英语口语训练基地，邀请所有人参加，这样可以让更多人参与到英语实践活动中，有利于扩大英语课外活动的受益群体。

（四）英语讲座

英语讲座也是英语课外活动的一种常见形式。教师可以邀请专家、编辑、作者开展英语讲座，也可以请学生的家长或其他老师主讲，举办语音、书法、词汇、语法、语言学、文学、翻译研究、中英对照研究、英语表现法、英语国家风俗习惯等专题讲座，扩大学生的知识面。需要注意的是，讲座的时间不宜太长，时间长度要视年级高低而定，一般以 1~2 课时为宜；讲座内容要通俗、浅显，并且具有趣味性，尽可能结合学生实际举例；还可以根据需要配合采用图片、视频等手段进行演讲。

(五)英语竞赛

竞赛是常见的英语课外活动形式。教师指导学生以学校、年级、班级或小组的形式有计划地开展英语竞赛，不仅可以有效激发学生学习英语的兴趣，而且对开发学生的智力、创新性都具有积极作用。

英语竞赛以考查学生的英语能力为主。英语竞赛既可以是单项比赛，如英语朗读比赛、查字典比赛、讲故事比赛、看图说话比赛、短文写作比赛、翻译比赛、书法比赛等；又可以是综合性比赛，如听说读写综合竞赛、办报比赛、辩论会等；还可以与其他学科联合起来进行综合性比赛。竞赛可按年级举行，也可以是全校性的，还可以与其他学校联合举办。

比赛前，教师要做好动员工作，向全体学生宣布比赛项目、日期和要求，并鼓励更多的学生报名参加，从中得到锻炼。教师可以先在各班进行初赛，选出各班的代表参加全年级或全校的竞赛。在准备比赛的过程中，教师要帮助所有参加比赛的学生选材、审稿、辅导他们练习，以此帮助学生克服缺点，提高运用英语的技能和熟巧。比赛应该由学生主持，以培养学生的组织能力；由英语教师组成评判委员会，评委会要在比赛前订出各项比赛的评分标准，并向学生公布。比赛结束后，应当立即评出各项比赛的成绩，排出名次，奖励优胜者，发给奖品，还可公开展览优秀的作品。比赛结束后，教师还要进行总结，指出本届比赛中的优缺点和今后努力的方向。

(六)英语电影

为配合课堂教学，教师可以为学生放映英语教学电影，作为学生课外活动的一种形式。通过放映电影，可以让学生通过形象理解抽象的表达方式。为了使学生了解英语国家的风土人情，教师还应该放映一些介绍相关国家的工农业生产、人民生活、名胜古迹等的纪录片。现在有专供学习英语用的电影片和录像带，教师可以组织学生看电影和录像。学生可以从中学习英语，又能得到消遣。无论选用电影片还是录像带，都应注意适合学生的英语水平，内容健康。每次放映电影，教师都应该事先有所准备，片子不宜过长，可以连续多放几遍，事后可以组织学生用英语讨论影片、写观后感，以取得课外活动应具有的实效。

(七)英语文艺演出

英语文艺演出是比较受学生喜爱的一种英语课外活动形式。英语文艺演出可在周末、学期末或者节假日(如元旦、圣诞节等)举行。文艺演出的节目可以包括演唱英文歌、演奏外国音乐、朗诵英文诗歌、表演短剧、讲故事、猜谜语等形式。节目内容应密切结合教学，稿子由学生自编，教师审阅。一方面，这样准备出来的节目，适合学生的水平，使学生能在语言上得到提高，在工作能力上得到锻炼；另一方面，英语晚会趣味性强，气氛轻松，在这种氛围下，学生很容易对英语学习产生兴趣，在以后的英语学习中就能够主动、积极地进行英语学习。

（八）英语学习报告会

英语学习报告会对提高学生学习英语的认识、端正学习态度、改进学习方法、开阔眼界、增进对英语国家人民的了解等都能起很好的作用。报告会应针对学生在英语学习中存在的问题，如缺乏学好英语的信心、学习目的不明确、学习方法不科学等。邀请专人作报告，这类报告会的形式和内容有：请科学家、学者、教授来校做报告，专门讲英语对四化建设所起的重要作用；请本校毕业生结合自己参加工作后的体会，介绍自己学习英语的经验；请在校学习好的同学介绍学习英语的方法；由英语教师做报告，介绍英语学习的规律和科学的学习方法。

（九）英语学习成绩展览会

英语学习成绩展览会的目的是肯定成绩，鼓励先进，找出差距，进一步推动英语学习。一般是在期中或期末以班级或以年级为单位举行，邀请学生家长和有关人员参加。展览会上有计划地陈列英语课本、课外读物、教学用具、学生作业、作文、英语试卷、学习成绩统计，学生所写的有关英语学习的体会，以及上英语课、自习、课外活动、辅导等的照片或记录。以展览优秀生的各种书面作业为主，这样，可以起到典型示范的作用。结合展品由学生用英语做简短的汇报，还可以由学生表演英语节目，作为成绩展览会的组成部分。

（十）英语专题性实践活动

专题性的英语活动也是英语课外活动的一种形式。开展专题性英语实践活动，不仅有利于学生协调发展阅读、习作和口语交际能力，还有利于提高学生在实践中综合运用语言文字的能力。教师可以根据学生的英语水平和生活经验，以及根据学校和学生的实际情况指导学生展开专题性活动。例如，可以指导学生调查周围的生活环境，了解近年来环境发生了哪些变化，提出保护环境的措施，写出调查报告等。专题性实践活动要求时间较长，因此，教师需要耐心地为学生做指导，并适时地鼓励学生，使学生坚持完成实践活动。专题性实践活动可以由学生合作完成，也可以由学生独立完成。

二、英语课外活动教学实践

（一）唱歌教学方法实践

活动时间：2013 年 3 月 25 日

参加人员：全体活动小组成员

主要内容：学唱英文歌曲 Yesterday Once More

活动纪实：

（1）播放英文歌曲《Yesterday Once More》；

When l was young 当我年轻时

I'd listen to the radio 我喜欢听收音机

Waiting for my favorite songs 等待我最喜爱的歌

When they played I'd sing along 当他们播放时我会跟着唱

It made me smile 这让我笑容满面

Those were such happy times 那段多么快乐的时光

And not so long ago 并不遥远

How l wondered where they'd gone 我是多么想知道它们去了哪儿

But they're back again 但是它们又回来了

Just like a long lost friend 像一位久未谋面的旧日朋友

All the songs I loved so well 那些歌我依旧喜欢

Every Sha-la-la-la 每一声 Sha-la-la-la

Every Wo-o-wo-o 每一声 Wo-o-wo-o

Still shines 仍然闪亮

Every Shing-a-ling-a-ling 每一声 Shing-a-ling-a-ling

That they're starting to sing 当他们开始唱时

So fine 如此欢畅

When they get to the part 当他们唱到

Where he's breaking her heart 他让她伤心的那一段时

It can really make me cry 我真的哭了

Just like before 一如往昔

It's yesterday once more 这是昨日的重现

（Shoobie do lang lang）无比惆怅

（Shoobie do lang lang）无比惆怅

Looking back on how it was in years gone by 回首过去的那些时光

And the good times that I had 我曾有过的欢乐

Makes today seem rather sad 今天似乎更加悲伤

So much has changed 一切都变了

It was songs of love that I would sing to then 这就是那些跟着唱过的旧情歌

And I'd memorize each word 我会记住每个字眼

Those old melodies 那些古老旋律

Still sound so good to me 对我仍然那么动听

As they melt the years away 可以把岁月融化

Every Sha-la-la—la 每一声 Sha-la-la-la

Every Wo-o-wo-o 每一声 Wo-o-wo-o

Still shines 依然闪亮

Every Shing-a-ling-a-ling 每一个 Shing-a-ling-a-ling

That they're starting to sing 当他们开始唱时

So fine 如此欢畅

All my best memories 我所有的美好回忆

Come back clearly to me 清晰地浮现在眼前

Some can even make me cry 有些甚至让我泪流满面

Just like before – 如往昔

It's yesterday once more 这是昨日的重现

（2）学生学唱 Yesterday Once More；

（3）分小组齐唱 Yesterday Once More；

（4）各小组间互评；

（5）评选优秀小组。

（二）看英语电影教学方法实践

活动时间：2013 年 3 月 20 日

参加人员：全体活动小组成员

主要内容：观看电影 Roman HoLiday

活动纪实：

（1）播放电影 Roman Holiday；

（2）活动参加者用英语写下观后感；

（3）观后感演讲比赛；

（4）评选优秀作者和演讲者。

有的同学这样写道：

This is the most beautiful girl I have ever seen. I saw the film Roman Holiday on Wednesday morning. It was a beautiful and sad story. Audrey Hepburn played very well in this film. As a young princess, Ann was beautiful and outgoing. She wanted to be free but there were so many duties and she had to be responsible for her people and country, That nearly drove her mad. So she left the palace and met another main character Joe.

看原版影视能成为活动小组成员的阅读兴趣和阅读习惯。看原版电影能提高他们英语阅读的兴趣，也能增强他们英语阅读的能力，让人受益匪浅。

（三）英语角教学方法实践

活动时间：2013年4月8日

参加人员：全体活动小组成员

主要内容：了解感恩节

活动纪实：

（1）主持人介绍

Thanksgiving Day in America is a time to offer thanks, of family gatherings and holiday meals. A time of turkeys, stuffing, and pumpkin pie, a time for Indian corn, holiday parades and giant balloons.

在美国，感恩节是一个感谢恩赐、家庭团聚、合家欢宴的日子，是一个家家餐桌上都有火鸡、填料、南瓜馅饼的日子；是一个充满了印第安玉米、假日游行和巨型气球的日子。

Thanksgiving is celebrated on the 4th Thursday of November, which this year is November 27th.

每年十一月的最后一个星期四是感恩节，在今年则是11月27日。下面让我们来看看感恩节的由来吧：

The Pilgrims in Mayflower set ground at Plymouth Rock on December 11, 1620. Their first winter was devastating. At the beginning of the following fall, they had lost 46 0f the original 102. But the harvest of 1621 was a bountiful one. And the remaining colonists decided to celebrate with a feast-including 91 Indians who had helped the Pilgrims survive their first year. It is believed that the Pilgrims would not have made it through the year without the help of the natives. The feast was more of a traditional English harvest festival than a true "thanksgiving" observance. It lasted three days.

1620年12月11日，美洲移民乘"五月花"号在"普利茅斯岩"登陆。他们的第一个冬季是灾难性的，第二年秋天来临时，原来的102名乘客只剩下56人。但1621年他们获得了大丰收，这些幸存的殖民者们决定和帮助他们度过困难的91名印第安人一起飨宴庆祝。他们相信，若没有当地居民的帮助，他们是不可能度过这一年的。这次节日的盛宴不仅仅是一个"感恩"仪式，它更像英国传统的丰收庆典。庆典持续了三天。

Another modern staple at almost every Thanksgiving table is pumpkin pie. But it is. unlikely that the first feast included that treat. The supply of flour had been long diminished, so there was no bread or pastries of any kind. However, they did eat boiled pumpkin, and they produced a type of fried bread from their corn crop. There was also no milk, cider, potatoes, or butter. But the feast did include fish, berries, watercress, lobster, dried fruit, clams, venison, and plums.

现在，几乎每家感恩节餐桌上都有南瓜馅饼——感恩节的另一种主食。但在当年的第一次庆典上却不可能有这种食品。因为面粉奇缺，所以面包、糕点等食物都没有。但他们的确吃了煮南瓜，并用收获的玉米制成了一种油炸面包。也没有牛奶、苹果酒、土豆和黄油，但第一次庆典上有鱼、草莓、豆瓣菜、龙虾、干果、蛤、鹿肉、李子等。

Americans still get together on this day to remember the reasons to be thankful.

如今，美国人在这一天欢聚并列举值得感恩的理由。这是感恩节最值得庆祝的理由之一。

（2）表演呈现

配合主持人介绍，小组其他成员表演新移民获得丰收，与印第安人共度节日的场面。

（3）组员互动

主持人邀请组员说出各自值得感恩的理由。

通过该活动，学生深刻地了解了英美国家节日的文化内容，学会感恩，情感上得到了一次陶冶。不少学生能提出感激父母、感激朋友、感激挫折等有价值的感想。

（四）专题性活动教学方法实践

活动背景：

初二下学期以后，随着学生语言交际能力的增强，学生已经可以接受社会调查任务。通过他们与社会的接触，了解掌握了更多的信息。

活动目标：

（1）学生通过阅读材料（教师提供的小资料或是教材课文 JEFC Book Ⅲ Unit 3 Make the World More Beautiful, Unit 11 Planting Trees），在实践中激发学习英语的兴趣，增强学生探究环境污染和环境保护的主动性。

（2）启发学生积极思考解决有关问题的办法，并且用英语通过不同方式表达出来。

（3）营造合作交流的氛围，列举周围环境问题，培养学生的环保意识。

活动形式：

小组活动与个人调查

活动过程：

（1）组织学生调查周围环境情况

可根据学生所在社区、兴趣小组或是个人意愿，将活动成员分为 4～5 组，对我们周围的环境情况进行调查，并做好记录，每小组选派 1～2 名代表向大家介绍各小组调查情况。（可以从图书馆或互联网上查找有关英文材料）

［举例］

我们的团队成员有：××××

小队长：××

个人调查记录：××××

（2）了解调查对象对环境、人、动物和植物的危害

每组调查对象的不同决定了调查报告形式的多样性。该环节学生的自主性特别强，也乐于被他们所接受，所以对教师的指导提出了更高的要求。

例如：有学生问"白色垃圾"是从哪儿来的？为什么一些地方老能见到它们？对环境、人、动植物有何危害？那我们应该怎么做来改变这种现状呢？

调查对象地点时间问题产生原因备注思考讨论结果签名，虽然该表略显稚嫩，但是为后面用英语进行口语汇报、讨论提供了丰富的资料。

（3）汇总各小组调查成果，开展各种形式的交流讨论。该环节重点突出了"做中学"，用英语做事情。各小组成员首先逐次口头汇报调查报告，组内进行初步的交流。在每小组理清思路后，写出小组报告，并推选一名报告人与其他各组代表进行陈述和交流讨论。例如：一些学生通这次调查活动，还做了一些任务延伸。有人写了故事形式的说理小短文，有人办了黑板报，还有一些人建议把"保护环境"问题和团队活动结合起来，校园的英语角经常可以听到他们热烈地讨论。这说明学生的环境保护意识正不断增强，原先感觉难学、枯燥的课文，也成为他们学习的需要。

活动小结：

（1）通过本次活动，学生更加关注我们的生存环境，每一个人的"环保意识"得到增强。情感态度的发展目标较好地渗透到英语教学之中。

（2）以学生为主体，以活动为主线。学生在对主题任务理解与活动内容构思的同时，主动活用过去所学，加深了对教材内容的理解和记忆。

（3）培养了学生的创新精神、竞争意识与合作意识。

（4）拓宽了学生获取信息的渠道，增加了学生的语言实践，切实提高了学生综合运用英语的能力。

（5）学生各自体验到了属于自己的那一份快乐——成就感。

第九章 英语教学的未来发展

第一节 个性化教学

个性化教学以学生为中心，以调动学生内在动力为己任，重视师生之间的互动及学生的反馈，可以使学生摆脱成绩、作业的压力，并充分发挥他们的潜能与天赋。传统教学对学生一刀切，忽视学生的个体差异，难以调动学习者的积极性，教学效果也大打折扣。在当今社会竞争日益激烈的情况下，个性化教学的开展显得尤其重要。

一、个性化教学概述

（一）个性化教学的定义

关于个性化教学的定义可谓"仁者见仁、智者见智"。我们先来看一些比较有代表性的观点。

阿兰在其《个别化教学》（Individualized Teaching）一文中区分了"individualized teaching"与"individualized instruction"两个术语的含义。他认为，前者强调的是教学过程中师生之间、学习者与学习者之间以及学习者与学习资源之间的互动；后者强调的是学习者可以按照自己的步调进行学习以及学习者参与制订自己的学习日程，它往往与非正规的课堂教学联系在一起。

詹金斯（John M. Jenkins, 1998）在 Strategies / or Personalizing Instruction 一文中使用 personalizing instruction，personalize instruction，personalized instruction 等词汇来描述个性化教学，并将其含义概括为以下两点。

（1）特别强调每一个学习者的需要、天赋、学习风格、兴趣和学术背景。
（2）要求学习者不断地进步。

《韦伯斯特词典》（Webster's Third New International Dictionary, 1970）将 individualization（个性化）的含义总结为以下三点。

（1）保持个性，养成一个有特征的人。
（2）使个体进入自我管理的状态。
（3）调整或顺应个体的需要或特定环境。

尽管上述观点所使用的术语各不相同，但他们都不同程度地体现出个性化教学的一些内在特点。综合上述观点，本书认为所谓个性化教学就是以了解和尊重学习者的个体差异为前提，最大限度地发展每个学习者的能力为目标，以充分调动学习者的学习自主为方式，以灵活多样的教学形式为依托的教学模式。因此，应从以下三个方面来理解个性化教学的内涵。

1. 全纳性教学

在传统的教学实践中曾经有过这样一个故事。一次考试中有一道题是连词成句，给出的词是 top、hill、trees、there、the、are、of、some。一个学生的答案是"On top of the hill, there are some trees."却得了零分，原因是不符合标准答案。标准答案是"There are some trees on top of the hill."。这种僵化、死板的教育模式怎么能培养出学习者的独立性和创造性呢？

个性化教学要求教师尊重不同学生的禀赋水平，为全体学生提供同样令人感兴趣的、同样重要的和同样吸引人的学习任务，为全体学生提供在不同困难程度上形成基本理解力和技能的机会，以利于学生理解力和技能的发展。个性化教学期望所有学生的持续性成长，课堂作业没有任何标准，只有对学生个体的深深的尊重。

因此，个性化教学的本质是教师向学生阐明保持和理解的本质，教学过程是促进每一名学习者的个人成长和个体成功的过程。

2. 适应性教学

随着经济的飞速发展及国际竞争的日益激烈，社会对于人的素质的要求更寻求以个性品质为内核的"全人格"内涵；而传统的班级教学在发展过程中越来越暴露出其在适应学生个别差异方面的不足，这就使得教学模式也必须进行相应的调整。教师适应学生是学习过程的核心。适应性教学（adaptive instruction）就是要求教学安排适应个别差异的环境条件，创设相应的情境，建构相应的课程知识以及建立相应的评价制度等。因此，从这个意义上讲，"个性化教学"也被称为"适应性教学"，20 世纪 80 年代以后，这两个概述是可以互换使用的。

3. 分化教学

美国当代著名心理学家加登勒在 Phi Delta Kappen 中曾明确指出，"在过去的世纪中，教学的最大错误是：假定全体儿童是没有差异的同一个体，而以同一方式教授同一学科般地对待全体儿童。"而分化教学（differentiated instruction）就是以分化的方式来适应学习者差异性的个性化教学。每个学习者在学习意向、兴趣、天赋方面都有自己的特点。具体来说，学习意向是学习者的学习倾向性，包括性别、文化、学习风格、智力倾向性等。例如，有的学习者倾向于以逻辑和分析的方法学习，有的学习者则倾向于借助大量图片来感知、理解具体的内容。兴趣是学习者对某一特定专题或技能的好奇心、爱好或偏爱，例如有的学习者非常喜欢语言而被允许进行文学研究，有的学习者对盖房子感兴趣而选择学习建筑。天赋是学习者在某一方面与生俱来的理解力、学习能力或技能，天赋对学习效率的高低会产生一定的影响。

分化性教学强调的是以异质分组（heterogeneous grouping）的形式来调整班级内部的个别差异，以实现个性化教学。学生的差异性是一种合理性存在，分班分组就必然要体现这种差异性，这就是随机分班分组。经过一段时间的教学之后，通过测验了解学生的成绩和水平状况，然后分成若干小组，让一部分儿童借助各种视听工具等教学手段进行自学作业。然后把特别差的学生集中起来，把特别好的学生也集中起来，由教师分别给予特别指导。这种情况下，教学并不否定同质分组，而是把同质分组与异质分组有机地结合起来。

（二）个性化教学与传统教学

个性化教学与传统教学在价值取向上存在明显差异，如表6-1所示。

表6-1 个性化教学与传统教学的价值取向差异

个性化教学	传统教学
一手经验	二手经验
内在健康	外在行为
注重质的内涵	注重量的内涵
追求幸福	通过考试，获得好工作的资格
从自我抗拒和自我惩罚中解放出来	行为目标评估和获得
人类的特性决定教学的价值	我们的价值决定测量
发散性思维	收敛性思维
直觉和情感	思想和行动
个人的知识	外部的知识
建构生存主体的教学	建构知识主体的教学
关注遭遇和体验生活的路径	获得和应用规范的知识和技能

传统教学忽视了个体的需要和情感的开发，把学习者看成是接受来自教师所输入知识的容器，使教室成为脱离实际生活的场所。在当今信息化社会的时代背景下，这种以掌握知识为中心目标的教学方式很难适应未来社会的发展需要。因此，我们必须从传统教学的思维模式中走出来。

（三）个性化教学与个别教学

就目前的情况来看，与个性化教学极易混淆的一个概念是个别教学。因此，为了正确理解个性化教学，我们有必要搞清楚个别教学的含义。国内许多学者都接受了个别教学这一概念。例如，中央教科所编辑的《英汉教育词汇》（1982）将 individualized instruction 翻译为"个别教学"；张宏念在《教育学词典》（1987）中将"个别教学"解释为"包括道尔顿制、程序教学、计算机辅助教学等个性化教学的实践"；苏渭昌等在其主编的《英俄日汉教育词典》（1988）中将 individualized teaching 翻译为"个别教学"；顾明远在《教育大词典》第一卷（1990）中将"个别教学制"翻译为 individualized instruction system。

实际上，个别教学与个性化教学是有很大区别的。《中国大百科全书·教育》对个别教学的解释是：在同一个教室里聚集着年龄不一、程度不一的学生，教师以一对一的方式进行授课，每个学生的教学内容与教学进度都各不相同，教学时间也没有统一的安排。因此，个别教学就是师生之间以一对一的方式开展教学的教学结构，欧洲中世纪学校和中国封建时代的私塾教学就属于这种组织形式。此外，在我国一些偏远地区或经济比较落后的地区，这种方式仍然存在。一般来说，个别教学的实际效果都不太好。可见，个别教学与个性化教学完全是两回事，我们绝不能将二者混为一谈。

二、个性化教学的原则

从新时代对教学的新要求看，个性化教学应该成为一项系统工程。我们可以从以下几方面把握其原则。

（一）理念的个性化

理念就是理想的观念，就是我们所追求的观念。教育理念的个性化意味着我们所追求的不是标准化的教育，而是多姿多彩的教育教学、内涵非常丰富的教育教学，是独特的教学。

爱默生曾说："教育应该像人一样广泛。人的无论什么都应该得到充分培养和表现。如果他是灵巧的，他的教育就应该使这种灵巧表现出来；如果他能用他的思想利剑对人们加以甄别，教育就应该把他的思想利剑亮出来并使它锐利起来……所有这些人，社会都需要。"可见，每个学习者与生俱来就各不相同，教师不能忽视学习者之间的智力差异，也不能假设每个学生都拥有（或应该拥有）相同的智力潜能，而是应该努力确保每个学生所接受的教育能最大限度地发挥其智力潜能。

个性化教学以了解每一名学习者智力特点为前提，强调在可能的范围内发展不同的教学方式，使具有不同智力的学习者都能受到同样好的教育。教师不应使用刻板的印象或命中注定的方式去看待学生，而应在了解每个学习者的背景、学习强项、兴趣爱好的基础上，确定采用学生自身最新的学习框架去做最有利于学习者学习的教育决定，从而确立最有利于学习者学习的教育方式。

（二）形式的个性化

只有将学生内在的动力激发出来，学生的潜能才能得到充分发挥，并逐渐养成自主学习的行为、习惯、态度和精神，学习才可能达到预期的目标。因此，采取什么样的教学形式就成为至关重要的问题。对学生而言，学习活动是发生性的，这就意味着教学必须是个性化的，要受到学生的 经验、意向、兴趣、水平、需要等因素的影响。

教师应对学生情况进行汇总和分析，并在此基础上采取小班化教学、个别辅导、小队教学、同伴辅导、探究性学习、合作学习、自主学习等多种形式来弥补传统教学的不足。此外，教师还应在实践过程中不断总结经验、不断创新。

（三）目的的个性化

目的的个性化就是通过教学，我们要培养的是个性化的人才，而不是规格化、标准化的人才，不是千人一面，而是人人生动活泼，具有丰富多彩的表达方式，具有冒险和创新精神。如前所述，个性化教学是服务于素质教育的，而素质教育的目的在于培养"全人格"。教师应认真对待每个学生的特质、兴趣和学习目标，并尽最大可能地帮助他们体会到自己的潜能。此外，教师应根据教学内容、教学对象的不同创造性地设计各种适宜的、能够促进学生充分发展的教学方法与策略，使学生能以向他人（包括自己）展现他们所学的、所理解的内容的方式去了解和掌握教学材料。随着时间的推进，学生会积极主动地寻求与自身智力相匹配的教学机会，逐渐从传统智力的藩篱中脱离出来，最大限度地发挥自身潜能。这样，教学的个性化色彩越来越浓，学生与学生之间的差异也越来越明显，大大增加了学生学习成功的可能性。

（四）手段的个性化

现代科技的发展尤其是现代信息技术的发展为教学提供了更多可供选择的手段，为个性化教学提供了强大的物质基础。具体来说，这些技术上的进步不仅提供了许多硬件设备，如录音机、投影仪、电视、电影、电脑等，还提供了许多储存容量大、功能强大、界面友好的软件与应用系统，如网络、音频视频播放软件、多媒体课件制作软件等，为个性化教学的有效实施创造了更加便利的条件。因此，教师应充分利用校园文化资源、乡土和社区资源、广播电视手段、计算机技术手段、网络技术手段等，将个性化教学更好地向前推进。

（五）内容的个性化

内容的个性化可以从理论与操作两个层面来分析。从理论层面来看，教学内容的个性化包括以下两个方面的内容。

1. 个性的多样性与课程的选择性

个性的多样性要求我们尊重每一个学生的个性，提供不同的学习经验，帮助学生发展个人的价值观、知识和能力。卓越的教育就是人尽其才，就是每一个人充分发挥自己的潜能，使其特长得到最大限度的发展。那么，建立什么样的课程体系才能适应学生主体多样性的特点呢？从国际教育界的经验看，建立课程的选修制度是适应学生主体多样性，使学生个性自由发展的必由之路。

从操作层面来看，应优化教学资源，结合学生情况开展选修课程。此外，还应进行课程的分化与统整，做到在分化中统整，在统整中分化，使课程的设置与安排尽量与学生的个性化差异相符合。

2. 自我的完整性与课程的综合性

个性化教学以培养学生的自由人格为目的。冯契先生（1995）认为，自由人格就是有自由德性的人格，在实践和认识的反复过程中，理想化为信念，成为德性，就是精神成了具有自由的人格。这种自由人格是在"基于实践的认识世界和认识自己的交互作用过程"中实现的，因此，课程的综合性就显得十分必要。课程必须具备一定的综合性，这是培养学生自由人格的前提和基础。

三、个性化教学的实施

在个性化教学的具体实施中，教师决定着教学理念的选择、教学目标的制定、教学活动的安排以教学效果的质量，是最重要、最核心的环节。在开展个性化教学的过程中，教师应从以下几个方面来努力。

（一）改变教学观念

1. 树立个性化教学观念

要想实行个性化教学，首先要改变传统的教学观念，树立个性化教学观念。教师作为个性化教学的实施者，身上担负着重要的责任，因为教师的教学观念直接影响着教学的开展。所以，为了保证大学英语个性化教学的顺利实施，教师必须转变教学观念，具体来讲，教师要实现两个转变：就教学目标而言，要从原来的以阅读、写作为主向以听、说为主转变，全面提高学生的语言综合能力；就教学主体而言，要从以教师为主向以学生为主转变。在具体的教学过程中，教师不仅要向学生传授英语知识，同时，要培养学生自主获取知识的能力；不仅要让学生掌握学习语言的规律与方法，还要引导学生积极思考，培养学生的自主学习能力；不仅要确定学生的主体地位，还要兼顾学生的情感、个性、智力的需求，更要明确自己的主导地位。

2. 摒弃应试教育思想

转变教学观念还包括摒弃以往的应试教育思想，树立以培养学生英语实用能力以及全面发展学生个性为目标的教学观念。长期以来，应试教育一直都是我国教育中的严重弊病，而且存在于我国教学的各个阶段中。在大学英语教学中，应试教育思想依然十分明显，这严重阻碍了大学英语个性化教学的实施。所以为了大学英语个性化教学更好的实行，必须改变应试教育思想．树立新的评价机制，确保学生的全面发展。

（二）创造宽松教学氛围

哲学家约翰·密尔（John Stuart Mill, 1986）说："天才只能在自由的空气里自由地呼吸。"盖茨就读的滨湖中学就为盖茨提供了课堂教学师生相互作用的良好机会。上课时，盖茨与物理学教师争论气体膨胀的问题……于是，他说出错误所在以及为什么错了。他以在课堂上找出教师的漏洞为一大乐趣。正是因为有这样宽松、自由的课堂氛围，才能使盖茨保持自我的人格与性格，并充分发挥自己的潜质。

实践表明，在高度焦虑的状况下，学生处于一种压迫状态，学习效果并不理想，更谈不上培养学生的创造性。人的创造性和学习效果都只有在一种较为自由的状态中才能够发生。在这样的环境中，学生没有任何顾虑和压力，心理安全、自由，不必担心自己没有按照教师的要求去做而受到指责批评。可见，宽松自由的教学氛围，是促进学生个性发展的前提条件。教师应尊重学生的个性、禀赋、选择，建立平等的师生伦理关系，使学生有展示个性和发挥潜能的舞台，这样学生才能找到学习的乐趣和奋斗的动力。

（三）提升个人综合素质

个性化的教师，是指那些对教育教学理念有独特见解并采取与之相适应的教育教学行为方式的教师，这种教师是教师个人的气质、性格等人格特征在教学活动中的反映和体现，主要包括教师的个性化教学观、知识结构、能力结构、教学艺术和管理艺术等。个性化的教师既有自己的独到见解，又能遵循教学的基本原则，是个性化教学有效实施不可或缺的重要条件。因此，每位教师都要努力提升个人素质，加强自己的理论修养，积极探索，努力创新，争做优秀的个性化教师。

（四）采取个性化的教学策略

每个学生在学习能力、学习经验、兴趣爱好和心理特征等方面都有自己的特点，这就使得学生在学习的每个环节上也会表现出个体差异。因此，在教学过程中，教师应针对性地制定适合不同学生的教学计划，并采取灵活多样的教学策略。下面这些策略可以有效帮助教师解决在个性化教学过程中遇到的问题。

1. 自主学习教学策略

自主学习策略的核心是要发挥学生学习的主动性、积极性，充分体现学生的认知主体作用，其着眼点是如何帮助学生"学"。因此，这类教学策略的具体形式虽然多种多样，但始终有一条主线贯穿始终让学生"自主探索、自主发现"。

自主学习策略的基本过程是让学生通过对具体事例的归纳来获得一般法则，并用它来解决新的问题。其大致步骤如下所列。

（1）问题情境。教师设置问题情境，提供有助于形成概括结论的实例，让学生对现象进观察分析，逐渐缩小观察范围，将注意力集中在某些要点上。

（2）假设—检验。让学生提真假说，并加以验证，得出概括性结论。通过分析、比较，对各种信息进行转换和组合，以形成假说，而后通过思考讨论，以事实为依据对假说进行检验和修正，直至得到正确的结论，并对自己的发现过程进行反思和概括。

（3）整合与应用。将新发现的知识与原有知识联系起来，纳入到认知结构的适当位置。运用新知识解决有关的问题，促进知识的巩固和灵活迁移。

（4）设计学习评价系统。评价系统以标准参照测验（criterion—referenced test，CRT）为基本形式。经过一段时间的学习后，学生可以自行决定是否接受测验。若通过测验可进行下一单元的学习；若未通过测验，教师应及时给予指导以帮助学生最终掌握学习的知识。

（5）建立计算机教学辅导和管理系统。计算机辅导与管理系统可以使教师实时追踪学生的学习状况，从总体上把握学生的学习进展情况。

自主学习策略一方面关注学生对基本概念和原理的提取、应用，同时，关注学生在发现过程中的思维策略，关注探究能力和内在动机的发展。因此，有利于培养学生的探索能力和学习兴趣，有利于知识的保持和应用；但是，这种学习往往需要用更多的时间，效率较低。

2. 同伴辅导教学策略

同伴辅导（peering tutoring）是学生配对的个性化教学策略，指在多样化教学情境中，教师安排学生通过一对一的搭配促进学生互相帮助的教学策略。同伴辅导可以通过以下三种方式展开。

（1）不同年级学生之间的辅导，通常是高年级学生辅导低年级学生。这种方式不仅可以帮助被辅导者的学业，还可以帮助学生发展其社会性品质。

（2）两个学生之间平等的互相帮助，共同参与学习活动。这种方式的扩充形式是合作学习（cooperative learning）。

（3）同一班级内学生之间的互相辅导。这种方式最为普遍。

同伴辅导的优点不言而喻。学生往往因为害怕教师的权威而不敢向教师提问，但在同伴辅导过程中，同伴之间没有压抑感，可以大胆地进行提问与讨论，从而能够获得解决问题的启发。

作为辅导者的学生通过解答问题可以加深自己对题目的理解，从而提高学习效率；作为被辅导者的学生由于不用担心同伴的批评也可以充分表达自己的看法，有利于养成"不耻下问"的学习态度和积极主动的行为习惯。

作为辅导者的学生通常以两种方式进行辅导。一种是解释型，即通过层层分析告诉被辅导者错在哪里、如何解决，对被辅导者的帮助较大；另一种是总结型，即直接纠正被辅导者的错误或给出正确答案，这种方式对概念重构帮助不大。

3. 风格本位教学策略

风格本位的教学策略要求调整教学环境，以适应不同学生的差异。教学风格主要指教师教学过程中稳定的行为样式，涉及教师的情感和态度等广泛的个性特征。彼德森认为，教学风格就是指教师如何利用课堂空间组织教学活动、准备教学资源以及选择学生群体等的相对稳定的行为样式。教学风格的核心就是行为和方法策略的一定时间内的相对稳定性，教师教学风格的建立需要一定的时间过程，新教师谈不上风格本位的教学，只有从事了一定时间的教学，积累了丰富经验的教师，才能够谈及风格本位的教学。

鲁宾（L Rubin，1985）提出了六种教学风格类型：

（1）改进型。改进型教师重视学生的反馈信息，善于利用反馈信息来分析学生情况，诊断学习错误，并提出建设性意见。

（2）信息型。信息型教师知识面广，能为学生提供大量与学习有关的信息。

（3）程序型。程序型教师指导学生活动，并促进学生自我教学和自主学习。

（4）鼓动型。鼓动型教师以情感投入来激发学生的学习注意力和兴趣。

（5）互动型。互动型教师以对话和提问的方式促进学生思维的发展。

（6）陈述型。陈述型教师以教材为中心进行知识陈述。

风格本位的教学策略需要教师在课程教材方面进行改革，契约活动包（contract activity packages，CAPs）是最常用的方法。契约活动包是为那些倾向于结构化学习环境的学生或追求自我选择的学生提供的教材大纲，代替了全班课堂教学的课程教材，向学生提供可供选择的作业，以满足个性化教学的需要。学生完成一项活动并记录达到每一个目标的经验。

第二节 慕 课

一、MOOC产生背景

在教育全球化和信息化的背景下，基于"开发共享"理念的开发教育资源运动(Open Educational Resource，OER)是全球教育发展的重要趋势。2001年，美国麻省理工学院开始启动的开放式课件项目（Open Course Ware，简称OCW）带动了全球开放教育资源运动。2005年，开放课件联盟（Open Course Ware Consortium，简称OCWC）成立，西班牙语高校开放课程联盟（OCW—Universia）、中国开放课件联盟（CORE）、非洲网络大学（African Virtual University，AVU）、韩国开放课程联盟（Korea OCW Consortium）、日本开放课件联盟（JOCW）等也相继成立。"开放课程协助提升全世界每个角落的高等教育""知识公益，免费共享""世界是平的、世界是开放的"等理念逐步得到广泛认同，开放教育资源运动不断深入推进。

据统计，截至目前，全球有250多所大学和机构免费开放了14000门课程。MOOCs的概念于2008年首次提出，始于乔治·西蒙斯（George Siemens）与斯蒂芬·唐斯（Stephen Downs）于2008年合作开设的课程Connectivism and Connective Knowledge，简称CCK08（《联通主义与连接性知识》）。随后MOOCs的发展却一直不温不火，直到2012年才迅速升温，骤然引爆慕课热潮。

二、慕课的内涵

MOOC（Massive Open Online Course）即大规模开放网络课程，是近年来开放教育领域出现的一种新课程模式，其理念是通过信息技术和网络技术将优质教育送到世界各个角落。关于慕课，维基百科的定义一直在修正。2012年9月16日，维基百科将MOOC定义为"一种参与者分布在各地，而课程材料也分布于网络之中的课程。这种课程是开放的，规模越大，它的运行效果越好。"这个定义认为MOOC是通过主题或者问题的讨论和交流将分散在世界各地的学习者和教师联系起来。2012年9月20日，维基百科的定义变为"一种以开放访问和大规模参与为目的的在线课程。"而2013年2月20日，该定义更正为"一种以开放访问和大规模互动参与为目的的在线课程"。它是一种新形态的学习模式，可提供公平、开放、自主的学习机会，成就每一位学生，逐步实现全民教育。它是在互联网技术成功运用于教育、开放教育的理念得到社会认可、社会化学习成为一种主要学习形式的背景下出现的。它有利于构建社会化学习网络，有利于知识的创造和分享，对于推动开放教育可能会产生深远的影响。它以学习者、社交网络和移动学习为核心，由一群愿意分享与深化自我知识的学习者组成，通常还需要一到数位专家的带领，在一定的时间内，通过各种Web与移动学习工具进行特定主题的学习。西门思、科米尔等对MOOC概念进行了解析："大规模"是指参与学习的学习者数量众多，一门课程的学习者可以成百上千；"在线"是指学习资源和信息通过网络共享，学习活动发生在网络环境下；"开放"是指学习是一种开放的教育形式，没有限制。

MOOC具有大规模、开放性、在线和课程等特征。

（1）大规模。大规模是大规模首先体现在学习者的规模上，从三大MOOC平台来看，截至2013年7月，Coursera注册人数已经超过400万，Udacity的注册人数已超过100万，edX的注册人数超过90万；其次，大规模体现在网络课程的数量上，截至2013年7月，Coursera共享了408门课程，美国可汗学院有超过3600段教学影片；第三，大规模还体现在投资上，udacity 于 2012 年先后获得 500 万美元的风投和 1500 万美元的融资，Coursera 也于 2012 年一共获得 1600 万美元的巨额种子投资，麻省理工大学和哈佛大学已经共同投资 6000 万美元用于 MOOC 的开发。

（2）开放性。MOOCs 打破了传统大学课程的局限性，学习者不受空间、时间和身份的限制，每个学习者都可以根据自己的兴趣及学习基础，按照自己的时间，注册自己需要学习的课程，而且对于大多数 MOOCs 课程（需要特定的证书或学分的课程除外），学习者无需付任何费用。教学与学习形式也是开放的，在 MOOCs 上学习过程中提出疑问可以得到世界各地的学生或老师的回答，还可以针对具体的问题进行讨论，充分发挥群体智慧。世界上所有的学校或组织机构的资源都可以实现有效的传递和充分的应用。

（3）在线。在线首先体现在教师或教育机构可以随时随地上传课程内容到平台上，随时随地地组织教学活动的开展。其次，在线还意味着任何人、任意地点、任意时间，只要具备上线条件，就可以安排自己的学习活动，并且能够得到及时的学习反馈。

（4）课程。首先，在课程的内容上强调重组。各个领域的专家或教师都可以制作多样化的网络课程和学习资料上传到 MOOC 平台上，这些资源可以作为独立的教学单元，也可以按照一定的逻辑、目的进行有效的整合。其次，在课程的学习方式上注重交互。

在 MOOC 平台上，众多学习者可以采用多种方式进行互动学习，还可以自发组织学习小组，充分利用群体智慧。

三、慕课的分类

MOOCs 是信息技术与课程教学高度融合的集大成者，是最具代表性的教育技术发展的产物，是数字信息时代最新型的革命性教育范式。作为一种教育平台，MOOCs 承载着多种教育理念，推动新媒介与教育的深度融合，在短时间内不断发展演变，先后出现了 cMOOCs、xMOOCs、tMOOCs、SPOCs 及 MPOCs 等慕课形态，反映了现代教育观念的多样性和融合性在教学技术应用领域的体现。

（一）cMOOCs

cMOOCs 以联通主义理论为基础，提出了适合数字时代基于网络的分布式认知过程的学习理论和教学模式，侧重于知识建构与创造，强调创造、自治和社会网络学习。cMOOCs 是一种能有效利用 Web2.0 支持学习的一种教学法。它具有以下特点：

（1）开放授权，知识汇聚，动态生成课程架构和学习目标。在传统课程中，学习内容是由教师提前准备好的。而在 cMOOC 课程中，大部分内容是动态汇集的。课程为分布在互联网各处的海量内容提供了一个集合点，这些内容会通过网页或课程通信（Newsleiter）等形式聚合以提供给课程的使用者。这些内容是无止境的，学习者很可能不能读完所有的内容，他们应该根据自己的兴趣选择要学习的内容。

（2）混合转用，鼓励知识创新。混合是指学习过程中学习者将课程中的内容和课程外的内容相互混合，将学习者自己的资源和课程资源混合。通常的做法是撰写博客，通过社会性书签记录和分享新资源，参与论坛讨论，使用 Twitter 发表简短的意见等。转用是指根据学习者自己的目标转用聚合的课程资源以及混合后的资源。课程的目标不是让学习者重复课程已有的内容，而是鼓励他们在此基础上有所创新。学习者可以基于课程已有知识根据自己的理解和想法编撰新的内容。如《联结主义与关联知识》的学习者可以用他们自己选择的工具来参与学习，如：用 MOODLE 参加在线论坛讨论，发表博客文章，在"第二人生"中学习，通过 YouTube、博客、Twitter 及其他社会性软件学习以及参加同步在线会议。

（3）社群导向，知识分享。学习者积极与课程的其他学习者以及课程外的所有人分享自己所创作、混合或转用的创意和内容，引起更多的回应和评论。分享的内容可以是新资源、新观点、新见解等。这些内容中有价值的部分也会被课程协调人聚合到课程通信中。

（二）xMOOCs

在 2012 年迅速发展的新型开放课程类型被称为 xMOOCs。xMOOCs 以行为主义理论为基础，关注知识重复，xMOOCs 课程模式更接近传统教学过程和教学理念，如过程性评估和学习者互评，突显短视频的作用，侧重知识传播和复制，强调视频、作业和测试等学习方式，为"翻转学习"提供了重要参考。xMOOCs 既可以是 Small Massive Open Online Courses 的缩写，也可以是 Social Massive Open Online Courses 的缩写。其标志是有着明确的目标、教师导向并基于行为、认知心理学和学习理论进行评价。它催生了教学系统设计（ISD）的教与学的理论与实践。这种系统在多年的学习和研究中已演进和模式化成为达到可测量的学习结果，对多种方式的时间和效果进行研究。在教学模式上，xMOOCs 可以设计自主学习模式和翻转课堂模式；在学习支持上，可以提供课程索引、评价、推荐等功能；在学习分析上，可以支持课程海量数据的学习分析，提高学习系统的适应性。xMOOCs 构建了一个由技术环境、社会环境和教学环境组成的学习生态系统。

xMOOCs 的课程模式主要包含两个显著的特征：①在 xMOOCs 课程中，教师提供的资源是知识探究的出发点；教师的地位和作用与传统课堂教学不同，更多的是扮演课程发起人和协调人的角色，而非课程的主导者；课程组织者设定学习主体、安排专家互动、推荐学习资源、促进分享和写作。②学习者在 xMOOCs 中具有较高的自主性，学习依赖于学习者的自我调控；学习者自发地交流、协作、建立连接、构建学习网络。学习者进行基于多种社交媒体（如讨论组、微博、社会化标签、社交网络等）的互动式学习，通过资源共享与多角度交互拓展知识的范围；通过交流、协作、构建学习网络，通过社区内不同认知的交互构建新的知识。

（三）tMOOCs

tMOOCs（Task-based Massive Open Online Courses，即：基于任务的 MOOCs）以建构主义理论为基础，旨在使学习者通过完成多种任务获取技能。tMOOCs 的课程组织侧重于自组织，内容可以动态生成，这种课程模式很难用传统方式进行评价。tMOOCs 的优缺点都比较突出，优点是符合社会建构主义学习理念，有助于学习者之间的协作与共同成长；其缺点是由于 MOOCs 学习人群的规模巨大，教学组织有很大的局限性。tMOOCs 教育观在贯彻社会建构主义学习理论方面的优势被其在开展社团实践方面的局限性所湮没，这就促使开发者深入反思，并且研发新型 MOOCs 形态。在"慕课热"不断发酵的背景下，教育工作者必须理性地分析 MOOCs 的发展轨迹，正视 MOOCs 的缺陷和不足，把基于 MOOCs 的所进行的改革焦点回归到教学和教学法上，将教学作为核心。MOOCs 在线学习形式所暴露的"现实孤独感"表明，MOOCs 缺乏传统教育中的人际互动。不利于学习者维持良好的学习动机。通过对 MOOCs 暴露的缺点和问题的探讨，人们不断探寻 MOOCs 与传统教育对接、融合的方式。在此背景下，SPOCs 和 MPOCs 应运而生，也形成了 MOOCs 发展的新局面。

（四）SPOC

SPOC（Small Private Online Course，小规模限制性在线课程）的概念最早被 FOX 提出。small 和 private 是 massive 和 open 的相对概念。"Small"表示指学生规模较小。"Private"是指对学生设置限制性准入条件，达到要求的申请者才能被纳入该课程。中国式 MOOC 是 SPOC 的一种实践形式。它是一种基于混合式教学模式（MOOC+翻转课堂）的教学实践。它将线上的虚拟空间与线下实体空间有机结合，能有效地将信息技术与高校教学进行深度融合。SPOCs 是对 MOOCs 的继承、完善与超越，是后 MOOCs 时代的一种典型课程范式，具有小众化、限制性、集约化等特点，能够促进优质 MOOCs 资源与传统课堂面对面教学的深度融合，代表了 MOOCs 的未来发展方向，重塑了教学观和学习观，实现了对教学流程的重构与创新。哈佛大学、加州大学伯克利分校以及我国清华大学等全球顶尖学府通过对 SPOCs 的探索，让 MOOCs 在大学校园落地生根，不仅推动了大学的对外品牌效应，提升了校内的教学质量，而且通过推广创收，来实现可持续性的 MOOCs 发展模式。而且 SPOCs 重新定义了教师的作用，创新了教学模式，并赋予学生完整、深入的学习体验，提高了课程的完成率。SPOCs 将成为高等院校深化课程教学改革、推动优质 MOOCs 建设的重要形态，是高校开展线上线下相结合混合式学习模式的新趋势，有望推动高等教育在学籍制、学分制、课程设置和教学模式等层面的深入改革。

（五）MPOCs

MPOCS（Massive Private Online Courses），即"大规模私有在线课程"，是以 SPOCs 为基础，通过培养合格的网络辅导教师同时开设多个"班"的方式，实现大规模私有在线网络教学。在课程设计上，MPOCs 以学习者分析、教学目标分析等为出发点，注重教学内容的表达。设计有效的教学活动，使课程设计方案落实到教学实施的行为层面。在运营阶段的班额、收费、师资配备等方面，MPOCs 既区别于传统的 MOOCs。也不同于 SPOCs，将大学里的传统学位课程转变为网络课程，既克服了 MOOCs 巨大的学生流失率，也将优质教育资源有力地充实到大学学分体系中来，是 MOOCs 未来发展的一个重要方向。

MOOCS 是 21 世纪以来高等教育领域中令人震撼的突变现象，将 MOOCS 置于社会历史背景下看待它的诞生与风靡，我们不难发现，其实 MOOCS 并非一个突然降临地球的外星理念，其孕育、形成与风靡的过程正是网络时代至今持续酝酿着的信息大变革。这正是世纪科技发展的自组织系统内部所形成的随机扰动，使高等教育系统本身远离平衡态，从而形成一个系统整体的"巨涨落"。这一变化，终将直接导致高等教育系统进入不稳定态而跃迁生成新的稳定有序的耗散结构。由此，全球网络革命的跃迁，使得人类知识的建构、控制以及获取知识的方式都发生了翻天覆地的改变。关联主义创始人西蒙斯指出：传统知识存储机制的多数知识仅处于"知道关于"（Knowing About）和"知道如何做"（Knowing to Do）的基本层次；而网络时代的知识在这样的认知基础上，更包含了"知道成为什么样"（Knowing to Be）、"知道在哪里"（Knowing Where）和"知道怎样改变"（Knowing to Transform）。MOOCS 的产生与发展，正是对应于当今时代更加动态、多元化知识并存状态的学习需要。也即是说。MOOCS 是我们尝试对当今以及未来不再是高度结构化、控制和线性形态知识学习的适应，我们需要改变甚至颠覆传统教育对知识结构化的单向流动模式。高等教育自诞生后的几个世纪以来，教育系统始终处于超常的组织稳定性之中，一直沿用古老的教学手段，并未将网络时代对人类未来发展和知识革新提出的新要求纳入教育结构。需求饥渴应运而生地提供了一种组织松散、非结构化、快速高效而又赋予学习者主体地位的知识传播方式，导致了全社会近乎饥渴的 MOOCS 需求。为此，我们需要迅速顺应这一伟大变革，以慕课挑战为契机推进外语学科的教学改革。

第三节 微 课

一、微课的概述

微课是微视频课程的简称，翻译自英文"Micro-Lecture"，其雏形源于美国爱荷华大学 Le Roy A.Mc Grew 教授所提出的 60 秒课程（60-Second Course）和英国纳皮尔大学 T.P.Kee 所提出的一分钟演讲（The One Minute Lecture）。目前广泛讨论的微课概念是由美国新墨西哥州圣胡安学院的高级教学设计师、学院在线服务经理 David Penrose 于 2008 年提出的。Penrose 认为在相应的作业与讨论的支持下，微型的知识脉冲（Knowledge Burst）能够获得与传统的长时间授课相同的效果。

学者胡铁生对微课的定义："微课"又名"微课程"，是"微型视频网络课程"的简称，它是以微型教学视频为主要载体，针对某个学科知识点（如重点、难点、疑点、考点等）或教学环节（如学习活动、主题、实验、任务等）而设计开发的一种情景化、支持多种学习方式的新型网络课程资源。

学者焦建利对微课的定义："微课"是以阐释某一知识点为目标，以短小精悍的在线视频为表现形式，以学习或教学应用为目的的在线教学视频。

学者郑小军对微课的定义"微课"是为支持翻转学习、混合学习、移动学习、碎片化学习等多种学习方式，以短小精悍的微型教学视频为主要载体，针对某个学科知识点或教学环节而精心设计开发的一种情景化、趣味性、可视化的数字化学习资源包。

学者黎加厚对微课的定义："微课"或"微课程"是指时间在 10 分钟以内，有明确的教学目标，内容短小，集中说明一个问题的小课程。

上述几种说法各有侧重，但都提到了三个关键点：时间、内容、形式——时间短、以视频为载体、内容集中于一个知识点或一个问题。可见，对于微课，这是公认的解释目前国内对微课并没有一个统一的概念界定，但基本含义大体一致，它是以阐释某一知识点为目标，以微型教学视频为主要载体，针对某个学科的某个知识点或教学环节而设计开发的一种情景化、支持多种学习方式数字化学习资源。

二、微课的价值

（一）挑战了传统课堂的条条框框

45 分钟的传统课堂，教师站在讲台上声嘶力竭地讲，学生坐在位置上规规矩矩地听、认认真真地背，偶尔也会有教师提问，学生回答。从注意力保持专注的调查得出：

一般学生学习兴趣只能维持 20 分钟左右，这段时间过后就会出现疲劳、走神等现象。心理学研究也证明：学生课堂学习时间的质量，取决专注于功课的时间，即投入学习时间与学生的学习成绩成正比。学习时间过长，并不意味着学习效率高，只有学生投入有价值的学习活动，才会提高学习质量。然而，传统"灌输式"的课堂教学模式往往忽略了这一点。

微课是相对于传统意义上的整堂课而言。从教学主体性上分析（即教师角度和学生角度），校本微课的出现对传统课堂框架提出了挑战。

1. 从教师角度来讲

微课形式的出现，颠覆了以往的个别辅导方式，超越了时间和空间，无疑在一定程度上解放了教师。然而，这种形式对所有今天的教师而言，都会是一种全新的挑战，学生的学习可以不再仅仅以教师为主，他还可以在学习网站上找到自己所需要的老师。一些以讲授型为主的课程任课教师，也许更容易成为一个尴尬的角色，也许学生会觉得这种类型的授课教师更加可有可无。

2. 从学生角度来讲

首先，微课的最大价值体现在可以提高学生学习效率。一节课的精华总是围绕某个知识点或者某个教学点展开，精彩的、高潮的环节都是短暂的、瞬间的。

学生视觉驻留时间普遍只有 20 分钟左右，若时间过长，注意力得不到缓解，很难达到较理想的学习效果。根据学校实际需求，把教学重点、难点、考点、疑点等精彩片段，录制为时间在 20 分钟左右、大小 50M 左右的简短视频，这种形式大大方便了学生随时、随地通过网络下载或点播进行学习，从而提高学生的学习效率。

其次，微课的最大价值还体现在有助于学生自主学习和有选择性学习。学生在课前通过观看教学视频进行自主学习，可根据自己的情况自主掌握观看教学视频节奏与时间。在传统的教学模式下，知识点传授由教师在课堂上完成，学生可能会错过某个知识点讲解或无法通过教师的一次讲解完全理解知识点；而在微课程模式下，学生可以通过重复观看教学视频解决这个问题。同时，对于重难点部分，学生可以选择暂停，给自己充分的思考时间，或者即刻记录下自己的疑惑，以便在课堂上与同伴进行交流。在观看教学视频的同时，学生完成针对教学视频内容相应的练习，加强对学习内容巩固。

（二）为促进教师专业成长提供了新途径

如果我们撇开纯功利性，微课真的可以带给我们一种新鲜的感受和更加生动活泼的教学教研形式，它无疑是现在情境下教学和教研的一种先进手段。微课既可为教师相互学习提供借鉴，又可为教师诊断改进提供依据。同时，微课的出现还能提升教师的信息处理能力和水平。因此，微课的出现为促进教师专业成长提供了新途径。

1. 有利于提高教师的教学素质和专业素养

微课的表现形式主要有两种。一种是具体而微的形式，表现在有教学的全过程，即有完整的教学过程和教学环节。从内容的导入到重难点剖析、方法讲解、教学总结、教学反思，再到练习设计，与传统课堂的每一个环节没有任何差别，但微课没有学生的参与，没有师生的互动，或者说学生参与度不够，师生互动较少。微课的目的是为了展现教师的教学理念、教学观念或者教学设计、教学方法和教学技巧。这种表现形式有点类似于说课，但又比说课更具体、更翔实，更能反映教师的教学思想和教学水平；另一种是微小的片段。为了展现整个教学过程中的某一个环节，通过录制一个教学片段来表现教师对教材的处理特点、对某个教学重点的教学处理或者对某个教学难点的突破技巧等，体现了完全真实的教师教学和学生学习。比如，教师如何引导学生解决问题，教师怎样指导学生掌握操作技能等。无论哪一种形式的微课，与传统课堂的展示相比，最大的不同不仅在于时间少（多则二十分钟，少则七八分钟），而且教学目标集中，目的单纯。因此，微课非常有利于提高教师的教学素质和专业素养。

2. 有利于提升教师的信息处理能力和水平

教师应视野开阔，思维敏锐，眼光独到，对各种有用的信息具有高度的敏感性，并具有对这些信息辨别、简化、归类、贮存、联系发挥的能力，能够适时地把这些信息内化为自己的知识，运用到教学实践中去。微课的制作可以分为加工改造式和原创开发式。加工改造式即是对传统课堂的多媒体形式再呈现，换句话说，就是将学校已有的优秀教学课件或录像，经过加工编辑（如视频的转录、切片、合成、字幕处理等），并提供相应的辅助教学资源（如教案、课件、反思、习题等），进行"微课"化处理。原创开发式可以有多种技术手段，包括屏幕录像专家软件录制、ShowMe 软件录制、摄像工具录制、录播教室录制、专业演播室制作等。

（三）为传统教学资源建设提供了新方向

微课的核心内容是课堂教学视频片段，还包含与该教学主题相关的教学设计、素材课件、教学反思、练习测试、学生反馈及教师点评等教学支持资源。它主要是为了解决课堂教学中某个学科知识点（如教学重点、难点、疑点内容）的教学，或者是反映课堂某个教学环节、教学主题的教与学的活动。相对于传统课堂所要完成的复杂众多的教学内容，所要达成多个教学目标而言，微课的目标相对单一，教学内容更加精简，教学主题更加突出，教学指向（包括资源设计指向、教学活动指向等）更加明确，其设计与制作都是围绕某个教学主题而展开的。校本微课共同构成了一个主题鲜明、类型多样、结构紧凑的"主题单元资源包"，营造了一个与具体教学活动紧密结合、真实情境化的"微教学资源环境"。只有这样，传统教学资源建设才能从肤浅走向深刻，传统教学资源的丰富内涵才能够真正体现出来。

综上所述，微课是以视频为主要载体，呈现教师围绕某个知识点或教学环节开展的简短完整教学内容的教学活动。"微视频"是微课的核心，对应"学科知识点"和"教学环节"设计制作，是微课概念的核心。微视频课程是外语学习者在特定学习情境中，根据自主学习的需求目标，利用微视频所进行的网络学习活动总和也是教师利用网络对某个知识点或教学环节内容实施教学活动的总和。以"微视频"为呈现方式的"微课程"，具有外语教学所需要的真实的、情境化、案例化特征。其特点是主题突出，短小精悍；资源丰富，情境真实；易于交互，使用便捷。总之，由明确的教学目标，通过视频、音频、文字、图片、动画等多种表现形式集中解读一个问题或知识点的教学过程称之为微课程。相比较微课而言，微课程更具系统性，与传统课堂教学结合更加紧密。适用于将原本沉重的学习任务，分解成若干知识"碎片"，实现轻松愉快的教学与学习。在教学实践中，微课从最初"微型资源构成方式"拓展到"简短的教学活动过程"，最终提升到"一种以微视频为主要表现方式的在线网络学习课程"，这一改变体现了对微课认识的不断深化和完善。"微课程"概念是微课发展的高级表现阶段，"微课程"丰富了微课概念的内涵、功能和作用，使之成为构成当前学习型社会和终身教育背景下，社会公民进行个性化、自主性外语学习普遍有效的学习资源。"微课程"已越来越多地被研究者融合于正规与非正规的外语教育之中，成为"大数据"时代外语教学和学习不可或缺的课程方式。